DER ISLAM -
EINE HERAUSFORDERUNG
FÜR DIE CHRISTEN

DER ISLAM - EINE HERAUSFORDERUNG FÜR DIE CHRISTEN

David Pawson

Anchor

Copyright © 2023 David Pawson Ministry CIO

David Pawson ist gemäß dem Copyright,
Designs and Patents Act 1988 der Urheber dieses Werkes.

Herausgeber der deutschen Ausgabe 2023 in Großbritannien:
Anchor, ein Handelsname von David Pawson Publishing Ltd.,
Synegis House, 21 Crockhamwell Road,
Woodley, Reading RG5 3LE

Dieses Werk ist urheberrechtlich geschützt. Ohne vorherige schriftliche Genehmigung des Verlages darf kein Teil dieses Buches in irgendeiner Form vervielfältigt oder weitergegeben werden. Das betrifft auch die elektronische oder mechanische Vervielfältigung und Weitergabe, einschließlich Fotokopien, Aufzeichnungen und Systemen zur Informations- und Datenspeicherung und deren Wiedergewinnung.

Übersetzung aus dem Englischen:
Anita und Tilman Janzarik, Traunstein

**Weitere Titel von David Pawson,
einschließlich DVDs und CDs:
www.davidpawson.com**

**KOSTENLOSE DOWNLOADS:
www.davidpawson.org**

**Weitere Informationen:
info@davidpawsonministry.com**

ISBN 978-1-913472-75-7

Printed by Ingram Spark

Inhaltsverzeichnis

GELEITWORT VON MICHAEL GREEN 7
GELEITWORT VON PATRICK SOOKHDEO 13

VORWORT: WIE ES ZU DIESEM BUCH KAM 15

TEIL EINS: DAS WIEDERAUFLEBEN DES ISLAM **25**
  1 SEINE AUSBREITUNG 27
  2 SEINE CHANCE 39
  3 SEINE ANZIEHUNGSKRAFT 55
  4 SEIN WESENSKERN 77
  5 SEINE VIELFALT 89
  6 SEIN URSPRUNG 101

TEIL ZWEI: DIE CHRISTLICHE ANTWORT **115**
  7 OFFENBARUNG? 117
  8 WAHRHEIT 129
  9 BEZIEHUNG 149
 10 GERECHTIGKEIT 169
 11 VERSÖHNUNG? 195
 12 VERGELTUNG? 211

NACHWORT: DAS ANLIEGEN DIESES BUCHES 227

ANHANG: HABAKUK 3 235

GELEITWORT
von Michael Green

Dies ist ein absolut faszinierendes Buch, das sicher eine breite Leserschaft erreichen und eine Vielzahl von Emotionen hervorrufen wird. Es ist mir eine Ehre, dass ich das Vorrecht habe, es Christen, die sich wirklich Gedanken über ihren Glauben machen, zu empfehlen, da ich glaube, dass es vielleicht das wichtigste religiöse Buch ist, das dieses Jahr veröffentlicht wird.

Was macht es so besonders?
Zuallererst macht sein Ursprung es so besonders. Der Islam und seine Herausforderung für das Christentum ist kein Thema, in das David Pawson besonders viel Zeit investierte. Und dennoch – wie er im Prolog berichtet – hatte er das Gefühl, dass er schon viele Jahre darauf vorbereitet wurde. Die Überzeugung jedoch, dass er dieses Thema anpacken sollte, kam ihm, als er einen Vortrag des Islamspezialisten Canon Patrick Sookhdeo hörte. David ist dafür bekannt, dass ihn manchmal eine prophetische Gabe in eine ganz bestimmte Richtung treibt, und genau dasselbe ist auch in diesem Fall passiert. Deshalb wurde dieses Buch unter großem inneren Druck geschrieben.

Was das Buch außerdem noch so besonders macht, ist die Tatsache, dass es ein so gefährliches Thema zum Inhalt hat. Es wäre so einfach, den Autor der Engstirnigkeit, der Lieblosigkeit oder gar des Rassismus zu bezichtigen. Das Buch ist mit Sicherheit nicht politisch korrekt und versucht es auch gar nicht erst. In einer Zeit, in der es der allgemeine Konsens ist, dass alle Religionen zu Gott führen, kommt es nicht gut an, wenn man eine Weltreligion kritisiert. David Pawson hat sowohl gegen das Christentum als auch gegen den Islam heftige Kritikpunkte vorzubringen. Es geht ihm nicht darum, diese bedeutenden Religionen anzugreifen, sondern er zeigt Schwachpunkte auf, die erkannt werden müssen, und Unvereinbarkeiten, denen man begegnen muss.

Drittens ist das Buch wegen seines Themas besonders. Pawson glaubt mit gutem Grund, dass der Islam die größte äußere Herausforderung für das Christentum ist. Der Islam wächst viel schneller als der christliche Glaube und seine Verbreitung findet weltweit statt. Viele seiner Leiter haben sich die Weltherrschaft zum Ziel gesetzt, nämlich, dass alle Menschen unter den Gehorsam Allahs kommen sollen. Er zeigt auch auf, dass es um das Christentum im Westen schlecht bestellt ist und dass es nicht in der Lage sein wird, dem jugendlichen Enthusiasmus und der Aggression, mit der der Islam für seine Sache einsteht, zu widerstehen. Er kann den Tag schon kommen sehen, und zwar in nicht allzu ferner Zukunft, wo ein verweichlichtes westliches Christentum nicht mehr in der Lage sein wird, die dynamische Ausbreitung des Islam aufzuhalten, der inzwischen den zweiten Platz auf der Liste der Weltreligionen einnimmt. Dem massiven Ansturm von Immigranten, die aus islamischen Ländern nach Großbritannien einwandern, steht eine kraftlose Christenheit gegenüber, was für fast alle Kirchen gilt; das hat dazu geführt, dass er glaubt, dass England sehr wahrscheinlich den leidenschaftlichen Überzeugungen der Muslime erliegen wird, deren Anzahl jetzt schon fast an die der Staatskirche in Großbritannien heranreicht. Dieser Hinweis ist keine Abschreckungstaktik, sondern eine sorgfältig dokumentierte Untersuchung darüber, welches Vertrauen die Anhänger zweier

Geleitwort von Michael Green

unterschiedlicher Glaubensrichtungen in die Verbreitung ihrer jeweiligen Glaubensrichtung setzen. Muslime haben bereits zwölf große Städte ins Visier genommen. England könnte bald zu einem muslimischen Land werden. Für wen das weit von der Realität entfernt zu sein scheint, der soll einfach weiterlesen!

David Pawson behauptet nicht, ein Experte auf dem Gebiet des Islam zu sein, aber er ist sehr belesen und hat auch in islamischen Ländern gelebt. Auch ich bin kein Experte auf diesem Gebiet, aber seine Informationen scheinen mir gut begründet und korrekt zu sein; demnach scheint der Halbmond im Kommen und das Kreuz am Verschwinden zu sein in diesem ehemals christlichen Land. Ich bin sehr beeindruckt, wie zurückhaltend und behutsam er dieses umstrittene Thema behandelt. Es wird natürlich auch solche geben, die seiner Theorie aufs heftigste widersprechen werden, aber sie werden nichts daran auszusetzen haben, auf welch elegante Weise er seine Argumente formuliert.

Das Buch hat zwei Teile: Das Wiederaufleben des Islam und die christliche Antwort darauf. Der erste Teil ist Pflichtlektüre für diejenigen, die denken, diese These sei reine Panikmache; der zweite Teil ist für diejenigen wichtig, die denken, das Christentum in diesem Land sei dem Untergang geweiht. Einmal mehr erklingt hier die prophetische Saite. David glaubt, dass Wahrheit, Beziehung und Gerechtigkeit drei Schlüsselwörter sind, die der Geist Gottes in ihn hineingelegt hat, damit die Christen sie sich zu Herzen nehmen sollen. Er selbst hat lange über diese Begriffe nachgedacht, und Kapitel 8-10 sind das Ergebnis. Sie könnten auch für sich stehen, als eine Einleitung, wie man als Christ authentisch lebt.

Kapitel 11 ringt mit der Frage, ob zwischen Christen und Muslimen eine Versöhnung möglich ist. David Pawson stellt klar, dass der christliche Gott und der muslimische Allah sich ganz eindeutig unterscheiden. Aber ganz im Geiste seines Meisters hat er nicht so sehr die Konfrontation im Sinn, sondern eine Versöhnung, bei der aber eine klare Sicht herrschen muss.

DER ISLAM - EINE HERAUSFORDERUNG FÜR DIE CHRISTEN

Das letzte Kapitel ist das kontroverseste. Er glaubt, dass der Islam in seiner letztendlichen Bestandsanalyse falsch liegt, dass er bei der Wiederkunft Christi nicht bestehen kann, und er wagt sich an die Auslegung und die Anwendung der ziemlich undurchsichtigen neutestamentlichen Lehren über den Antichristen und die große Trübsalszeit. Während die Muslime glauben, dass Jesus sich bei seiner Rückkehr als hingegebener Muslim präsentieren und die Menschheit zurück zum Islam führen wird, glauben die Christen, dass Jesus zurückkommen wird, um Israel „als Ganzes" zu erretten, den Antichristen zu besiegen, den Teufel zu binden und von der Erde zu verbannen und über diese Welt für 1000 Jahre zu herrschen, bevor das Endgericht stattfindet, was uns in ein neues Universum geleitet wird, das für erneuerte Menschen bereitstehen wird. Es wird dort keinen Platz mehr für andere Religionen geben: Im Namen Jesu wird sich jedes Knie beugen.

Es wird wohl nicht jeder Christ damit einverstanden sein, wie Pawson das Ende sieht. Auch die Schlüsse, die er über den Islam zieht, werden nicht alle befürworten. Aber wenige können gegen seine letzten drei Fragen etwas einwenden: Werden wir überleben? Werden wir leiden? Werden wir wachsen? (Das soll sagen: werden wir den Eifer und die Leidenschaft haben, das Evangelium selbst den Muslimen zu verkündigen?) Er kommt zu der Schlussfolgerung, dass, wenn wir dazu jetzt nicht in der Lage sind, es auch in Zukunft nicht sein werden. Aber nein, das ist nicht ganz sein letztes Wort. Er lädt vielmehr die Leser dazu ein, noch einmal zu diesen drei zentralen Kapiteln zurückzugehen und sie noch einmal zu lesen, und zwar auf den Knien.

Vor einigen Jahren glaubte ich noch, dass die Zukunft entweder einem offensiven Kommunismus, einem wiederauflebenden Islam oder einem erneuerten Christentum gehören würde. Jetzt bleiben nur noch zwei dieser Optionen. Mit großem Mut hat ein international bekannter Lehrer, David Pawson, seinen Kopf riskiert und uns dazu eingeladen, sich die Alternativen anzusehen und nach unserer Überzeugung zu handeln. Es ist ein kühnes Buch, aber es ist wichtig für uns, denn seit 9/11 können wir den Kopf nicht mehr in den Sand stecken, was die zwei größten Glaubensrichtungen auf der Welt betrifft. Wir müssen uns entscheiden.

Canon Dr. Michael Green
Referent in Evangeliumsfragen für den Erzbischof
von Canterbury und York

GELEITWORT
von Patrick Sookhdeo

David Pawson hat für die Kirche in Großbritannien einen Weckruf erschallen lassen. Die Kirche in Großbritannien muss sich nicht nur mit einem zunehmenden Schwund von Mitgliedern, sondern auch mit einer Zunahme von theologischen Unklarheiten und mit einem Mangel an Überzeugungskraft auseinandersetzen. Die verheerenden Auswirkungen der Säkularisation haben ihren Tribut gefordert, und der Pluralismus hat sie zur Randerscheinung gemacht, so dass ein Vakuum entstand, welches der Islam nun sehr schnell ausfüllt.

Bei der Analyse der Beschaffenheit der gegenwärtigen britischen Gesellschaft geht David Pawson sehr fachmännisch vor, wenn er den wachsenden Einfluss des Islam in Großbritannien beschreibt. Während der letzten einhundert Jahre ist der Islam überproportional gewachsen. War er einstmals eine Religion, die keine Zukunft zu haben schien, stellt er sich nun dynamisch, selbstbewusst und selbstsicher dar. Was Großbritannien angeht, ist die Ausbreitung und die Erweiterung, die der Islam in der Nachkriegszeit erfahren hat, ganz enorm; er hat sich inzwischen mit Strukturen, Institutionen und Netzwerken etabliert. Er ist Teil der britischen Gesellschaft und bewegt sich mehr und mehr dahin, eine dominante Stellung einzunehmen.

Das Buch beschäftigt sich nicht in erster Linie mit dem Islam, sondern hat die Gefahren im Blick, mit denen sich die Christen und die Kirche in Großbritannien auseinandersetzen müssen. Es ist ein äußerst zeitgemäßes und sehr notwendiges Werk. Nicht jeder wird mit allem einverstanden sein, was dieses Buch enthält, aber es wirft Licht auf ein Thema, das die britische Kirche nicht länger ignorieren kann. David Pawson hat großen Mut an den Tag gelegt, indem er der Kirche so schwer verdauliche Kost vorlegt.

Reverend Dr. Patrick Sookhdeo
Direktor des Instituts für islamisch-christliche Studien
in London

VORWORT

Wie es zu diesem Buch kam

Aus dem Spiegel starrte mich ein fremder Mann an. Die eine Gesichtshälfte hing herunter, sodass sein Mund eigenartig verzerrt war.

Ich musste wohl einen Schlaganfall erlitten haben. Der Hausarzt hingegen war sich nicht ganz sicher und nahm an, dass es sich um eine Fazialislähmung handelte, da nur das Gesicht betroffen war. Erst nach einigen Wochen erhielt ich die eindeutige Diagnose eines Nervenfacharztes, dass es ein Schlaganfall gewesen sein muss. Jedoch ergaben die Untersuchungen, dass der Blutdruck, der Blutfluss in den Arterien und die Zucker- und Cholesterinwerte im normalen Bereich lagen. Die MRT-Aufnahmen des Gehirns zeigten eindeutig eine Schädigung der Kranialnerven, die zum Kehlkopf, zur Zunge und zu den Lippen führen, was mir heute nach vielen Monaten immer noch Probleme bereitet. Dieser gesundheitliche Rückschlag nahm sogar noch an Bedeutung zu, aufgrund einiger Ereignisse, die sich in dieser Zeit abspielten.

Einige Wochen zuvor hatte ich auf einem Pfingsttreffen, welches auf einem Polder in der Zuiderzee in Holland abgehalten worden war, vor über dreißigtausend Christen gesprochen. Dort hatte ich mir eine Virusinfektion des Kehlkopfes zugezogen. Vierundzwanzig Stunden danach war ich nach Amerika geflogen, um auf einem Nationalkonvent zu sprechen, wo ich einige Seminare abhielt, die bis zu sechs Stunden dauerten. Der Heimflug mit zweimaligem Umsteigen hatte mich zusätzlich erschöpft. Dann aber konnte ich mich eine ganze Woche lang ausruhen, und ich war ganz entspannt, als mich dieser Schlag wie aus heiterem Himmel traf. Sollte ich es als etwas „Normales" betrachten (immerhin bin ich schon in den Siebzigern), oder wollte mir der Herr damit andeuten, dass ich meinen Reisedienst etwas reduzieren sollte?

Es gab allerdings noch einen weiteren Termin in den kommenden Wochen, welcher den Vorfall in einem ganz anderen Licht erscheinen ließ. Ich war die Verpflichtung eingegangen, ein ganztägiges Video über genau das Thema, welches auch dieses Buch behandelt, zu drehen: „Der Islam – eine Herausforderung für die Christen". Die Räumlichkeiten in der Waverley Abbey in Surrey waren schon angemietet, ein teures Filmset war bestellt und die Einladungen an die Zuhörer waren bereits versandt worden. Jetzt sah es ganz danach aus, dass alles wieder abgesagt werden musste.

Die Berichte über meinen Gesundheitszustand verbreiteten sich wie ein Lauffeuer – sogar im Internet. Hunderte von Menschen beteten für mich, dass sich mein Sprachorgan wieder erholen möge und ich genug Stehvermögen hätte, damit diese wichtige Botschaft aufgezeichnet werden könnte. Viele waren der Überzeugung, dass „der Feind" die Botschaft verhindern wollte. Als es soweit war, hatte ich genug Kraft, um fünfeinhalb Stunden lang zu sprechen, obwohl ich, als es dem Ende zuging, nur noch auf einem Bein stehen konnte, weil sich meine linke Körperhälfte zunehmend verkrampfte. Später erzählten mir einige Männer aus der ersten Reihe, dass sie sprungbereit gewesen wären, um mich aufzufangen. Doch letztendlich ging alles gut, und die Aufnahmen waren „im Kasten".

Die Reaktionen waren enorm. Tausende von Aufnahmen wurden im In - und Ausland bestellt. Sogar die Medien bekamen davon Wind. Und so kam es, dass mein Verlag Hodder & Stoughton dieses Buch herausgeben wollte. Das gab mir die Möglichkeit, mein Anliegen und meine Botschaft noch gründlicher auszuführen.

Wahrscheinlich überrascht es, dass ich bis zum Januar 2002 keinerlei Interesse und auch keinerlei Absicht hatte, über dieses Thema zu sprechen. Es gibt genug Menschen, die viel bessere Kenntnis vom Islam und auch mehr Erfahrung mit dem Islam besitzen als ich. Aber in der Rückschau erkenne ich, dass ich über fünf Jahrzehnte lang – sozusagen während der zweiten Hälfte des zwanzigsten Jahrhunderts – auf dieses Thema vorbereitet wurde.

In den 50er Jahren war ich als Kaplan der Royal Air Force auf einen Stützpunkt in Aden versetzt worden. Mein „Pfarrbezirk" erstreckte sich über die ganze Südküste der arabischen Halbinsel, über Riyan, Salala und Masira bis hin zum Persischen Golf nach Schardscha in Bahrein. Zu meinem Dienst gehörten auch Besuche im Jemen, in Somalia, in Äthiopien und in Kenia. Ich befand mich im Kernland des Islam. Meine Frau, unser erstes Kind und ich lebten in einer arabischen Stadt inmitten eines Kraters eines erloschenen Vulkans, die man nur durch einen Tunnel in einer Bergflanke erreichen konnte. Jeden Morgen erwachte ich vom Ruf des Muezzins. Der Anblick von betenden Männern an den Straßenecken zu jeder Tageszeit war für uns ganz normal. Als Kaplan für die „Sonstigen" (alles was nicht zur römisch-katholischen Kirche oder zur Church of England gehörte) war ich auch für die muslimischen Soldaten zuständig, und eine meiner wichtigsten Aufgaben für jene bestand darin, dafür zu sorgen, dass ihre Essensrationen kein Schweinefleisch enthielten. Ich lernte auch schnell, während des Ramadans besonders rücksichtsvoll mit der Bevölkerung zu sein, weil ihre Gemüter durch das Fasten am Tag und das Feiern in der Nacht etwas angespannt waren. Ich erinnere mich auch an den Schock, als ich das erste Mal miterlebte, wie einem Dieb auf dem Marktplatz die Hand abgehackt wurde. Sein Gesichtsausdruck, als sein Armstumpf in heißes Pech getunkt wurde, verfolgte mich bis in meine Träume. Auch sah ich einmal von meinem Balkon im dritten Stock, wie eine Horde von aufgebrachten Männern eine nackte Frau an ihren Haaren durch den Staub schleifte. Ich wollte schon dazwischengehen, aber Freunde sagten mir, dass das Gesetz es so vorschreiben würde. Auf Ehebruch stand nun einmal die Todesstrafe durch Steinigung. Und da stimmt das islamische Gesetz sogar mit dem mosaischen Gesetz überein. Darüber hinaus erfuhr ich, dass die Todesstrafe ebenso für die Bekehrung vom Islam zum Christentum verhängt wird, wobei die Taufe als das zentrale Verbrechen angesehen wird (was mich wiederum dazu brachte, die Kindertaufe neu zu überdenken und schließlich zu verwerfen). Diese ersten Erfahrungen im Ausland stellten für mich einen wahren Kulturschock dar, und ich war nicht unglücklich darüber, als ich einige Zeit später als Verwundeter wieder nach Hause geflogen werden musste.

In den 60er Jahren unternahm ich zwei von insgesamt siebzehn Reisen nach Israel. Beim ersten Mal war es pure Nostalgie, die mich nach Israel führte. Ich wollte einfach die biblischen Stätten sehen. Bei der zweiten Reise – unmittelbar nach dem berühmten „Sechs-Tage-Krieg" – galt mein Interesse vornehmlich den Menschen, die jetzt in Israel leben. Bei einer Fahrt mit einem israelischen Major über die Golanhöhen fragte ich, als wir uns vorsichtig zwischen scharfer Munition hindurchtasteten, wie es möglich war, diese Hügel, die mit russischen Waffen hochgerüstet worden waren, zu erobern. Als Antwort deutete er einfach zum Himmel. Während dieses außergewöhnlichen militärischen Konflikts kam ich zu zwei Einsichten, die mein Denken seitdem beeinflussen. Die erste war, dass das Werk Gottes mit seinem auserwählten Volk noch nicht beendet ist (mir war bis dahin noch nicht aufgefallen, dass das Neue Testament genau dasselbe im Römerbrief Kapitel 11 aussagt). Die zweite Einsicht war, dass die Probleme im Nahen Osten sowohl religiöser als auch politischer, geistlicher als auch sozialer, theologischer als auch geographischer Natur sind, wobei sowohl zwei Gottheiten als auch zwei Völker daran beteiligt sind. Die auf den Sechstagekrieg folgenden historischen Ereignisse haben meine Ansichten nur bestätigt.

Vorwort

In den 70er Jahren bemerkte ich an mir selbst, wie sich in meine Predigten Bemerkungen einschlichen wie: „der Islam ist eine viel größere Herausforderung für das Christentum als der Kommunismus". Dabei befanden wir uns damals noch in der Zeit des kalten Krieges. Als der Schah von Persien die Feiern zum zweieinhalbtausend-jährigen Bestehen seines Landes feierte und sich selbst den Titel „König der Könige und Herr der Herren" gab, kündigte ich seinen Sturz an, der auch tatsächlich kurze Zeit später stattfand. Ich hatte allerdings nicht seine Ablösung durch Ayatollah Khomeini vorausgesehen, dessen Wiedereinführung der Scharia – des muslimischen Gesetzes – aus einem prowestlichen Regime ein antiwestliches Regime machte, alles in allem ein unheilvolles Vorzeichen.

In den 80er Jahren sollte ich einmal an einem Ostermarsch teilnehmen und am Zielpunkt auf einem großen Parkplatz eine Predigt halten. Gegen Mittag fuhren meine Frau und ich mit dem Auto die Mile End Road in East London entlang und waren gerade auf der Höhe der riesigen neuen Moschee, als sich die Türen öffneten, und hunderte von Männern im besten Mannesalter auf die Straße hinausströmten und dabei sogar den Verkehr behinderten. Tags darauf, an unserem Bestimmungsort angekommen, gingen wir mit ein paar Hundert Christen die Hauptstraße entlang. Es waren viel mehr Frauen als Männer, und die Männer waren entweder noch sehr jung oder sehr alt, Männer im besten Alter sah man so gut wie nicht. Auf dem Nachhauseweg fragte ich meine Frau, auf welche Religion sie ihre Jetons setzen würde, wenn sie eine Roulettespielerin wäre; sie antwortete prompt: „Wahrscheinlich auf den Islam". Dieser große Gegensatz prägte sich mir ein.

In den 90er Jahren forderte Ahmed Deedat, ein muslimischer Agitator aus Südafrika, Christen aus Großbritannien heraus, mit ihm über die Vorzüge des Islam gegenüber dem Christentum in der Royal Albert Hall in Kensington zu disputieren. Der damalige Direktor der Evangelischen Allianz nötigte mich, in den Ring zu steigen. Ich war sehr zögerlich, da ich von der überzeugenden Ausstrahlung und dem Scharfsinn meines Kontrahenten gehört hatte, und schlug andere, geeignetere Kandidaten vor. Aber niemand stellte sich zur Verfügung, sodass man wieder auf mich zurückkam. In der Ankündigung dieser Veranstaltung wurde mein Name jedoch durch den eines arabischen Evangelisten aus Amerika ersetzt. Ich war erlöst, wäre aber dennoch gerne von diesem Wechsel informiert worden, weil ich befürchtete, dass der Sprecher in Großbritannien nicht sehr bekannt war, um von den Christen im Lande unterstützt zu werden, und weil sich der muslimische Sprecher bestimmt darüber lustig machen würde, dass sich in Großbritannien niemand gefunden hat, um den christlichen Glauben zu verteidigen. Meine Befürchtungen bewahrheiteten sich, und die große muslimische Zuhörerschaft feierte den klaren Sieg ihres Champions, sodass die Evangelische Allianz die Teilnahme bei einer Folgeveranstaltung in Birmingham absagte. In der Rückschau wurde mir klar, dass ich vor einer voreiligen Konfrontation bewahrt worden war, weil ich weit davon entfernt war, solch einer Herausforderung gewachsen zu sein. Die Zeit war einfach noch nicht reif gewesen.

Drei bedeutsame Ereignisse im neuen Jahrhundert brachten mich wieder mit dem Islam in Verbindung.

Das erste Ereignis war die schreckliche Katastrophe des „9/11", des Einsturzes der Twin Towers des World Trade Centers in New York, bei dem Selbstmordattentäter mit einem entführten Flugzeug in diese hineingerast waren. So wie viele andere Menschen auch sah ich es im Fernsehen mit eigenen Augen. Am meisten schockierte mich nicht die Zerbrechlichkeit der Gebäude oder die Anzahl der Todesopfer inklusive der Retter, sondern dass diese Tat ganz offensichtlich im Namen einer Religion und im Namen des Gottes des Islam, Allah, ausgeführt worden war. Fünf Tage später sprach ich vor einer Versammlung aus mehreren Kirchen in Southampton. Ich konzentrierte mich zwar auf das Thema „Warum lässt Gott solches Leid zu?", machte aber auch einige Anmerkungen zu den religiösen Faktoren, was für viele Zuhörer ziemlich aufschlussreich war. Die Welt möchte jetzt einfach mehr über diesen Glauben wissen, ganz besonders, ob solche Terrorakte zu diesem Glauben dazugehören oder ob sie nur extremistische Auswüchse desselben sind. Jedenfalls fanden meine Aufnahmen weite Verbreitung und führten viele in eine Buße, weil sie Gott jetzt ernst nahmen (sechs erwachsene Söhne eines Mannes kamen dadurch zum Glauben, ihr überglücklicher Vater starb ein paar Monate später).

Das zweite Ereignis war ein Besuch bei einem nahegelegenen Gymnasium. Sie hatten einen Mullah eingeladen, um über den Islam zu sprechen, und die ganze Schule war gespannt darauf, was er ihnen über diese relativ unbekannte Religion sagen würde. Ein besorgter Lehrer (es war allerdings nicht der Religionslehrer, der ein erklärter Atheist war!) bat mich, zu kommen und das verlorengegangene Interesse am Christentum wieder herzustellen, falls er den Schuldirektor davon überzeugen könnte, mir fünfzehn Minuten Redezeit vor der versammelten Schülerschar einzuräumen. Ich stand vor 850 Schülern und 30 Lehrern. Es kostete mich einige Tage an Arbeitszeit, um solch eine kurze Redezeit vorzubereiten (für längere Vorträge benötige ich viel weniger Vorbereitungszeit!). Diese Ansprache bildete die Grundlage für das neunte Kapitel des vorliegenden Buches. Sie war in jeder Hinsicht ein voller Erfolg, denn das Interesse an dieser neuen Religion wurde durch eine echte Besorgnis um die Wahrheit ersetzt, und dafür bin ich sehr dankbar.

Das dritte Ereignis war eine Versammlung, an der ich in Reading im Januar 2002 teilnahm. Ich hätte es mir nicht träumen lassen, dass diese Versammlung in meinem Leben einen radikalen Wandel herbeiführte, denn sie führte dazu, dass ich wieder voll in der Öffentlichkeit stand, obwohl ich mich eigentlich bereits langsam auf den Ruhestand vorbereiten wollte. Der Hauptredner auf dieser Versammlung war Dr. Patrick Sookhdeo, der auch dankenswerter Weise ein Geleitwort zu diesem Buch geschrieben hat. Ich wollte auf dieser Veranstaltung eigentlich nur etwas mehr über den Islam von diesem ausgewiesenen Experten erfahren.

Mitten in seinem Vortrag wurde ich völlig unerwartet und auch ohne direkten Zusammenhang zum Inhalt der Rede von etwas überwältigt, was man nur als Vorahnung beschreiben kann: Der Islam wird dieses Land übernehmen. Ich erinnere mich noch, dass ich wie gelähmt und zitternd dasaß. Wir hörten nicht nur einer interessanten Lektion über Religion und Kultur zu, die andere Menschen glauben und ausüben, nein, wir hörten etwas über unsere eigene Zukunft!

Noch lange wirkte diese erschütternde Erkenntnis in mir nach. Viele Wochen lang sprach ich mit niemandem darüber, während ich mit den Konsequenzen einer solchen Annahme rang. Woher war dieser Gedanke gekommen? War es mein eigenes Unterbewusstsein oder war es eine übernatürliche Erkenntnis gewesen, die mir von oben oder unten – von Gott oder von einem Dämon – eingegeben worden war? Auf welche Weise mir klar wurde, dass es sich um eine „prophetische" Eingebung von Gott handelte, werde ich im siebten Kapitel dieses Buches darlegen.

Es soll ausreichen, wenn ich zum jetzigen Zeitpunkt sage, dass eine alarmierend hohe Zahl von christlichen Leitern, denen ich schließlich meine Besorgnis mitteilte, mich ermutigte, ja geradezu drängte, es öffentlich zu machen, wobei sie auch hinzufügten, dass gerade ich die richtige Person dafür sei. Noch nie hatte ich so viele Unterstützer, die mir dabei halfen, meinen Kopf zu riskieren! Vielleicht wussten sie, dass ich nicht viel zu verlieren habe, ich war ja kein Pastor mehr, hatte keine Organisation hinter mir, keinen Unterstützerverein, kein Büro, ja nicht einmal eine Sekretärin, nur meine Reputation – aber die hatte ich glücklicherweise schon lange abgelegt.

So kam es also dazu, dass ich nun dieses Risiko eingehe und dieses Buch schreibe. Nur der Herr weiß, wohin das führen wird, aber meine Zukunft liegt in seinen Händen. Und mein Buch liegt in deinen Händen.

Vorwort

Redner und Schreiber warnt man gerne davor, nicht mit vielen negativen Aussagen zu beginnen. Ich muss wohl mit dieser Regel brechen – so wie mir scheint – und dir sagen, was dieses Buch *nicht* ist, damit ich Enttäuschungen, Missverständnissen, Widersprüchen und unnötigen Angriffen vorbeugen kann.

Dieses Buch hat nicht die Absicht, ein Handbuch mit möglichst vielen Informationen über den Islam zu sein. Das haben andere schon viel besser gemacht (es gibt wohl kein besseres Werk als „*A Christian's Pocket Guide to Islam*" von Dr. Patrick Sookhdeo). Natürlich muss ich sowohl Fakten als auch Beurteilungen über diese Religion abgeben, muss aber dazu sagen, dass ich sie nicht selbst erarbeitet habe, sondern sie aus vielen Publikationen von christlichen und muslimischen Autoren zusammengelesen habe, von deren Genauigkeit ich natürlich abhängig bin, und für die ich deshalb auch keine letztendliche Garantie abgeben kann. Die Rückschlüsse, die ich aus den Publikationen anderer gezogen habe, sind allerdings meine eigenen.

Dieses Buch hat nicht die Absicht, Muslime anzugreifen. Ich fände es traurig, wenn es Furcht vor oder Hass auf Muslime erwecken würde, oder wenn man es dazu missbrauchen würde. Diese beiden Emotionen schaukeln sich gegenseitig hoch. Manche Christen sind bereits jetzt schon zu sehr eingeschüchtert, und das kann schnell zu einer irrationalen und lähmenden Angst werden, die sich in rassistischen Einstellungen und Taten äußert. Alle Muslime sind Menschen wie jeder andere auch und sind im Ebenbild Gottes geschaffen worden, und Jesus Christus hat für sie ebenso sein Leben hingegeben. Wenn ihnen die Liebe Gottes gilt, dann sollen auch wir sie lieben. Und wenn wir durch Gnade gerettet werden, dann können auch sie durch diese Gnade gerettet werden.

Dieses Buch hat nicht die Absicht, eine Art Gebrauchsanweisung zu sein, wie man Muslime evangelisiert, obwohl der letzte Abschnitt anderes vermuten lassen könnte. Andere besitzen viel mehr Weisheit und Erfahrung auf diesem Gebiet als ich. Man kann dafür in jedem christlichen Buchladen hilfreiche Literatur finden. Ich möchte hier nur zwei Beobachtungen anstellen: Erstens, dienen und retten gehört bei der Evangelisation immer zusammen. Zweitens, Zeichen und Wunder sind ebenso wichtig wie Worte und Taten; dabei sind Heilungen ganz besonders effektiv, wenn man Herzen gewinnen möchte.

Lass mich mit einer positiven Bemerkung schließen. Dieses Buch richtet sich an christliche Leser, obwohl ich auch zu hoffen wage, dass es, sofern es in die Hände eines Muslim gerät, ihm das Evangelium nahebringen kann. Ich habe dieses Buch geschrieben, weil ich um die Gemeinde besorgt bin, und sein Hauptanliegen – insbesondere in den Kapiteln sieben bis zwölf – ist es, ein Weckruf an Christen zu sein, damit sie selbst für die Zukunft vorbereitet sind. Den Titel habe ich wohlüberlegt gewählt, er sagt eigentlich alles aus.

TEIL EINS

DAS WIEDERAUFLEBEN DES ISLAM

1
SEINE AUSBREITUNG

Der Islam ist heute ein allgegenwärtiges Phänomen.
 Er ist die zweitgrößte Religion auf der Welt, dem mindestens ein Fünftel der Menschen folgt, das sind 1,5 Milliarden Menschen. Dem Christentum folgt ein Drittel der Menschheit.
 Er ist die am schnellsten wachsende Religion auf der Welt, sie wächst mehr als viermal so schnell wie das Christentum.
 Die Nachfolger des Islam kann man auf fünf Kontinenten und in 165 Ländern antreffen, wobei sie in 45 asiatischen und afrikanischen Ländern die Mehrheit darstellen, von denen die größten Pakistan, Bangladesch, Indonesien und der Iran sind.
 Wenn sich der momentane Trend fortsetzt, dann wird die Hälfte der weltweit stattfindenden Geburten im Jahr 2055 in muslimischen Familien stattfinden. In manchen Kreisen bekommt der Islam schon die Auszeichnung, „*die* Religion des 21. Jahrhunderts" zu sein.
 Das Aufkommen und die Entwicklung dieses Glaubens als letzte der großen Weltreligionen, stellen eine erstaunliche Geschichte dar, die sich über die letzten vierzehn Jahrhunderte erstreckt. Alles begann mit einem 40-jährigen Mann, der weder lesen noch schreiben konnte.
 Weil wir seine Verbreitung betrachten, werden wir zuerst einmal die Geschichte geographisch zurückverfolgen, indem wir dort einen Startpunkt setzen, wo sie begann: Arabien.

ARABIEN
Diese riesige Halbinsel besteht hauptsächlich aus einer eintönigen Landschaft von Sand und Himmel. Als unsere Geschichte begann, war sie nur spärlich von einigen Nomadenstämmen

bewohnt, die sich oft gegenseitig bekämpften, weil sie in solch einer kargen Umgebung ums Überleben kämpfen mussten. Aber es gab einige bewohnte Zentren, wo sich die Handelsrouten kreuzten und an denen Karawanen ihre Güter tauschten. Das größte und am zentralsten gelegene war Mekka.

Diese Stadt war auch ein religiöses Zentrum. Es ist überraschend, dass in solch einer kargen Umgebung der Glaube umso komplexer war. Man glaubte an viele Geister (Dschinn) und an viele Götter (Polytheismus). Mekka war das Zentrum für religiöse Kulte, deren Mittelpunkt ein großes würfelförmiges Steingebäude war (die Kaaba). In der Kaaba standen 360 Götterbilder, die man anbetete (eines für jeden Tag des Mondkalenders mit 12 Monaten zu je 30 Tagen). Der Mond spielte eine ganz spezielle Rolle im Wüstenleben. Man hielt ihn für einen männlichen Gott, während der Sonnengott weiblich war und deshalb einen niedrigeren Rang innehatte; diese beiden Gottheiten hatten „drei Töchter". Zwei der Töchter hatten Namen, in deren Namensbestandteilen das Wort „Allah" vorkam (Allah ist der arabische Name für Gott). Archäologen haben eine Reihe von Steinaltären mit einer eingravierten aufgehenden Mondsichel ausgegraben, einem Symbol, das man heute oft an der Spitze einer Moschee entdeckt. Die Pilger, die zu dem Heiligen Schrein ziehen, umkreisen die Kaaba siebenmal und küssen einen schwarzen Stein, der in einer der Außenwände eingebettet ist. Dieser Stein ist wahrscheinlich ein Meteorit. Man muss dabei bedenken, dass Gottheiten in dieser Wüstengegend mit sichtbaren Dingen gleichgesetzt wurden, seien es Steine oder Gestirne.

Besonders eine Gruppe profitierte von dieser Mischung aus Handel und Religion in Mekka, nämlich der Stamm der Quraisch, in den Mohammed um das Jahr 570, kurz nachdem sein Vater Abdullah (die Namensbedeutung ist „Diener Allahs") gestorben war, hineingeboren wurde. Nachdem er dann auch noch seine Mutter im Alter von sechs Jahren verloren hatte,

Seine Ausbreitung

wurde er von Verwandten großgezogen. Er fand eine Anstellung im Karawanenhandel und eine reiche Witwe namens Chadidscha stellte ihn ein. Er heiratete sie einige Zeit später, obwohl sie fünfzehn Jahre älter war als er.

Seine Reisen brachten ihn mit Juden und Christen in Kontakt, von denen er den Glauben an einen Gott kennenlernte (Monotheismus), was eine Herausforderung für seinen polytheistischen Hintergrund darstellte. Als sensibler und zurückhaltender Charakter zog er sich zunächst einmal in eine Höhle zurück, um zu meditieren. Hier hatte er im Alter von vierzig Jahren seine erste körperlich-geistliche Erfahrung. Dieses Erlebnis, zusammen mit ähnlichen Erfahrungen, die er über drei Jahrzehnte hinweg machte, führten dazu, dass er schließlich behauptete, der „Prophet des einen Gottes Allah" zu sein, der letzte und endgültige Botschafter, der den Willen Gottes der Menschheit offenbart.

Seine kühne Opposition gegen den Polytheismus, auf dem der Ruhm und der Reichtum Mekkas beruhten, führte natürlich zu Spannungen mit seinem eigenen Stamm, sodass er schließlich nach Medina fliehen musste, um sein Leben zu retten. Diese Flucht (die Hidschra) im Jahr 622 markiert das erste Jahr im muslimischen Kalender, denn an diesem Zufluchtsort bildete sich die erste Gemeinschaft heraus, die aus seiner Familie und seinen Freunden bestand. Diese waren seine ersten Nachfolger. Sie glaubten an seine Offenbarungen und lebten danach. Diese Offenbarungen betrafen Fragen zur Ehe und zur Scheidung, sie verbaten Alkohol und Wucher und bildeten die Grundlage für das Konzept des „Dschihad" (Heiliger Krieg). Sie waren in viele Kämpfe verwickelt, insbesondere gegen Mekka. Nach einigen Rückschlägen verstärkte Mohammed seine Kampfeskraft und marschierte in Mekka ein, und die Stadt erlag seiner Macht. Er zeigte Großzügigkeit gegenüber seinen Feinden, zerstörte aber all ihre Götzen. Von hier aus breiteten sich die Wellen dieser heiligen Eroberung im ganzen Land aus, obwohl „der Prophet" wieder nach Medina zurückkehrte, um dort seine restlichen Jahre zu verbringen. Hier starb er und wurde im Jahr 632 n. Chr. bzw. im Jahr 11 nach islamischer Zeitrechnung im Alter von 63 Jahren beerdigt.

Bis dahin hatte er es geschafft, sein ganzes Land und die Stämme, die sich bis dahin bekriegt hatten, unter die Herrschaft Allahs zu vereinen. Diese betrachteten sich fortan als eine Nation. Das war eine erstaunliche Errungenschaft, die sich praktisch in einem Menschenleben, bzw. innerhalb von nur zwanzig Jahren vollzog. Es ist nicht verwunderlich, dass die Muslime dies als das Werk des einen Gottes durch den größten ihrer Propheten ansehen.

Noch erstaunlicher ist die Verbreitung dieser arabischen Religion in den folgenden einhundert Jahren. Die Nation wurde sehr bald zu einem Imperium.

DER NAHE OSTEN

Der erste Vorstoß richtete sich nach Norden, und schloss das, was man damals Palästina nannte, und die Stadt Jerusalem mit ein. Obwohl sie im Koran nicht namentlich genannt wird, wurde sie nach Mekka und Medina die drittheiligste Stadt im Islam, weil Mohammed eine Vision bzw. einen Traum hatte, in der er von Jerusalem aus auf einem Pferd in den Himmel ritt. An diesem Ort wurde bald darauf der Felsendom errichtet, der sowohl für die Juden (er wurde nämlich an genau der Stelle erbaut, wo einst ihr Tempel stand) als auch für Christen (an einer Innenwand des Felsendoms steht der Koranvers: „Ferne sei es, dass Gott einen Sohn hat") einen Affront darstellt.

Jerusalem fiel im Jahr 634 und Damaskus, die Hauptstadt von Syrien, folgte ein Jahr später. Dieser nördliche Vorstoß wurde schließlich in der Nähe von Konstantinopel durch eine Armee des christlichen byzantinischen Reiches gestoppt.

Heutzutage gibt es über 300 Millionen arabische Muslime im Nahen Osten, über die Hälfte davon sind unter fünfzehn Jahre alt.

AFRIKA

Mit diesem nördlichen Vorstoß ging gleichzeitig auch eine Bewegung nach Westen einher. Ägypten wurde nur ein Jahrzehnt nach Palästina und Syrien eingenommen. Von den dortigen Christen wurden die muslimischen Araber zunächst willkommen geheißen, da sie in den Augen ihrer byzantinischen Herrscher als Häretiker verschrien waren; und nun nahmen sie an, sie könnten von der byzantinischen Herrschaft befreit werden.

Bis 710 n. Chr. überrollten die Muslime die nordafrikanische Küste, die einst eine Bastion des frühen Christentums gewesen war. Sie war die Heimat berühmter Männer wie Clemens und Origenes von Alexandria und Augustinus, des Bischofs von Hippo (im heutigen Tunesien). Die dortigen Kirchen gerieten in Vergessenheit.

Arabische Händler (und ihre Sklaven) segelten mit ihren Daus die Ostküste Afrikas entlang und nahmen ihre Religion an Orte wie z.B. Sansibar mit. Heutzutage ist der Islam in Südafrika fest verankert, so ist z.B. die Stadt Durban die Heimatstadt von Ahmed Deedat, einem der bekanntesten islamischen Apologeten.

Der Islam hat es geschafft, die Sahara zu überqueren und breitet sich nach Westafrika aus. Nigeria ist ein typisches Beispiel. Die nördliche Region um Kano herum ist fest in muslimischer Hand. Auch die mittlere Region wird von Muslimen kontrolliert, allerdings sind die Christen noch in der Mehrheit. Der Süden ist weitgehend christlich.

Heutzutage gibt es auf dem gesamten Kontinent Afrika mehr als 300 Millionen Muslime.

ASIEN

Der Erfolg der Islamisierung Asiens kann an der Anzahl der Staaten gemessen werden, deren Namen mit der Endung „-stan" aufhören. Viele dieser Staaten liegen südlich von Russland und rund um Persien, dem heutigen Iran. Neuere Ereignisse haben die Aufmerksamkeit auf Afghanistan gerichtet, weil dort militante muslimische Gruppierungen beheimatet sind.

Als Großbritannien seine Vormachtstellung über Indien am Ende des Zweiten Weltkriegs aufgab, wurde es zwischen Hindus und Moslems aufgeteilt, was von Blutvergießen und Flüchtlingskrisen begleitet war. Es hatte zur Folge, dass im Norden zwei muslimische Staaten entstanden: Pakistan und Bangladesch. Oft wird nicht zur Kenntnis genommen, dass in Indien selbst auch noch 100 Millionen Muslime leben.

Von Indien aus hat sich der Islam noch weiter östlich verbreitet. Malaysia, eine weitere britische Kolonie, ist nun ein muslimisches Land, obwohl andere Konfessionen geduldet werden, solange sie davon absehen, Muslime bekehren zu wollen. Indonesien ist allerdings weniger tolerant, wie kürzliche Übergriffe auf Christen beweisen.

Der Kontinent Asien weist die größte muslimische Bevölkerung mit beinahe 800 Millionen Muslimen auf. Dies ist umso bemerkenswerter, als damit die Annahme der arabischen Sprache, Kultur und Architektur einhergeht, obwohl Asien selbst reich an einheimischer Kultur ist.

EUROPA

Dieser Kontinent wurde zum Herzstück jüdisch-christlicher Kultur, wobei er diese in einer Mischung aus imperialer Kolonisation mit missionarischem Eifer in den Rest der Welt exportierte.

Die Expansion des Islam erfolgte auf dreierlei Weise: militärisch, mental und durch Migration.

Die militärische Invasion begann mit der ersten Welle der islamischen Expansion. Nachdem sie die nordafrikanische Küste besetzt hatten, drangen die muslimischen Mächte 711 nach Gibraltar vor, eroberten Spanien und fielen in Frankreich ein, wobei sie bis kurz vor Paris kamen. Sie wurden 732, ein Jahrhundert nach dem Tode Mohammeds, in der Schlacht von Tours und Poitiers geschlagen. Aber Spanien blieb für einige Jahrhunderte in ihren Händen. Es wurde in Al-Andalus (Andalusien) umbenannt, mit Cordoba als Hauptstadt. Erst im Jahre 1492, es war das Jahr, in dem Christopher Kolumbus Amerika entdeckte, endete diese Vorherrschaft.

Die zweite Invasion Europas kam aus dem Osten und nicht aus dem Westen. Im Jahre 1071 wurde die christliche byzantinische Armee von den türkischen Seldschuken geschlagen. Der Kaiser rief den Papst um Hilfe an, was schließlich zu den berüchtigten und unheilvollen Kreuzzügen führte, durch die man die Heiligtümer des Heiligen Landes von der muslimischen Herrschaft befreien wollte.

Das Osmanische Reich wurde im Jahre 1281 gegründet und eroberte die byzantinische Hauptstadt im Jahre 1453. Konstantinopel wurde daraufhin zu Istanbul, seine große zentrale Kirche, die Hagia Sophia, wurde in eine große Moschee umgewandelt; derzeit ist sie ein Museum. Der Balkan wurde bei der Schlacht auf dem Amselfeld 1389 geschlagen (ironischerweise haben die Briten vor kurzem dort wohnhafte Muslime gegen serbische Christen verteidigt!). Die Muslime drängten weiter vor und wollten Wien einnehmen, wurden aber schließlich im Jahre 1682 zurückgeschlagen. Die osmanische Kontrolle des Nahen Ostens endete im Jahre 1918, obwohl sie von Deutschland unterstützt wurde.

Der geistige Einfluss des Islam auf ganz Europa ist nur wenig bekannt und wird fast nicht wahrgenommen, obwohl er den Einfluss der militärischen Invasionen bei weitem übersteigt. Die meisten haben schon vom Zeitalter der Aufklärung gehört, dem Zeitalter der Vernunft, das nunmehr die westliche Kultur und Zivilisation dominiert. Diese Zeit ist auch unter der Bezeichnung Renaissance bekannt. Es war eine Zeit, in der man die Errungenschaften der antiken Welt wiederentdeckte und wiederbelebte, die griechisch-römische Philosophie, Kunst und Wissenschaft. Nur wenige wissen, dass bei dieser „intellektuellen Revolution" die arabischen Muslime eine große Rolle spielten.

DER ISLAM - EINE HERAUSFORDERUNG FÜR DIE CHRISTEN

Vom 10. Jahrhundert an entwickelte die muslimische Welt eine außergewöhnlich anspruchsvolle Kultur und Zivilisation, die ihr Zentrum in Bagdad (der Hauptstadt des heutigen Irak) hatte. Der Philosoph Al-Farabi, der seine Ausbildung von einem Christen erhielt, wurde als „zweiter Aristoteles" bekannt. In der griechischen Literatur suchte man nach Weisheit und übersetzte sie ins Arabische. Insbesondere auf drei Gebieten – der Mathematik, der Medizin und der Architektur – kam die alte klassische Welt wieder zum Leben und wurde weiterentwickelt (ohne die „Erfindung" der „Null" wäre die heutige Computertechnologie undenkbar. Auch verwenden wir heute weltweit die arabischen Ziffern). Jeder Besucher der Burg Alhambra in Granada oder des Taj Mahal in Indien ist von ihrer Schönheit und Symmetrie begeistert.

Im zwölften Jahrhundert haben jüdische und christliche Gelehrte in Toledo begonnen, griechische Werke und die dazugehörenden muslimischen Kommentare vom Arabischen ins Lateinische zu übersetzen. Die Grundlagen für eine geistige Revolution im europäischen Leben und Denken waren gelegt.

Bevor wir dieses Themengebiet verlassen, müssen wir noch drei geistliche Phasen betrachten, die diese intellektuellen Versuche mit sich brachten. Die Araber übernahmen vieles aus der antiken griechischen Welt, allerdings nicht ihren Polytheismus und ihre Mythen. Alle intellektuellen Errungenschaften verwendeten sie nur innerhalb des monotheistischen Rahmens und nur zur Ehre Allahs.

Die Europäer wiederum übernahmen nun dieses ganze Erbe, jedoch ohne das griechische oder arabische theologische Setting. Aus rein praktischen Gründen war die Aufklärung atheistisch, der Glaube an Gott oder an Gottheiten war irrelevant und überflüssig, wobei man vordergründig immer noch dem Deismus huldigte (dem Glauben, dass Gott die Erde geschaffen hat, sie aber nicht mehr regiert.)

Das gegenwärtige Vordringen des Islam in Europa, besonders

Seine Ausbreitung

in die nördlichen Staaten, ist weder aggressiv noch akademisch. Es geschieht durch massive Einwanderung. In gewisser Weise sind es die langfristigen Auswirkungen des Imperialismus dieser Länder, die diese Einwanderung hervorriefen. Die Muslime strömen in genau die Länder zurück, die früher ihre Kolonialherren gewesen waren: Algerier kommen nach Frankreich, Pakistani kommen nach Großbritannien.

Die Hauptgründe für die Migration sind Wohlstand und Schutz. Die einen suchen wirtschaftliche Vorteile für sich und ihre Familien. Wahrscheinlich gehören die meisten der legalen Immigranten zu dieser Kategorie. Die anderen fliehen vor despotischen Regimen, die gerade in islamischen Ländern besonders häufig anzutreffen sind. Eine Religion, die die Diktatur der Demokratie vorzieht, ist wahrscheinlich besonders anfällig dafür. Die Mehrheit der illegalen Einwanderer zählt zu dieser Kategorie.

Und sie alle bringen ihre Religion mit. Während sich manche der säkularen Gesellschaft, in die sie kommen, anpassen, bleiben die meisten ihrer Religion treu. Damit bewahren sie einerseits ihre Identität und bleiben andererseits ihren moralischen Werten treu. Letzteres umso mehr, als sie die Dekadenz ihrer neuen Umgebung erkennen und verachten. Viele sind davon überzeugt, dass sie dazu beitragen, die westliche Welt vor dem völligen Abgleiten in die moralische und soziale Anarchie zu bewahren, was ihnen ein gewisses Sendungsbewusstsein verschafft. Dieses aufkeimende Selbstbewusstsein wird durch die Sympathie ihrer neuen Nachbarn bestärkt.

Schon im Jahr 1936 schrieb George Bernard Shaw, ein irischer Schriftsteller, der in Hertfordshire im Norden von London wohnte, folgende Worte:

Wenn je eine Religion innerhalb der nächsten hundert Jahre die Chance hätte, über England, ja sogar Europa regieren zu können, dann wäre das der Islam. Ich habe die Religion Mohammeds schon immer hochgeachtet, wegen ihrer wunderbaren

Lebendigkeit. Es ist die einzige Religion, die mir in der Lage zu sein scheint, die assimilierende Fähigkeit zu besitzen, den wechselnden Phasen der Existenz gerecht zu werden und sie auf diese Weise attraktiv für jedes Zeitalter zu machen. Ich habe ihn studiert, diesen wunderbaren Mann, und meiner Meinung nach ist er weit davon entfernt, ein Antichrist zu sein, er muss vielmehr der Retter der Menschheit genannt werden. Ich glaube, dass, wenn ein Mann wie er, die Herrschaft über die moderne Welt erlangen würde, es ihm gelänge, die Probleme auf eine Art und Weise zu lösen, die der Menschheit den ersehnten Frieden und das Glück bringen könnte. Ich habe über die Religion Mohammeds geweissagt, dass sie für ein Europa von morgen willkommen sein wird, da sie bereits jetzt anfängt, für das Europa von heute akzeptabel zu werden.

(aus The Genuine Islam, Band 1, Nr.8, 1936)

Eine bemerkenswerte Prophetie, die sich nach nur dreißig Jahren zunehmend erfüllt!

Im nächsten Kapitel werden wir uns mit dem Sonderfall Großbritanniens befassen und mit seiner Neigung, den Islam willkommen zu heißen. Premierminister Tony Blair drängt darauf, die Türkei in die Europäische Union aufzunehmen, obwohl der größte Teil davon in Asien liegt. Die heutige Türkei wurde als säkulare Republik nach dem ersten Weltkrieg gegründet. Ihre Bevölkerung von etwa 80 Millionen Menschen ist fast vollständig muslimisch, und in einer vor kurzem stattgefundenen Wahl konnte man einen Rechtsruck ins religiöse Lager feststellen. Die Fläche ihres Staatsgebietes ist doppelt so groß wie die Deutschlands, mit dem sie in beiden Weltkriegen verbündet war.

DER DOPPELKONTINENT AMERIKA

In Südamerika gehören die Muslime immer noch zu einer relativ kleinen Minderheit. Es ist der am wenigsten islamisierte Kontinent (außer der Antarktis!).

Seine Ausbreitung

Die Situation in Nordamerika entspricht der europäischen, was an der sehr freizügigen Einwanderungspolitik liegt. Inzwischen gibt es Millionen von Muslimen. Allerdings gehört ein Drittel von ihnen zu einer schwarzen muslimischen Sekte, die eine eigene Theologie vertritt, welche vom orthodoxen Islam nicht akzeptiert wird. Insgesamt ist der Islam die zweitgrößte und die am schnellsten wachsenden Religion in Nordamerika – wie fast überall auf der Welt. In allen größeren Städten der USA schießen Moscheen wie Pilze aus dem Boden. Religiöse Vielfalt wurde in Amerika schon immer willkommener geheißen als sonst in der Welt.

Die Ausbreitung des Islam war nicht zu jeder Zeit gleichmäßig. Sie vollzog sich eher in einer gewissen Wellenbewegung. Jede dieser Wellen drang weiter ins Land vor.

Im einundzwanzigsten Jahrhundert nach christlicher, nicht nach islamischer Zeitrechnung, kann man ein Vorwärtsdrängen des Islam insbesondere in der westlichen Welt ausmachen – daher auch der erste Teil des Titels dieses Buches. Dieser Drang nach vorne geht mit einem neuen Selbstvertrauen unter Muslimen einher, das mit zwei Entwicklungen in der islamischen Hochburg des Nahen Ostens zusammenhängt.

Eine davon ist die Entlassung der arabischen Nationen aus der Kolonialherrschaft der europäischen Mächte Großbritannien und Frankreich. Zwei Weltkriege gaben ihnen ihre politische Selbständigkeit zurück. Genau das war auch das Anliegen der Heldentaten eines „Lorenz von Arabien". Sie sind mittlerweile zu eigenständigen Spielern auf der Weltbühne geworden.

Sie haben nun ein Eigenleben auf internationaler Bühne entwickelt. Diese Entwicklung erklärt auch den zunehmenden Unmut gegenüber einer kulturellen und militärischen Einmischung Amerikas, die das ehemalige Eindringen Europas in ihr Territorium ersetzt hat. Dieser Ärger fokussiert sich natürlich auf die Unterstützung Israels, das seinen Staat nach westlichem Vorbild in dieser Region gestaltet.

Der andere Faktor ist die Entdeckung riesiger Ölvorkommen (das schwarze Gold) in ihren Ländern. Bedingt durch eine zunehmende Abhängigkeit der westlichen Wirtschaft von diesem Rohstoff, führte dies zu unbeschreiblichem und unerwarteten Reichtum und zu einem enormen Einfluss auf den Weltmärkten.

Die neu erlangte politische und finanzielle Macht hat das Selbstbewusstsein der Muslime enorm gestärkt. Wir schließen mit einer Bemerkung, die anlässlich einer Eröffnung einer Moschee in Stockholm gemacht wurde:

In den nächsten fünfzig Jahren werden wir die westliche Welt für den Islam einnehmen. Wir haben die Männer dazu; wir haben das Geld dazu; und vor allen Dingen, wir tun es ja bereits.

2
SEINE CHANCE

Das geistige Vakuum in Großbritannien wie auch in ganz Europa ist derzeit sehr groß. Der Mensch verabscheut ebenso wie die Natur das Vakuum. Im menschlichen Herzen gibt es einen Platz für Gott, der danach verlangt, ausgefüllt zu werden.

Eine Religion, die auf Erfolgskurs ist, wird von solch einem Vakuum gerne aufgesogen, wobei sich die Effekte auf beiden Seiten gegenseitig verstärken. Der Islam hat in Großbritannien genau diese Rolle eingenommen. Bei seinem Auftreten fand der Islam eine wirklich günstige Gelegenheit vor.

Das Christentum war schon immer die traditionelle Religion auf nationaler (Krönungszeremonie der Könige, Gebet im Parlament) und auf privater Ebene (Geburten, Hochzeiten, Begräbnisse), die sogar durch das Gesetz verankert ist. Trotzdem ist das Christentum im öffentlichen Leben stark im Rückgang begriffen. Die offizielle Statistik vermeldet, dass die Staatskirchen wöchentlich 1.000 Mitglieder verlieren, und dass die größte Freikirche im Lande wöchentlich zwei Kirchengebäude schließen muss. Höchstens zehn Prozent der Bevölkerung besuchen am Sonntag noch den Gottesdienst. Natürlich gibt es auch große Kirchengemeinden mit Mitgliederzahlen im vierstelligen Bereich, allerdings sind diese in den großen Metropolen angesiedelt, sodass das Verhältnis von Kirchenbesuchern zu Uninteressierten dort nur wenig besser ist.

Was war die Ursache für diesen verheerenden Niedergang (sowohl in qualitativer als auch quantitativer Hinsicht), den man nur als „Ausbluten" der Kirche bezeichnen kann? Um diese Frage zu beantworten, muss man einige Jahrhunderte zurück in die Vergangenheit blicken, in denen einige „-ismen" im britischen „Gewächshaus der Religion" aufgekeimt sind.

DER ISLAM - EINE HERAUSFORDERUNG FÜR DIE CHRISTEN

Eigentlich reagiere ich auf solche „-ismen" allergisch, weil sie normalerweise einen Angriff insbesondere im christlichen Kontext darstellen (Anglikanismus, Methodismus, Protestantismus).

Es folgt ein kurzer Abriss dieser „-ismen", die Großbritannien heimgesucht haben. Man mag das vielleicht als oberflächlich ansehen, aber ich meine, dass genau diese „-ismen" sozusagen Kettgarne darstellen, mit Hilfe derer man den ganzen bunten Teppich, zu dem eine Gesellschaft gewebt ist, analysieren kann.

Wir müssen mit unserem Denken beginnen. Dort hat ein gewaltiger Wechsel stattgefunden, dessen Wurzel bereits 400 Jahre zurückliegt. Damals lag die Quelle der Wahrheit in dem, was Gott uns durch die Bibel (im protestantischen Norden Europas) oder durch die Kirche (im katholischen Süden Europas) offenbart hat. Dann kam die „Aufklärung", die behauptete, dass die Menschen die Wahrheit eigenständig und ohne Gottes Hilfe erkennen können. Drei „-ismen" traten nacheinander ihren Eroberungsfeldzug an.

RATIONALISMUS

Der Rationalismus betrat als erster die Bühne und setzte seine Hoffnung auf die menschliche Vernunft. Der Verstand war der Ort der Bildung, und die Methoden waren die wissenschaftliche Beobachtung und das Experiment. Was man auf diese Art nicht beweisen konnte, genügte den intellektuellen Anforderungen nicht und wurde vom Skeptizismus verworfen. Der Szientismus, den man auch als „Wissenschaftsgläubigkeit" bezeichnen kann, weil er glaubt, dass die Wahrheit nur auf diese Art bewiesen werden kann, kam schnell in Konflikt mit der Bibel, wobei man sich auf die Debatte zwischen Schöpfung und Evolution fokussierte.

Diese rationale und nur auf den Verstand fixierte Herangehensweise an das Leben war einfach nur kalt und gefühllos. Sie sprach nur den Verstand, nicht aber das Herz an. Sie zog nicht in Betracht, dass der Mensch nicht nur durch das, was er versteht, sondern auch durch das, was er fühlt, beeinflusst wird. Eine Gegenbewegung war unausweichlich.

ROMANTIK (engl. Romanticism)

Für die Romantik war das menschliche Herz der Ort der Bildung. Die Wahrheit des Lebens konnte man eher durch das Gefühl als durch die Forschung ausfindig machen. Die Betonung lag daher auf der Kunst und nicht auf der Wissenschaft, ganz besonders auf der Malerei und der Dichtung. Die Realität wollte erfühlt werden.

Man begab sich auf die Suche nach außergewöhnlichen Erfahrungen. Unausweichlich führte das zum Gebrauch von Stimulantien und damit auch zur Sucht und zur Abhängigkeit. Die Grenze zwischen Wirklichkeit und Phantasie verschwamm zunehmend.

Die schleichende Verlagerung von der Suche nach der Wahrheit in der Außenwelt zur Suche nach der Wahrheit in der Innenwelt, vom Experimentellen zum Existenzialistischen, hatte große Auswirkungen.

RELATIVISMUS

Der Wechsel von den Tatsachen der Außenwelt hin zu den Gefühlen der Innenwelt, vom Objektiven hin zum Subjektiven, von der Moderne hin zur Postmoderne führte unausweichlich zu einer Veränderung von Glauben, Verhaltensweisen und Einstellungen, die sowohl das Objektive wie das Subjektive betreffen. Absolute Überzeugungen wurden von relativen Meinungen abgelöst.

Dies war ja angesichts der großen Vielfalt der Menschen, von denen jeder eine andere Herkunft hat und unter anderen Lebensumständen lebt, geradezu geboten. Jedes Individuum kann ja gar nicht anders, als unterschiedlich zu denken und zu fühlen. Wenn das, was für alle wahr ist, von dem, was jeder Einzelne als wahr ansieht, abgelöst wird, dann verschwinden absolute Wahrheiten.

In den Dingen des Glaubens konnte nun keiner mehr behaupten, in Besitz der Wahrheit zu sein. Alle Religionen besitzen ein Stück Wahrheit, aber keine Religion hat die ganze Wahrheit. Man kann höchstens sagen, dass für die Christen das Christentum wahr ist, für die Muslime der Islam, für die Hindus der Hinduismus, und selbstverständlich für den Agnostiker der Agnostizismus, und für den Atheisten der Atheismus. Wenn man bekennt, dass man die einzig wahre Erkenntnis Gottes besitzt, dann ist das zutiefst anstößig, weil es ein absoluter Anspruch ist.

Was nun die Verhaltensweisen angeht, so wurde die Anwendung von moralischen Standards, die der Gemeinschaft dienen sollten, von einer Diskussion über „Ideale" und „Werte" des Individuums abgelöst, und in wie weit man diese mit anderen teilen kann.

Absolute haben Gegensätze. Das, was wahr ist, definiert das, was falsch ist; das was richtig ist, definiert das, was verkehrt ist. Der Relativismus verwischt solche Unterscheidungen. Schwarz und Weiß werden durch Grauschattierungen ersetzt.

Wir wollen nun einige soziale Auswirkungen all dessen betrachten.

PLURALISMUS

Die meisten westlichen Länder sind mittlerweile multikulturell und multireligiös, insbesondere in den Ballungsräumen. Liberale Einwanderungspolitik und die Einwanderungswellen nach dem zweiten Weltkrieg aus den früheren Kolonien haben besonders Großbritannien zu einer pluralistischen Gesellschaft gemacht. Dies wird oftmals begrüßt, weil es uns eine größere Wahlmöglichkeit an verschiedenen Geschmäckern, Nahrungsmitteln, Automarken, Kleidung, Musik und Unterhaltung bietet, obwohl es auch mit Spannung und Konflikt einhergeht.

Der Pluralismus allerdings geht noch ein Stück weiter und behauptet, dass solch eine Mischung der Kulturen nicht nur gut, sondern sogar notwendig für eine reife Gesellschaft ist. Diversität ist eine Tugend, weil sie es geschafft hat, sich von schädlicher Uneinigkeit zu befreien. Und weil eben niemand von allem eine Ahnung haben kann, werden alle Elemente einer Gesellschaft gleichermaßen benötigt, um an einer ganzheitlichen lebendigen Fülle mit beizutragen. Taktgefühl und Toleranz werden dafür als oberste Tugenden benötigt. Soweit es die Kultur betrifft, mag das richtig sein, aber in Bezug auf die Religion ist solch eine Herangehensweise gefährlich.

SYNKRETISMUS

Auf die Religionen dieser Welt wird zunehmend Druck ausgeübt, damit sie endlich zum Wohl des Weltfriedens und des Umweltschutzes zusammenwachsen. Und weil eben niemand im Besitz der ganzen Wahrheit ist, ist gegenseitige Ausgrenzung unverzeihlich. Es ist besser, unsere Differenzen zu vergessen, anzuerkennen, dass jeder Zugang zu Gott seine Gültigkeit besitzt, und gemeinsam gegen das zu kämpfen, was unserer Gesundheit und unserem Glück schadet.

Die Medien sprechen bereits von einer „Glaubensgemeinschaft", ohne zwischen den einzelnen Glaubensrichtungen zu unterscheiden, wobei sie das Christentum und den Islam als die beiden wichtigsten Bestandteile anerkennen. Gemeinsame Anstrengungen gegen die sozialen Probleme werden bereits unternommen. Selbst die Evangelische Allianz, die eigentlich das christliche Evangelium innerhalb der Kirche schützen und nach außen hin verkünden soll, wird mittlerweile zum Anwalt solcher „gemeinsamer Kriegsführung", was natürlich politischen Zielen geschuldet ist.

Zur Zuspitzung kommt es bei gemeinsamen Gottesdiensten, die mittlerweile schon durchgeführt werden, bei denen man den „Gott Abrahams, Jesu und Mohammeds" anbetet. Manche „Glaubensfestivals" gehen noch weiter. Der derzeitige Papst rief Repräsentanten aller Weltreligionen dazu auf, mit ihm zusammen in Assisi, der Heimatstadt des Heiligen Franziskus, für den Frieden zu beten. Wer sich von solchen ökumenischen (das Wort bedeutet „weltweit", und wird in diesem Zusammenhang genauso verwendet) Aktivitäten zurückzieht, gilt als bigott.

Jedoch hat all dies den Rückgang des traditionellen Glaubens in diesem Land nicht aufhalten können und hat ihn sogar beschleunigt, sodass dessen charakteristischer Beitrag immer verschwommener wird. Die Mehrheit der Bevölkerung ist mittlerweile a-religiös geworden.

SÄKULARISMUS

Weil man keiner Religion mehr zugesteht, im Besitz der ganzen Wahrheit zu sein, hat auch keine Religion mehr das Recht, im Leben einer Nation eine dominante Rolle einzunehmen. Es sollte jede Religion erlaubt sein, aber keine sollte eine offizielle Rolle einnehmen.

Dies führt dazu, dass sich die Religion auf das private Leben zurückzieht und aus dem öffentlichen Leben verbannt wird. Religion wird zur Privatsache, die man höchstens mit denjenigen gemeinsam ausüben kann, die mit ihr übereinstimmen. Deshalb wird sie zu einer Freizeitaktivität, mit der man sich nach der Arbeit oder am Wochenende beschäftigt. Dadurch ist jeder Mut abhandengekommen, Bekehrungsveranstaltungen durchzuführen, da sie einen unzulässigen Einfluss des Privaten in der Öffentlichkeit darstellen würden.

Eine internationale Erhebung ergab, dass Großbritannien das „zweitgottloseste" (m.a.W. a-religiöseste) Land auf der Erde ist – übertroffen nur von Japan!

Der römisch-katholische Kardinal von Westminster erregte die Gemüter als er – meiner Meinung nach durchaus zutreffend – behauptete, dass das Christentum bald keine Rolle mehr spielen werde (damit meinte er die öffentliche Wahrnehmung als Religion).

In der Öffentlichkeit wird Religion immer unwichtiger und

entbehrlicher. Aber durch was wird sie ersetzt? Für was geben sich die Menschen hin? Für was setzen sie sich ein? Dazu müssen wir noch drei weitere „-ismen" betrachten.

MATERIALISMUS

Der Szientismus behauptet, dass es außer dem sichtbaren Universum nichts gibt. So überrascht es nicht, wenn sich die Suche nach dem Sinn des Lebens auf die materielle Welt beschränkt, auf das, was man sehen, hören, anfassen und riechen kann.

Es bedeutet auch, dass man sich auf diese Welt und dieses Leben beschränkt, da ja die Wissenschaft nicht in der Lage ist, irgendetwas anderes hinter dieser Welt zu erkennen. Und weil es außer dem Willen zu überleben keinen anderen Zweck für die Existenz gibt, meint man, dass es kein wichtigeres Ziel gibt, als irgendwie glücklich zu werden, wobei man die Quelle des Glücklichseins entweder in anderen Menschen oder in irgendwelchen Dingen sucht.

HEDONISMUS

Die Jagd nach dem Vergnügen und die damit einhergehende Flucht vor allem, was irgendwie Schmerz verursachen kann, erklären den Großteil dessen, was die heutige Gesellschaft ausmacht, sei es der Tourismus in exotische Länder oder die Suche nach sexuellen Höhepunkten, woher auch immer man sie bekommen kann. Man verwendet künstliche Stimulantien, den Alkohol und Drogen, die diese Flucht aus der Realität in die Phantasie begünstigen.

Eine Zutat ist dabei allerdings unerlässlich: Gesundheit. Weil Krankheit unweigerlich Schmerz und Unannehmlichkeiten hervorruft, wird eine Gesellschaft, die dem Genuss hingegeben ist, sehr gesundheitsbewusst, gerade weil die vorher genannten Angewohnheiten der Gesundheit eher abträglich sind. Die Forderung nach einem gut funktionierenden Gesundheitswesen, das ausufernde Interesse an Diät- und Fitnessprogrammen, die Zunahme der alternativen Medizin und das Geschäft, welches die Apotheken und Reformhäuser damit machen, sind symptomatisch.

Der Hedonismus sucht in erster Linie die Sinnenfreude; es gibt aber noch eine andere Form des Verlangens.

KONSUM(ISMUS)

Obwohl die Tatsachen dagegensprechen, hält sich immer noch der Mythos, dass die Zunahme des Besitzes zur Zufriedenheit des Besitzers führt. Dabei ist doch eine Sache wirklich offensichtlich: Zufriedenheit kann man nicht kaufen.

Und wieder ist dabei eine Zutat unerlässlich: Geld. Eine Gesellschaft, die glaubt, dass man das Glück im Materiellen finden kann, ist geradezu verzweifelt auf der Suche nach mehr Wohlstand, sei es auf faire oder unfaire Weise. Das Glückspiel, sei es Lotterie, Aktienhandel oder das Spekulieren auf Wechselkurse gilt als schnellerer Weg, ein Vermögen anzuhäufen, als Tag für Tag sich wie ein Sklave in die Arbeit zu begeben.

Bald werden mehr Menschen am Sonntagmorgen shoppen gehen als den Gottesdienst besuchen, sei es auf Flohmärkten oder in den modernen „Kathedralen", den Einkaufszentren. Die Auflage des IKEA-Katalogs ist viermal höher als die der Bibel. Die Hauptsorge der Regierungen ist es, wie man die Wirtschaft weiter ankurbeln kann. Konsum ist allgegenwärtig.

Dieser kurze Überblick bietet nur kleine Anhaltspunkte dafür, wohin die Reise in Großbritannien geht. Die neun aufgeführten Trends sind im Speziellen antichristlich und im Generellen antireligiös. Zusammengenommen erklären sie, warum das Christentum jetzt nichts weiter als eine Minderheitsreligion unter vielen anderen ist, deren Wert in den Augen der meisten höchstens darin besteht, das soziale Verhalten positiv zu beeinflussen und Kriminalität und Armut zu mindern.

Aber das ist nicht alles. Die spirituellen Bedürfnisse nämlich bleiben weiterhin unbefriedigt. Es bleibt immer noch das geistliche Vakuum in der Seele, das nach Erfüllung verlangt. Der Platz im Inneren, den nur Gott ausfüllen kann, ist immer noch leer. Irgendetwas oder irgendwer muss ihn einnehmen. Wenn es schon nicht der „eine, wahre Gott" ist, dann wird es irgendein Götze sein. Manche Art von „Anbetung", die sich sowohl in Bewunderung als auch in Nachahmung äußert, richtet sich an Menschen, an Stars aus Pop, Film und Sport. Kürzlich erschien ein Portrait von Victoria und David Beckham (die Sängerin und der Fußballspieler „Posh and Becks"), welches sie in der Pose von Hindugottheiten zeigt und sie auf diese Weise zu dieser Art Pantheon gesellt. Auch der Kult um die Royals ist von gleicher Natur. Er zeigt sich in den Momenten der Trauer (Beerdigung von Prinzessin Diana) und des Triumphs (Jubiläum der Königin Elisabeth). Aber früher oder später werden die „Füße aus Ton" offenbar, und die Aufmerksamkeit wendet sich dem nächsten Ereignis zu.

Man kann aber auch eine Kehrtwende vom westlichen Materialismus hin zum östlichen Mystizismus feststellen. Die Beatles waren auf diesem Gebiet Pioniere. Eine postmoderne Generation begrüßt mit offenen Armen die „Spiritualität", obwohl sie oft bizarre Züge annimmt, was manchmal harmlos, oftmals aber auch gefährlich werden kann. Einige wenige sind zum traditionellen Christentum zurückgekehrt, viele aber reizt das Neuartige, wie die unterschiedlichsten Mischungen aus New Age und dem Okkultismus längst vergangener Zeiten. Die alten heidnischen Religionen feiern ein Comeback. Irgendwie ist alles „in", besonders bei der jungen Generation.

Es besteht aber auch eine andere Möglichkeit, nämlich dass eine der existierenden Weltreligionen, die der britischen Kultur eigentlich fremd sind, dieses Vakuum ausfüllt und so zur führenden Religion im Lande wird. Der Islam hat da die allerbesten Chancen, und man kann dabei zusehen, wie er an Einfluss gewinnt. Zurzeit ist der Islam die zweitgrößte und die am schnellsten sich ausbreitende Religion hierzulande wie auch

DER ISLAM - EINE HERAUSFORDERUNG FÜR DIE CHRISTEN

im Rest der Welt. Wieder einmal muss ein kurzer Abriss genügen.

In den letzten Jahrzehnten ist die Anzahl der Muslime in Großbritannien von ein paar Tausend auf über zwei Millionen angewachsen. Der Bischof von London sagte, dass es im Jahre 2004 mehr Muslime als Anglikaner in Großbritannien geben wird. Das Wachstum beruht zum großen Teil auf legaler oder illegaler Immigration. Erstere kommt aus den Exkolonien des British Empire wie Pakistan; letztere kommt ironischerweise aus muslimischen Ländern wie Afghanistan. Wegen unseres großzügigen Wohlfahrtstaates ist Großbritannien ein bevorzugtes Ziel für Migration geworden.

Es gibt aber auch andere Faktoren. Die Geburtenrate unter den Muslimen ist höher als unter den typisch britischen Familien (das trifft auch auf christliche Familien zu). Immer mehr britische Frauen heiraten muslimische Männer und nehmen ihren Glauben und ihre Lebensweise an. Man sagt, dass es tausende Konversionen vom Christentum zum Islam gibt, weit mehr als Konversionen vom Islam zum Christentum.

Beginnend mit einer einzigen Mosche in der Nähe von Woking in Surrey, die man bei einer Eisenbahnfahrt nach London schon von weitem sehen kann, gibt es mittlerweile mehr als 2000, die teilweise eine großartige moderne Architektur aufweisen, während andere umgebaute Kneipen, Geschäfte, Kinos oder überflüssig gewordene Kirchen sind (die Moschee in meiner Heimatstadt Basingstoke war beispielsweise früher die „Gospel Hall" der Brüdergemeinden). Die größte Moschee wurde im Regent`s Park von einem der größten Bauunternehmen in Großbritannien gebaut. Das Bauunternehmen wurde von einer christlichen Familie namens Laing gegründet und wurde kürzlich für die fürstliche Summe von einem Pfund abgestoßen.

In vielen Großstädten Großbritanniens gibt es große muslimische Enklaven, besonders in den Industrieregionen der Midlands und im Norden Englands, aber auch in London. Man kann sie nicht als Ghettos bezeichnen, da keine Isolation

Seine Chance

aufgezwungen wird, wohl aber als exklusive Gemeinschaften, von denen eine gewisse Anziehungskraft ausgeht.

Das Bildungssystem ist auch beeinflusst worden. Der Türöffner war der Unterricht von vergleichender Religionskunde in den staatlichen Schulen. In den Grundschulen werden Ausstellungen zum Thema Islam veranstaltet. In den Universitäten wurden entsprechende Fakultäten eröffnet: Oxford (gegründet vom Emirat Schardscha) und Exeter (gegründet von Oman und Dubai) waren die ersten, gefolgt von der Universität von Wales. Muslime eröffnen aber auch ihre eigenen (vom Staat finanzierten) Schulen und Colleges.

In der Kommunal – und Landespolitik kann man den Einfluss verspüren. Muslime sitzen im House of Lords, einer bei den Konservativen, die Übrigen in der Labourpartei. Das Bestreben nach Schutz von Minderheiten im Gesetzgebungsverfahren bezüglich ethnischer Beziehungen ist nicht zu übersehen, wie das kürzlich erlassene Gesetz gegen „Verunglimpfung von Religionsgemeinschaften", dessen Tatbestand äußerst schwierig zu definieren und anzuwenden ist, zeigt. Unterschiede zwischen der islamischen und der britischen Gesetzgebung z.B. bezüglich Eheschließung und Erbrecht müssen gelöst werden. Es kommt hinzu, dass britische Muslime eine eigene politische Partei (1989), ein eigenes Parlament (1991) und den Muslim Council of Britain gegründet haben; insgesamt gibt es 250 muslimische Organisationen.

Investitionen in das Ölgeschäft gehören seit langem zum Wirtschaftsleben, besonders in London. Ein Fünftel der Bankreserven sind davon betroffen, und ein Ausstieg daraus würde eine Krise hervorrufen. Der Handel mit dem Nahen Osten, besonders die Waffengeschäfte, machen einen unverzichtbaren Teil des britischen Exports aus. Araber besitzen große Hotels und Kaufhäuser in London. Nicht vergessen darf man die Abhängigkeit der Briten von den Ölimporten aus islamischen Ländern des Nahen Ostens.

DER ISLAM - EINE HERAUSFORDERUNG FÜR DIE CHRISTEN

Mittlerweile werden mehr islamische Bücher in englischer als in arabischer Sprache veröffentlicht; es gibt mehr muslimische Zeitungen in London als sonst auf der Welt. Seit dem 11. September 2001 ist das Interesse am Islam sprunghaft gestiegen, und viele Colleges bieten Kurse über den Islam an. Muslimische Fernsehsendungen sind so zahlreich, dass „Channel 4" bereits als „Stimme des Islam" bezeichnet wird.

Auch treten immer mehr Persönlichkeiten des öffentlichen Lebens für den Islam ein. Ein Foto der Queen zeigt sie, wie sie ohne Schuhe eine Moschee betritt. Das Foto erschien auf dem gleichen Titelblatt einer Tageszeitung wie ein Bericht über meine Vorhersage der Übernahme unseres Landes durch den Islam. Der Herzog von Edinburgh (Prince Philip) unterstützt eine Stiftung, die sich zur Aufgabe gemacht hat, eine autorisierte Übersetzung des Korans ins Englische herauszubringen. Die Liebesaffäre von Prinzessin Diana mit Dodi Al-Fayed hätte leicht zur ersten muslimischen Hochzeit im britischen Königshaus führen können. Dodis Vater, Muhammad Al-Fayed, Eigentümer von Harrods, des berühmten Londoner Kaufhauses, einst „Hoflieferant des Königshauses", war nach dem Unfall seines Sohnes so verzweifelt, dass er fest davon ausging, dass Diana und Dodi Opfer eines Anschlags und nicht eines Unfalls geworden sind.

Prinz Charles geht ganz offen mit seiner Sympathie zum Islam um und hat bereits angekündigt, dass er, sofern er irgendwann einmal zum König gekrönt werden wird, den Titel „Defender of the Faith" (Verteidiger des Glaubens) in „Defender of Faith" ändern möchte, um damit zum Ausdruck zu bringen, dass er nicht der Verteidiger allein des christlichen Glaubens, sondern aller Glaubensrichtungen sein will, wobei er natürlich in erster Linie den Islam anvisiert. Wer etwas gegen diesen Wechsel hat, sollte sich daran erinnern, dass dieser Titel einst vom Papst dem König Heinrich VIII verliehen wurde, weil er eine Abhandlung gegen Luther und den Protestantismus verfasst hatte! Der König brach allerdings später mit Rom wegen Streitfragen zur Ehe und

Seine Chance

nicht wegen der Lehre.

Der frühere Premierminister John Major eröffnete ein islamisches Multimediazentrum. Der jetzige Premierminister Tony Blair räumte ein, dass er täglich den Koran lese, fügte allerdings später hinzu, dass es ihm nur darum gehe, sich nach den Anschlägen von New York über den Islam zu informieren. Er und Bush, der Präsident der Vereinigten Staaten, sind peinlich darum bemüht, der Welt zu versichern, dass der angloamerikanische Krieg gegen den Terrorismus nichts mit dem Islam zu tun hat, auch wenn die Kriegsoperationen muslimische Länder wie Afghanistan und den Irak zum Ziel haben. Sind die beiden wirklich so naiv, zu glauben, dass Terrorakte im Namen von Allah nichts mit dem Islam oder seiner Propaganda, die die arabische Welt entzündet, zu tun haben, allesamt Länder, von deren Öl wir abhängig sind? Tony Blairs Bemühungen, die Türkei, deren Gebiet ja überwiegend in Asien liegt, in die europäische Union aufzunehmen, entspringen der gleichen Motivation. Die Türkei wäre der erste muslimische Staat in einer Union von Staaten, die allesamt christliche Wurzeln haben.

Muslimische Führer in Großbritannien machen keinen Hehl aus ihrer Hoffnung, das Land bald für Allah einzunehmen und alle Menschen – nicht nur Muslime – unter sein Gesetz (die Scharia) bringen zu können. Wir wollen einen von ihnen zitieren: „Das muss unser Ziel sein, ansonsten haben wir hier nichts verloren, möge Allah uns Erfolg geben." Allerdings entwickelt es sich nach und nach und wird nicht etwa aus einer Revolution hervorgehen. Man benutzt dabei eher den Dialog als den Terror, eher Überredung als Gewalt, indem man „einen psychologischen Krieg führt und den islamischen Lebensstil zur Schau stellt" (Zitat eines weiteren Vorkämpfers des Islam).

Die muslimische Gemeinde hat bereits einen viel größeren Einfluss und wird in der Öffentlichkeit weit mehr wahrgenommen, als es ihrer zahlenmäßigen Größe entspricht, wenn man sie mit anderen Religionsgemeinschaften, wie dem Hinduismus und dem Buddhismus, vergleicht. Dies ist teilweise unserem aussichtslosen Bestreben, uns „politisch korrekt" gegenüber Minderheiten zu verhalten, geschuldet; auf keinen Fall will man als „Rassist" gelten. Andere Kulturen und Religionen zu kritisieren, stellt einen Tabubruch dar.

Mit dem zunehmenden Einfluss geht auch eine gewisse Einschüchterung einher, was seit der Fatwah (die Forderung der Todesstrafe), die gegen Salman Rushdie wegen der Veröffentlichung seiner „Satanischen Verse" ausgesprochen wurde, nur allzu offensichtlich ist (warum dieses Werk so anstößig ist, wird in Kapitel 6 erklärt). Diese Todesdrohung aus einem so fernen Land wie dem Iran hat dazu geführt, dass Rushdie in unserem Land, wo das Recht auf freie Meinungsäußerung gilt, in den Untergrund gehen musste. In der Weihnachtszeit im Jahr 2002 untersagte das britische Rote Kreuz ihren 432 Wohltätigkeitsläden, Weihnachtsdekorationen aufzuhängen, damit muslimische Kunden keinen Anstoß nehmen. Dieser Vorschlag kam ironischerweise nicht von den Muslimen selbst; viele ihrer Läden waren nämlich weihnachtlich geschmückt, obwohl vieles davon natürlich nichts mit der Geburt Christi zu tun hat (Muslime glauben übrigens auch daran, dass Jesus von einer Jungfrau geboren wurde). Zur gleichen Zeit erschien zur Hauptsendezeit im Fernsehen eine Sendung, in der behauptet wurde, dass Jesus das Ergebnis einer Vergewaltigung von Maria durch einen römischen Soldaten war! Ein Journalist kommentierte, dass das Christentum mittlerweile die einzige Religion ist, die man öffentlich verunglimpfen kann.

Die Medien wagen es hingegen nicht, Mohammed lächerlich zu machen, weil sie die Gefühle der Muslime nicht verletzen wollen; das Christentum und Christus selbst allerdings sind mittlerweile Freiwild für blasphemische Angriffe geworden (mir kommt da der Film „Das Leben des Brian" in den Sinn). Woher kommt dieses krasse Missverhältnis? Eine Ursache könnte sein, dass Jesus seinen Nachfolgern geboten hat, sich nicht zu wehren und sich nicht zu rächen („wenn dich einer auf die eine Backe schlägt..." ist aus unserem Sprachgebrauch nicht mehr wegzudenken). Man braucht sich vor Christen also nicht zu fürchten, während man den Ausdruck „Dschihad" durchaus mit Gewalt verbindet (wir werden dies in Kapitel 4 noch genauer untersuchen) und deswegen sehr wohl eine Gefahr wittert.

Wir wollen dieses „impressionistische" Bild der Lage mit einer wichtigen Anmerkung abschließen. Die Vorhersage, die diesem Buch zugrunde liegt, war nicht das Ergebnis einer Analyse der Fakten und Trends, die in diesem Kapitel zusammengetragen wurden. Die Vorhersage war die Folge meiner Vorahnung, dass der Islam die Herrschaft erringen wird. Deshalb machte ich mich auf die Suche nach den Fakten und untersuchte die gegenwärtige Lage genauer. Die erhaltenen Informationen ergaben dann ein immer klarer werdendes Bild.

Jetzt stellt sich folgende Frage: Wird der Islam die Herrschaft durch demographischen Wandel erlangen, weil Muslime immer zahlreicher werden, sodass sie irgendwann die Mehrheit darstellen, was in einer Demokratie nichts Außergewöhnliches wäre? Oder wird diese Entwicklung durch die Konversion von immer mehr einheimischen Briten beschleunigt, die diesen Glauben wählen, der eigentlich nicht zu ihrem Temperament und ihrer Tradition passt? Besitzt der Islam wirklich eine solche Anziehungskraft?

3
SEINE ANZIEHUNGSKRAFT

Ich habe einen christlichen Freund, der Seelsorger in einer öffentlichen Schule ist. Er war hoch erfreut, als ein Schüler, den er betreute, ihm erzählte, dass ihm klar geworden ist, dass es einen persönlichen Gott gibt, an den er glauben könne. Ein paar Wochen später teilte ihm dieser englische Junge zu seiner Überraschung und Enttäuschung mit, dass er Muslim geworden sei. Er ist einer von Tausenden, die diese Entscheidung getroffen haben.

Der Islam entstammt einer vierzehn Jahrhunderte alten arabischen Kultur und hat sich vieles aus dieser Zeit bewahrt, was der traditionellen britischen Kultur fremd ist, nicht zuletzt auf dem Gebiet der Kleidung. Warum aber fühlen sich Menschen in diesem Land zum Islam hingezogen? Worin besteht seine Anziehungskraft?

Für eine Antwort müssen wir die „vergleichende Religionswissenschaft" bemühen, ein Unterrichtsfach, das in unseren staatlichen Schulen gelehrt wird, und welches – wie der Name schon sagt – die Religionen miteinander vergleicht. Wir werden jetzt also den Islam mit dem Christentum vergleichen und die Gegensätze herausarbeiten.

Vor vielen Jahren lief auf dem Fernsehprogramm von BBC eine Satiresendung „That Was The Week That Was", abgekürzt „TW3" (in etwa übersetzt: „Das war los in der Woche"). In einer Sendung wurden „Einkauftipps für Religionen" gezeigt, im Stil von „Stiftung Warentest". Es gab Minus- und Pluspunkte. Ich habe allerdings vergessen, wer der „Testsieger" gewesen ist.

So werden auch wir jetzt den Standpunkt eines „Kunden" einnehmen. Der Leser möge sich jetzt vorstellen, er oder sie sei eine typische post-moderne Person, die sich auf dem spirituellen

„Markt" umsieht, während sie davon überzeugt ist, dass es ein höchstes Wesen geben muss, und die sich fragt, wie sie am besten mit diesem in Beziehung treten kann. Die Untersuchung beginnt mit einem Blick auf die Größe der Mitgliederzahlen dieser beiden Religionen.

Der Vergleich stützt sich dabei eher auf Beobachtungen als auf genaue Nachforschungen, auf das allgemeine Bild, das diese Religionen in der Öffentlichkeit abgeben, die ja nicht unbedingt zwischen Namenschristen und wirklicher Hingabe unterscheidet, zwischen einem „Kirchentum" – so wie ich es bezeichnen will – und einem authentischen Christentum.

Gemessen an vereinfachten Kriterien hat der Islam eine beträchtliche Anziehungskraft. Wenn man ihn mit dem Erscheinungsbild der Kirche vergleicht – insbesondere mit der althergebrachten Church of England (obwohl diese mittlerweile nicht mehr Mitglieder als die Römisch-Katholische Kirche und ihr Gegenstück, die Freikirchen aufweist), so nimmt man ganz offensichtlich den Islam moderner, einfacher, aktueller, moralischer und männlicher wahr.

Wenn man solche generalisierenden Vergleiche anstellt, muss man natürlich auch zugeben, dass es zunehmend Ausnahmen gibt. Aber das allgemeine Bild bleibt.

EINE MODERNE RELIGION

In dieser Hinsicht besitzt der Islam einen doppelten Vorteil, je nachdem ob man „modern" unter kurz- oder langfristigen Gesichtspunkten betrachtet. In jedem Fall kommen zwei Annahmen in Betracht, dass nämlich das Spätere besser und dass das Jüngere das Beste sein muss.

Der Islam ist eine Religion, die nach dem Christentum in Erscheinung trat. Mohammed wurde 600 Jahre nach Jesus geboren. Der Islam ist tatsächlich die einzige große Weltreligion, die nach dem Christentum entstanden ist.

In vielen anderen Bereichen des Lebens erwartet man, dass

spätere Auflagen eines Produkts sich verbessert haben, und so ist es normalerweise auch, denn das Produkt erfährt Verbesserungen und Aufwertungen, weil man Erfahrungen damit gemacht hat. So überrascht es nicht, wenn man in einer Konsumgesellschaft Ähnliches in religiösen Angelegenheiten erwartet.

Der Islam denkt von sich genauso. Er erkennt sowohl das Judentum als auch das Christentum als seine geistlichen Vorläufer an und ordnet seine Protagonisten von Adam bis Jesus in eine Reihe von Propheten ein, die ihren Abschluss und Höhepunkt in Mohammed hat. Jedoch wird durch dessen Botschaft, die alle vorhergehenden Offenbarungen korrigiert und vervollständigt, die Botschaft seiner Vorgänger überholt und überflüssig. Tatsächlich glauben Muslime (wie wir noch in Kapitel 6 sehen werden), dass unser Altes und Neues Testament durch die Überlieferung so verfälscht worden sind, dass sie keine zuverlässigen Aufzeichnungen der Lehre der früheren Propheten mehr darstellen, wobei sie sämtliche Propheten für gute Muslime halten, die dasselbe gepredigt haben, wie Mohammed, der endgültige Bote Gottes.

Daher schätzt sich der Islam selbst als letztgültige und beste Religion ein. Für einen Muslim ist es deshalb genauso schwer, sich wieder zu Jesus zurückzuwenden, wie für einen Christen, sich wieder zu Mose zurückzuwenden. Nur ein echter Oldtimerliebhaber würde das neueste BMW-Modell für einen Model-T-Ford eintauschen, der noch manchen unter dem Spitznamen „Tin-Lizzie" bekannt sein dürfte.

Es gibt noch einen weiteren Grund, warum der Islam das Image einer modernen Religion hat. Erst seit Kurzem ist er in Großbritannien in Erscheinung getreten. Während einige ihn als eine Religion, die in fernen Ländern praktiziert wird, kennen und möglicherweise schon Erfahrungen mit ein paar wenigen seiner Anhänger in unserem Land gemacht haben, so findet er doch erst seit einigen Jahrzehnten allgemeine Aufmerksamkeit. Erst seit Kurzem schätzt man ihn als gangbare und vollwertige Alternative zur traditionellen Religion ein, in der man aufgewachsen ist und

DER ISLAM - EINE HERAUSFORDERUNG FÜR DIE CHRISTEN

die man von der Schule her kennt.

Wir haben schon auf die Suche nach neuen und sinnstiftenden Erfahrungen im „spirituellen Bereich" in unserer heutigen britischen Gesellschaft hingewiesen. So überrascht es nicht, dass man sich für diesen Neuling auf der religiösen Bühne interessiert und ihn möglicherweise auch ausprobiert. Wie in der Modebranche hält man immer Ausschau nach den neuesten Trends.

Eine Religion, die bisher eher als „fremdländisch" betrachtet wurde, wird nun immer vertrauter. Was früher weit entfernt war, ist in der Nachbarschaft angekommen. Was einst unserer Lebensart fremd war, wird jetzt zu einem willkommen geheißenen Bestandteil der Gesellschaft. Mittlerweile ist es ganz normal, ein „britischer Muslim" zu sein, zumal der Bevölkerungsanteil der Muslime immer weiter zunimmt, besonders in den Ballungsräumen.

Der Islam ist also eine „neue" Religion, sowohl historisch betrachtet als auch in seinem Auftreten in unserem Land. Das Neue bietet immer einen gewissen Reiz, insbesondere im religiösen und im philosophischen Kontext. Im alten Griechenland brachten die Athener und die Fremden in der Stadt ihre Zeit mit nichts anderem zu, als etwas Neues zu sagen oder zu hören, was dem Paulus die Gelegenheit gab, vom neuen christlichen Glauben zu reden (Apg. 17,21). Aus demselben Grund findet der Islam auch so viel Beachtung in den Medien.

Im Gegensatz dazu gibt das Christentum ein altes, überkommenes Bild ab. „Altmodisch", „nicht zeitgemäß", „Mindesthaltbarkeitsdatum ist abgelaufen" und ähnliche Ausdrücke spiegeln die Meinung vieler Menschen wider. Dass Gottesdienste von Männern in antiken römischen Gewändern, in alten gotischen Gebäuden, in mittelalterlicher Sprache und Musik zelebriert werden, trägt das seinige dazu bei. Kathedralen sind praktisch zu Museen geworden, die von Touristen gegen Eintrittsgelder besichtigt werden und meistens nur noch als Kulisse für musikalische oder kulturelle Veranstaltungen dienen, anstatt Orte der Zusammenkunft für Gebet und Lobpreis zu sein.

Mit Kirche verbinden die meisten einen nostalgischen Blick in die Vergangenheit und keinen hoffnungsvollen Blick in die Zukunft. Allerdings spielt die Kirchenmusik immer noch eine große Rolle. Der am häufigsten verlangte Liedwunsch im Religionsprogramm des BBC „Songs of Praise" ist: „The old rugged cross" (Das alt' rauhe Kreuz). Der Bevölkerungsanteil ehemaliger Kirchgänger im Lande, die als Kinder in die Sonntagsschule gegangen sind, ist immer noch sehr hoch; jetzt allerdings entwachsen sie der Kirche.

Vielleicht hat uns das Christentum auch schon zu lange, nämlich fast zweitausend Jahre, umgeben, sodass man es jetzt nicht mehr schätzt. Vielleicht mehrt sich durch die Vertrautheit die Geringschätzung. Für viele fällt es in die Kategorie „1000 mal berührt, 1000 mal ist nichts passiert", wobei die meisten wahrscheinlich nie richtig berührt wurden! Alles in allem gehört das Christentum der Vergangenheit an und hat für eine Generation, die in der Gegenwart und in der Zukunft lebt, keine Bedeutung mehr.

Vielleicht ist der Islam die Religion für das einundzwanzigste Jahrhundert, wie einige seiner Anhänger behaupten. Auf jeden Fall wäre er einen Versuch wert. Er bietet nämlich noch andere Anreize als nur den, dass er „jung" ist.

EINE EINFACHE RELIGION

Der Islam ist so einfach, dass er von jedermann begriffen werden kann, und er ist auch leicht zu erklären. Sein Glaubensbekenntnis könnte nicht einfacher sein, besteht es doch aus nur einem Satz, der in aller Kürze zwei Personen miteinander kombiniert, eine göttliche und eine menschliche: „Es gibt keinen Gott außer Gott (Allah) und Mohammed ist sein Prophet (Bote)"! Dieses wird als eine Tatsache hingestellt und nicht als etwas, was man glauben soll, denn einleitende Worte wie „Ich glaube, dass…" fehlen.

Die Schriften des Islam sind nicht kompliziert. Eigentlich ist es nur ein Buch, eine Zusammenfassung von Aussprüchen (daher der arabische Name „Koran") eines Mannes. Sein angemessener Umfang und sein einheitlicher Stil machen das Durchlesen einfach. Es wird dir alles Notwendige mitgeteilt, um Gottes Willen zu erfahren.

Seine Theologie ist geradlinig und leicht zu verstehen. Es gibt nur einen einzigen Gott (Monotheismus), der unser Leben unter seiner Kontrolle hat, und dessen Willen man nicht widerstehen kann (Inschallah = Gott will es), was eine gewisse Schicksalsergebenheit vermittelt, die nicht weit vom Fatalismus entfernt ist.

Allerdings steht es dem Menschen, der sich nach der Geburt in einem Status der Unschuld befindet, frei, sich seinem Willen zu ergeben (Muslim bedeutet „der sich unterworfen hat") oder gegen ihn aufzubegehren. Am Tage der Abrechnung wird der Schöpfer, von dem wir alle abstammen und dem wir alle Rechenschaft abgeben müssen, unsere guten Taten gegen unsere bösen Taten abwiegen und dann über unser ewiges Schicksal entscheiden. Jedoch kann er, da er gnädig und barmherzig ist, Nachsicht üben und einige oder alle unsere Missetaten vergeben, wobei wir dessen bis zu diesem Tag nie sicher sein können. Auf denjenigen, dem Eingang ins Paradies gewährt wird, warten viele teilweise sehr irdische Freuden, wie Essen, Trinken und Sex, während derjenige, dem der Eingang verwehrt wird, eine endlose Qual „im Feuer" zu erwarten hat. Es gibt geistliche Wesen: gute (Engel), die unsere Taten aufzeichnen, und böse (Dschinn, wie schon erwähnt), die uns zu bösen Taten verleiten. Diese Grundsätze werden von jedem Muslim geglaubt.

Der Beitritt zum Islam kann einfacher nicht sein. Zu keiner Religion dieser Welt findet man leichteren Zutritt. Das Aufsagen des oben genannten Glaubensbekenntnisses, dieses einen Satzes – der Schahada – im Beisein eines Zeugen, ist das Einzige, was dazu erforderlich ist.

Im Gegensatz dazu ist das Christentum wesentlich komplizierter und lehrt vieles, was schwierig zu verstehen und akzeptieren ist. Seine Glaubensbekenntnisse sind allesamt wesentlich länger und erwähnen fünf Personen, drei göttliche und zwei menschliche. Zu den letzteren Personen gehört eine ehrwürdige Frau, die für Christi Geburt verantwortlich war, die andere ist ein unehrenhafter Mann, der für seinen Tod verantwortlich war. Sie kombinieren eine Mischung von kosmologischen, historischen, biologischen und kirchlichen Aussagen, und verwenden dabei obskure und archaische Sätze („wahrer Gott vom wahren Gott"). Obwohl sie Tatsachen wiedergeben, sind sie in einen Rahmen des Glaubens eingefügt und beginnen allesamt mit: „Ich glaube, dass...".

Seine Schriften sind viel umfangreicher und vielfältiger. Sie wurden von mindestens vierzig Autoren in einem Zeitraum von über vierzehnhundert Jahren geschrieben. Sie weisen auch ganz offensichtliche Differenzen auf, nicht nur im Stil und Inhalt, sondern auch im Genre; so gibt es unter ihnen Lieder, Sprichworte, Geschichtsschreibung, Vorhersagen, Biographien und Briefe. Tatsächlich ist die Bibel alles andere als ein Buch, sie ist vielmehr eine Bücherei von sechsundsechzig Büchern, die in zwei Sammlungen zusammengestellt sind: Die christlichen Schriften des Neuen Testaments (von gleichem Umfang wie der Koran) und die jüdischen Schriften des Alten Testaments (mit viermal größerem Umfang). Letzteres gehört zur Bibel, weil der Gott Israels und der Vater von Jesus ein und derselbe ist. Die Bibel ganz durchzulesen ist eine beängstigende Aufgabe, nicht zuletzt deshalb, weil es insgesamt eine dreiviertel Million Worte sind. Viele geben schon beim dritten Buch (Levitikus) auf, weil auf zwei Büchern mit packenden Erzählungen ein Buch voll mit altertümlicher Gesetzgebung folgt.

Seine Theologie halten viele für irrational, weil sie mit dem gesunden Menschenverstand alleine nicht begriffen werden kann. Sämtliche Glaubensbekenntnisse sind dreigeteilt, wobei sich jeder Teil auf eine Person der Gottheit bezieht: Vater, Sohn und Heiliger Geist.

Dadurch wird die Aufmerksamkeit sofort auf das größte Unterscheidungsmerkmal, welches das Christentum einzigartig unter allen Religionen macht, gelenkt: Dass es sich nämlich bei dem einen Gott gleichzeitig um drei voneinander verschiedene Personen handelt, die alle „Gott" genannt werden. Alle drei sind sich ihrer eigenen Person bewusst, sind aber so sehr im Herzen, im Sinn und im Willen vereint, dass Christen sie nie im Plural (Ihr), sondern immer im Singular (Du) ansprechen. Es handelt sich also nicht um einen strikten Monotheismus (es gibt nur eine Person, die wir „Gott" nennen können) noch ein Polytheismus (der Glaube an viele Götter wie im Hinduismus), und auch nicht um einen „Tritheismus" (drei Götter, was Muslime gerne den Christen vorhalten). Für diesen einzigartigen Gott musste man ein neues Wort erfinden: „Triunitheismus". Aber zum Glück gibt es schon seit Jahrhunderten ein einfacheres Wort dafür: „Dreieinigkeit".

Wenn man glaubt, dass $1+1+1=1$, dann ist das mathematischer Unsinn – obwohl $1 \times 1 \times 1 = 1$ richtig wäre – aber geistlich ergibt es sehr viel Sinn für die vielen Millionen von Christen, die eine persönliche Begegnungen mit allen drei Personen haben. Ja sie können es sogar mit ihrer Überzeugung vereinbaren, dass es nur einen Gott geben kann, der für das ganze Universum verantwortlich ist.

Als ob das nicht schon genug wäre, um unseren Verstand zu überfordern, kommen dann noch die Glaubensüberzeugungen über die zweite und dritte Person hinzu, die ebenso schwer zu glauben und zu verstehen sind.

Dass Jesus von einer Jungfrau geboren wurde ist außerordentlich, allerdings glaubt das auch der Koran. Was Muslime jedoch nicht glauben können, ist, dass er es sich selbst ausgesucht hat, als Mensch geboren zu werden und dass er als Gottes einziger Sohn schon von Ewigkeit her existiert. Die Christen nennen das die „Inkarnation" oder die „Fleischwerdung".

Dann gibt es das Erlösungswerk Christi, das auf der Einsicht gegründet ist, dass Gott keine Sünden vergeben kann, ohne dass dafür ein blutiges Opfer hingegeben wird, was durch die Tieropfer der Juden schon angezeigt und durch die Kreuzigung Jesu im Alter von dreiunddreißig Jahren erfüllt wurde. Seine Hinrichtung ist die angemessene Sühnung für alle Sünden der ganzen Menschheit.

Seine Auferstehung von den Toten nach drei Tagen, bei der er als dieselbe Person in einen neuen Körper „reinkarniert" wurde, ist einzigartig. Keine zwei Monate später ist er in den Himmel aufgefahren – ohne eine Rakete und ohne Weltraumanzug (wir nennen es „Himmelfahrt") – und er wird eines Tages mit demselben Körper ohne nur einen Tag gealtert zu sein wiederkommen.

Der Heilige Geist ist zwar unsichtbar aber nicht unpersönlich. Gott selbst nimmt Wohnung in denjenigen, die an seinen Sohn glauben, und befähigt sie dadurch, in derselben Kraft und Reinheit zu wandeln wie er und dieselben „Gaben" und „Früchte" wie er zu entwickeln, was ansonsten keinem Menschen irgendwie möglich wäre.

Die Menschen werden als Sünder geboren und können nicht aus eigener Kraft der Strafe, der Kraft und der Verschmutzung ihrer selbstsüchtigen Zurückweisung der göttlichen Offenbarung entfliehen. Diese Offenbarung Gottes ist für jeden durch die Schöpfung im Außen und durch das Gewissen im Innen erkennbar. Nur in Zusammenarbeit mit dem Vater, dem Sohn und dem Heiligen Geist ist Rettung überhaupt möglich.

Der Zugang zum Christentum ist wesentlich komplizierter, denn auch er ist sozusagen „trinitarisch". Er beinhaltet die Buße zu Gott, dem Vater, den Glauben an Gott, den Sohn und den Empfang des Heiligen Geistes, und indem man im Namen aller drei Personen durch Untertauchen in Wasser getauft wird (Eine ausführliche Erklärung dieser vier Schritte kann man in meinem Buch *Wiedergeburt, Start in ein gesundes Leben als*

Christ, Projektion J, 1991 nachlesen).

Bevor wir diesen Vergleich beenden, müssen wir anmerken, dass der Islam den Anschein hat, eine wesentlich einfachere und akzeptablere Version des Christentums zu sein, die all diese problematischen Dogmen abgelegt hat. Er legt viel mehr Wert auf Pflichten als auf Lehren. So könnte man auf den Gedanken kommen, dass der Islam ein einfacherer Weg ist, um demselben Gott zu begegnen, ohne dass man dafür solch intellektuelle Verrenkungen anstellen muss.

Hinzu kommt, dass diese „Selbst-Erlösungsmethode" des Islam auch in anderen Religionen vorhanden ist. Sie entspricht eigentlich der britischen Denkweise, die sich in der elitären Freimaurerei, den öffentlichen Schulen, aber auch beim einfachen Mann auf der Straße zeigt, der davon überzeugt ist, dass er genauso „ein guter Christ" sein kann, auch wenn er sich nicht mit kirchlichen oder religiösen Lehren abgibt. Wer eine „Selbst-Hilfe-Religion" praktiziert, wird leicht stolz, während es demütigend ist, wenn man sich eingesteht, dass man völlig versagt hat und vollkommen abhängig ist.

EINE UNKOMPLIZIERTE RELIGION

Wir begeben uns nun auf das Gebiet des Rituellen. Was ist erforderlich, wenn man von den allgemeinen Verhaltensweisen einmal absieht, um eine Religion zu praktizieren? Mit welchen spirituellen Aktivitäten werde ich es zu tun haben?

Man spricht von den „fünf Säulen des Islam". Sie sind Grundregeln, die von jedem frommen Muslim eingehalten werden. Jeder ist in der Lage, sie zu erfüllen. Sie mögen vielleicht ungewohnt sein, sind aber nicht undurchführbar. Mit etwas Disziplin und Anstrengung kann sie jeder erreichen. Schon der Koran sagt: „Allah hat euch in der Religion keine Last auferlegt".

Die erste Säule ist, dass man das schon erwähnte Glaubensbekenntnis, das aus nur einem Satz besteht, regelmäßig aufsagt. Die zweite ist, dass man fünf Mal am Tag zu festen

Seine Anziehungskraft

Zeiten und jeden Freitag öffentlich und gemeinsam das Gebet verrichtet. Diese Gebete sind nicht lang, erfordern aber vorher eine rituelle Waschung einiger Körperteile. Die dritte besteht im Almosengeben, und zwar an die Armen und nicht an den Mullah oder die Moschee. Die Höhe der Almosen ist mit zweieinhalb Prozent des Einkommens festgesetzt. Die vierte besteht darin, dass man im Monat Ramadan tagsüber fastet (der Monat, in welchem Mohammed seine ersten Offenbarungen erhalten hat), wozu nicht nur das Essen, sondern auch das Trinken (in Wüstenregionen eine echte Herausforderung!) zwischen Sonnenaufgang und Sonnenuntergang gehören. Dieses Fasten wird dadurch abgemildert, dass man beides wieder tun darf, sobald es dunkel geworden ist. Die fünfte Säule des Islam ist der Haddsch, die Pilgerreise nach Mekka in Arabien, die einmal im Leben unternommen werden muss, wenn es einem möglich ist. Zu dieser Pilgerreise gehört das siebenmalige Umkreisen der Kaaba, dem Heiligtum, das Opfern und der Besuch eines Ortes außerhalb der Stadt, wo man Steine auf den Teufel wirft.

Und das war's auch schon. Solche Gebote sind natürlich attraktiv, weil sie so klar und eindeutig sind. Sie sind nicht nur vergleichsweise einfach zu befolgen, sondern man weiß auch genau, wann man sie erfüllt hat. Und so empfindet man eine gewisse Genugtuung, wenn man den Anforderungen gerecht geworden ist. Man kann auf einfache Art und Weise feststellen, ob man nun ein guter Muslim ist oder nicht. Der Islam fordert zwar eine ernsthafte Hingabe von seinen Anhängern, seine Vorgaben sind allerdings nicht überzogen.

Im Gegensatz dazu ist das Christentum viel weniger zufriedenstellend bzw. befriedigend.

Beten, fasten und Almosen geben gehören auch beim Christentum zu einem hingegebenen Leben, allerdings gibt es keine klaren Vorgaben, wann, wie, wie oft oder wieviel zu tun oder zu geben ist. Gemeinschaft und gemeinsamer Gottesdienst sind wichtige Bestandteile des christlichen Glaubenslebens, aber wann sie stattfinden und wie sie gestaltet werden sollen, bleibt offen.

Auf diese unklaren Vorgaben kann man nun auf zweierlei Weise reagieren: Entweder ruft es Selbstgefälligkeit, Bequemlichkeit, minimale Hingabe und nur äußerliches Bekenntnis hervor, oder es bewirkt eine andauernde Angst, den Anforderungen nicht zu genügen, die oftmals durch Prediger verstärkt wird, die ihrer Gemeinde immer größere Opfer abverlangen. Das erklärt, warum manche Christen sich so schlecht fühlen und irgendwann einfach aufgeben.

In mancherlei Hinsicht war es früher einfacher, ein Jude unter dem mosaischen Gesetz mit seinen ca. 600 Geboten, die in den Zehn Geboten zusammengefasst waren, zu sein. Diese wussten, dass sie ein Siebtel ihrer Zeit (Sabbat) und ein Zehntel (Zehnter) ihres Einkommens Gott zu geben hatten. Sie wussten auch, für welche Sünden welches Opfer geschlachtet werden musste.

Christen sind nicht mehr unter diesen Geboten, obwohl diese sowohl von Christus selbst als auch von den Aposteln befürwortet wurden. Christen werden von dem in ihnen wohnenden göttlichen Geist geleitet und nicht mehr von einer äußeren Gesetzgebung, die alles bis ins Detail regelt. Das allerdings erfordert die Entwicklung und Reifung eines geistlichen Gespürs, was wiederum viel Zeit benötigt und ein ganzes Leben lang dauert. Wer diesen Weg beschreitet, wird durch die allmählichen Fortschritte ermutigt, weiterzugehen. Wer aber keine Geduld hat, der wird bald entmutigt werden.

Die Kirchen ließen sich deshalb dazu verleiten, wieder zu klaren Regeln zurückzukehren. Die vorösterliche Fastenzeit entspricht eigentlich dem Ramadan. Auch besteht man auf dem Geben des Zehnten (der allerdings normalerweise der Kirche und nicht den Armen gegeben wird). Der Besuch des Gottesdienstes wurde verpflichtend. Man hat heilige Tage, Zeiten und Feste eingeführt, die heute allerdings bis auf die Christmette an Heiligabend zu reinen Ferienzeiten verkommen sind. Im Neuen Testament finden wir von alledem nichts. All diese Regeln sind im Grunde ein Ersatz für die herausfordernde Aufgabe, die Menschen zu einem geistgeführten Wandel anzuleiten, und sie bestätigen die Menschen, die sie befolgen, in der Annahme, „ihren Teil" für Gott getan zu haben.

Der Mensch zieht es normalerweise vor, sich an klare Regeln zu halten, und nicht selbst herauszufinden, was Gott wohlgefällig ist, indem er ihn immer mehr erkennt. Und so ist eine Religion mit eindeutigen Regeln ganz klar im Vorteil.

EINE EHRFURCHTSVOLLE RELIGION

Wer schon einmal das öffentliche Gebet in einer Moschee miterlebt hat, wird sicherlich von seiner Ernsthaftigkeit beeindruckt sein. Den Anblick von einträchtig betenden Männern aller Altersstufen und gesellschaftlicher Ränge, die in Reih und Glied ihre Häupter zu Boden neigen und sich so Gott hingeben, wird man so schnell nicht vergessen.

Ehrerbietung ist eine Mischung von Respekt und Furcht, die keinen Raum für Lässigkeit und Beliebigkeit lässt. Bei den Muslimen gilt das auch für ihre Heilige Schrift, die im Bücherregal ganz oben ihren Ehrenplatz einnimmt und die man niemals unterhalb der Gürtellinie halten darf (sie sind schockiert, wenn sie sehen, wie Christen die Bibel manchmal einfach auf dem Boden ablegen). Und es gilt auch für denjenigen, der ihnen ihre Heilige Schrift vermacht hat. Niemals würden sie ein schlechtes Wort über ihn sagen; sie wachen eifersüchtig über seinen Namen und seine Reputation und erlauben nicht, dass man ein Bild von ihm anfertigt, sei es in Büchern, Theaterstücken oder im Film. Jede Art von Gotteslästerung verdient die Todesstrafe.

Furcht ist ein grundlegender Bestandteil der Ehrerbietung. Muslime fürchten Gott. Sie nehmen das zukünftige Gericht Gottes über jeden Menschen wirklich sehr ernst und glauben nicht nur an den Himmel, sondern auch an die Hölle, in deren Feuer auch Muslime enden können. Sie sind in der Tat sehr gottesfürchtige Menschen und weisen dadurch auf den Mangel an Gottesfurcht in der westlichen Zivilisation hin. Das ist tatsächlich ein wichtiger Beitrag, den der Islam für die britische Gesellschaft leisten kann.

Im Gegensatz dazu ist die Gottesfurcht in der heutigen Christenheit fast ganz verschwunden. Obwohl so oft in der Bibel sowohl im Alten als auch im Neuen Testament erwähnt, wird über sie nicht mehr gesprochen und in den Kirchen wird sie so gut wie nicht mehr ausgeübt. Unsere Anbetung wird immer ungezwungener und lässiger. Einer meiner Freunde drückte es so aus: „Es hat den Anschein, dass wir Gott wie einen Kumpel anbeten und nicht wie den Allmächtigen" (engl: God all-matey, not God almighty). Schlimmstenfalls unterscheiden sich unsere Lobpreiszeiten in der Kirche in Nichts mehr von einer Tanzveranstaltung mit Band, Sängern, Verstärkern, Lightshow, Kabeln auf dem Bühnenboden und einem Schlagzeuger, unter dessen Taktschlägen die tosende Menge tanzt. Man kniet höchstens noch bei dem Empfang der Kommunion. Die Sitze müssen bequem sein. Wenn man dabei lässig bekleidet ist, dann ist das auch kein Problem, es ist schließlich Wochenende.

Der große Unterschied zu den Muslimen besteht darin, dass diese alle wegen einer Sache in die Moschee gehen: Sie wollen das tun, was Allah gefällt. Im Gegensatz dazu ist man angesichts der sinkenden Zahlen der Gottesdienstbesucher in einer Konsumgesellschaft nur damit beschäftigt, wie man die Gottesdienste besucherfreundlich gestaltet, und man will ganz offensichtlich den Menschen mit einer Art Unterhaltungsveranstaltung gefallen. Das mag bei Evangelisationsveranstaltungen hilfreich und angemessen sein, hat aber bei einem Gottesdienst nur schädliche Auswirkungen.

Dafür gibt es aber auch einen theologischen Grund. Wer immer nur mit einer unausgewogenen Diät, die aus einem Übermaß an Gottes Liebe und einem Mangel an Gottes Gerechtigkeit besteht, gefüttert wird, der wird Gott nicht mehr fürchten, da er ja keine Bedrohung mehr darstellt. Ein „Gott der Liebe", den man eher sentimental als schriftgemäß versteht, tut keiner Fliege etwas zu leide und wirft niemanden mehr in die Hölle. Was ist nur aus der Schriftstelle geworden: „Deshalb lasst uns … Gott wohlgefällig dienen mit Scheu und Furcht! Denn auch unser Gott ist ein verzehrendes Feuer" (Hebräer 12,28-29, wobei Deuteronomium 4,24 zitiert wird)?

Wenn Gott immer nur als tröstender Vater (oder vielmehr Großvater) präsentiert wird, dann werden die Leute nie das Gefühl haben, sich einem ausbrechenden Vulkan oder einem wütenden Buschfeuer zu nähern.

Die fehlende Gottesfurcht, die ja eigentlich „der Anfang der Weisheit" ist, spiegelt sich sowohl in unserer Lebensführung als auch in unseren Gottesdiensten wider, in den abnehmenden moralischen Werten und in unserer abnehmenden Hingabe. Das führt uns zur nächsten Gegenüberstellung:

EINE MORALISCHE RELIGION

Die moralischen Werte des Islam sind von den unseren sehr verschieden, aber jeder weiß, dass sie peinlich genau angewendet werden. Muslime sind sowohl gegen Unsittlichkeit (so wie diese von ihnen definiert wird) als auch gegen Götzendienst (beides geht, wie uns schon das Alte Testament lehrt, Hand in Hand).

Sie schrecken nicht davor zurück, Zucht und Ordnung in ihren Familien und ihren Gemeinschaften durchzusetzen, wenn die Regeln missachtet werden, wobei schwere Strafen verhängt werden. Die Strafen für Ehebruch, Diebstahl und Mord sind wohlbekannt; es geht um Leib und Leben. Und es funktioniert: In den arabischen Ländern gibt es sehr wenig Diebstähle.

Aber die schlimmste Strafe wartet in der nächsten Welt. Für Muslime ist das Höllenfeuer Realität, und die Möglichkeit einer immerwährenden Qual ist für sie genauso real wie die immerwährenden Freuden im Paradies. Diese Zukunftsaussichten haben ihre Auswirkungen auf die Lebensführung im Diesseits.

Muslime sind im Allgemeinen von der dekadenten Lebensweise

der westlichen Welt mit Sex, Drogen und Alkohol angewidert (Alkoholgenuss ist ihnen verboten bis sie im Paradies wieder Wein trinken werden). Solche Zügellosigkeit ist ihnen völlig fremd, und sie führt oft zu familiären Spannungen, wenn Eltern erleben, wie ihre Kinder, von Freunden und von Medien verführt, sich diesem Lebensstil anpassen.

Für diese Sittenlosigkeit wird gerne das Christentum verantwortlich gemacht, das man für mangelhaft und für untauglich hält, moralische Werte durchzusetzen. Dabei muss man sich allerdings daran erinnern, dass Muslime eine kollektive Schau auf die Gesellschaft haben, denn jeder, der in einem muslimischen Land geboren ist, ist ein Muslim. Deshalb meinen sie, dass jeder, der im „christlichen Westen" geboren ist, ein Christ sei. Man kann sie schwer vom Gegenteil überzeugen, was ich am Weihnachtstag 1960 selbst erlebt habe. Als Militärkaplan bei der britischen Luftwaffe im Nahen Osten verließ ich mit einer kleinen Gruppe von bekehrten Soldaten den Stützpunkt, wo heftig gefeiert und getrunken wurde, um mit ihnen zum Fischen zu gehen. Wir saßen also in einem arabischen Fischerboot. Ein Araber sagte mir, dass er das Christentum für eine schlechte Religion halte, weil wir den Geburtstag unseres Religionsgründers mit Trinkgelagen feiern, was sie niemals tun würden, weil sie dadurch die Gebote, die ihnen ihr Religionsgründer Mohammed gab, verletzen würden.

Man kann sich natürlich gegen solche Vorwürfe wehren und darauf hinweisen, dass die westlichen Nationen nur dem Namen nach christlich sind und dass wirklich hingegebene Christen eine Minderheit darstellen. Aber hat die Kirche nicht auch eine Mitverantwortung an dem Zustand der britischen Nation? Predigt denn die Kirche der Gesellschaft, von der sie umgeben ist, ganz konsequent einen höheren Moralstandard, und hält sie diesen auch selbst konsequent ein? In Wirklichkeit wird die Kirche dafür kritisiert, dass sie eben keine moralischen Maßstäbe vorgibt und mit ihren eigenen Traditionen gebrochen

Seine Anziehungskraft

hat. Dieser Vorwurf richtet sich insbesondere an die großen Volkskirchen, die in der öffentlichen Wahrnehmung an erster Stelle stehen. Sie sind sogar stolz darauf, dass sie zum Wohl der Einheit der Kirche unter einem Schirm der Liberalität ein großes Spektrum an theologischen und gesellschaftlichen Meinungen vereinen, und sie sind eifrig bemüht, sich allen gesellschaftlichen Strömungen anzupassen, ja zu unterwerfen. Gleichgeschlechtliche Partnerschaften und sequentielle Polygamie (so viele Partner wie du willst, allerdings nicht mehrere gleichzeitig) werden in der Gesellschaft mittlerweile akzeptiert, und so zieht die Kirche mit und nimmt bereitwillig Homosexuelle als Mitglieder sogar in den kirchlichen Dienst auf, und verheiratet Geschiedene. Pädophilie hingegen ist bei der Mehrheit immer noch sehr verpönt, und so gerät die Kirche auch in große Verlegenheit, wenn sie unter ihrem Personal auftritt. Anstatt dass sie der Gesellschaft zu einem heiligeren und glücklicheren Lebenswandel verhilft, hat es den Anschein, dass die Kirche der Gesellschaft auf dem Weg nach unten hinterherhinkt.

Viel schwerer wiegt aber, dass das Höllenfeuer nicht mehr als eine mögliche Bedrohung in Erwägung gezogen wird, und das sogar bei evangelistischen Predigern! Die Auffassung von einer bedingten Unsterblichkeit (Annihilationismus), also der Glaube, dass Sünder irgendwann einfach aufhören zu existieren – entweder nach dem Tod oder nach dem Gericht – ist weitverbreitet. Dass solch eine Anschauung nicht gerade zu einem guten Lebenswandel motiviert und auch niemanden von einem schlechten Lebenswandel abhält, zeigt sich darin, dass diejenigen, die an den Annihilationismus glauben, nicht darüber predigen. Im Grunde genommen wird ein Mensch nicht von einem Leben in Sünde, Laster oder Verbrechen ablassen, weil er ja eines Tages einfach einschlafen und nie mehr aufwachen wird. Nur die Erkenntnis, dass man dafür mit endloser Qual und ohne Hoffnung, daraus entfliehen zu können, bezahlen müssen wird, kann einen zur Buße führen. Bei allem intellektuellen Reden darüber, dass Furcht doch ein armseliges Motiv sei, muss man bedenken, dass alles, was wir Christen über die Hölle wissen, von Jesus selbst gesagt wurde. Er hat nicht gezögert, es uns mitzuteilen – insbesondere in der Bergpredigt. Erstaunlich ist dabei, dass er die meisten seiner schrecklichen Warnungen an die Jünger richtete! Christen müssen vielleicht noch mehr als die Sünder „da draußen" die Hölle fürchten (eine vollständige Erklärung darüber habe ich in meinem Buch *Der Weg zur Hölle*, Anchor Recordings, 2021 abgegeben). Wenn schon die Kirche nicht mehr an die Hölle glaubt, wie sollte die Welt dann an sie glauben? Zu viele Christen sind viel zu selbstgefällig, wurde ihnen doch von Evangelisten und Pastoren versichert, dass ein einmaliges Bekenntnis des Glaubens, meist in Form eines Bekehrungsgebets, ausreicht, um sich einen Platz im Himmel zu sichern. Das unbiblische Motto „einmal gerettet, immer gerettet" gibt ihnen das zweifelhafte Gefühl von Sicherheit (dieses Motto stelle ich in meinem Buch *Einmal gerettet – immer gerettet?*, Anchor Recordings, 2020, auf den Prüfstand). Jeder von uns muss sich daran erinnern, dass „ohne Heiligung niemand den Herrn sehen wird" (Heb 12,14).

Wenn unsere Gesellschaft immer mehr in moralischer Anarchie versinkt, so ist es gut möglich, dass auch eine Gegenbewegung einsetzen wird, die aus dem bereits angerichteten Schaden herausführt, die wieder klare Maßstäbe setzt und die wieder Recht und Ordnung schafft. Bei zukünftigen Wahlen könnte dies zum entscheidenden Faktor werden, und es könnte zu einer autokratischen Regierung einer Partei oder sogar nur einer Person führen. Frustrierte Menschen sind dafür anfällig, sich aus moralischen Gründen der Religion zuzuwenden, weil sie dort eine gewisse Sicherheit für sich und ihre Familien finden. Wenn das eintrifft, dann hat der Islam sicherlich größere Chancen als die christliche Kirche.

EINE MÄNNLICHE RELIGION

Der nächste Vergleich mag überraschen, aber er ist für die Zukunft der Religion und der ganzen Gesellschaft von großer Bedeutung. Auch wenn man es nicht wahrhaben will – Feministen wollen es definitiv nicht wahrhaben – so ist es eine Tatsache, dass die meisten Entscheidungen, die unser Leben prägen, von Männern getroffen werden. Das trifft auf alle Bereiche zu: Politik, Wirtschaft, Industrie, Kultur usw. Aus dieser Tatsache kann man leicht den Schluss ziehen, dass die Religion, die den größten Einfluss haben wird, diejenige sein wird, die über die größte Gefolgschaft von Männern mit sozialer Verantwortung verfügt.

Der Islam ist eine Religion für Männer, die ganz ungeniert und sogar stolz ihren Glauben in der Öffentlichkeit praktizieren. Beim Gottesdienst in der Moschee spielen Männer die Hauptrolle. Und es sind vor allem Männer in ihren besten Jahren! Sie schämen sich auch nicht, in privaten Gesprächen und in öffentlichen Reden Gott zu erwähnen.

Der Islam ist auch eine Religion der Laien. Es gibt zwar Imame und Mullahs, aber die meisten Aktivitäten, insbesondere die Missionierung liegt in den Händen von Laien. Es waren vor allem Kaufleute, die den Islam von Ost nach West nach Afrika brachten, und die neben ihrer Arbeit ihre Religion nicht im Geheimen nur am Freitag ausübten.

Im Gegensatz dazu ist das Christentum von Frauen dominiert. Kirchen ähneln irgendwie den Rettungsbooten auf der Titanic: „Frauen und Kinder zuerst!" Nur wenige Kirchen weisen in ihren Versammlungen gleich viele Männer und Frauen auf (in den letzten beiden Kirchen, in denen ich gesprochen habe, war das Verhältnis 1:5). Die Leitung liegt immer mehr in den Händen von Frauen, besonders seitdem die Frauenordination zuerst in den Freikirchen und dann in der Church of England zugelassen wurde (der damalige Erzbischof von Canterbury begründete es damit, dass die Kirche in der heutigen Gesellschaft glaubwürdig bleiben müsse). Wir werden also bald weibliche Bischöfe und schließlich auch einen weiblichen Bischof auf dem Bischofsitz in Canterbury sehen. Zum ersten Mal in der Geschichte gibt es in der Kirche von Schottland mehr weibliche als männliche Älteste. Auch der verbleibende männliche Klerus weist ein zunehmend weibliches Erscheinungsbild auf (gemäß einer Erhebung unter 155 Priesteramtskandidaten in der Anglikanischen Kirche, die Rev. Leslie Francis vom Trinity College in Carmarthen durchgeführt hat, haben die 97 weiblichen Priesteramtskandidatinnen bezeichnenderweise einen typisch „männlichen" Lebenslauf, während die männlichen Kandidaten dazu tendieren, in ihrer sozialen Gesinnung eher „weiblich" eingestellt zu sein). Die Kirchen gaben dem Druck des Feminismus und der politischen Korrektheit nach und gaben sogar eine „inklusive" Bibelversion heraus, in der Gott zu „Vater-Mutter" und Jesus vom „Sohn des Menschen" zum „Kind der Menschen" mutierte. Ein gewitzter Kritiker spottete über die eklatante Unstimmigkeit: „Die Teufelin musste wohl schallend darüber gelacht haben". In einer gewissen Kathedrale wurde ein Kruzifix aufgehängt, das einen völlig nackten Jesus mit einem weiblichen Körper zeigt. Im täglichen Morgengottesdienst bei BBC werden Gebete zu „unserer Mutter im Himmel" gesprochen und Gott als Göttin bezeichnet.

Im privaten Bereich sind im Allgemeinen die Frauen wesentlich religiöser als die Männer, und der Glaube wird eher von den Müttern als von den Vätern an die Kinder weitergegeben. In den westlichen Gesellschaften war das Matriarchat bisher eine Seltenheit, aber jetzt greift es mit hohem Tempo um sich. Australische Wissenschaftler mussten für dieses Phänomen sogar einen neuen Begriff prägen: „Matriduxy" (Anm. d. Ü.: im Deutschen gibt es keine Entsprechung dafür, man könnte es mit „Mutterführerschaft" übersetzen).

Die arabische Kultur, aus der der Islam erwuchs, war patriarchalisch, wie bis vor Kurzem auch die meisten der anderen Kulturen. Auch das Judentum und das Christentum entstammen demselben nahöstlichen Milieu. Das Neue

Testament hat die Verantwortung für die Leitung ganz eindeutig auf die Schultern der Männer gelegt, wie man an der Auswahl der zwölf männlichen Apostel durch Jesus und die Auswahl von männlichen Ältesten durch die Gemeinden ersehen kann. Heute meint man allerdings, dass dies den gesellschaftlichen Umständen mit seinen kulturellen Gepflogenheiten geschuldet war, und dass man es deshalb nicht in die heutige Zeit übertragen kann (dies wird auch in meinem Buch *Führen ist Männersache*, Anchor Recordings, 2019 diskutiert).

Dieser Abschnitt wäre unvollständig, wenn wir nicht auch einen Blick auf die Stellung der Frau im Islam richten würden – beim Lesen werden sich viele Leser das schon gefragt haben. Es ist wahr, dass das weibliche Geschlecht im Koran diskriminiert wird, denn Mohammed lehrte, dass Frauen minderwertiger als Männer sind, dass ihre Zeugenaussagen vor Gericht nicht so schwer wiegen, und dass ihr Erbteil nur halb so groß ist als der von Männern. Dass der Islam auf der Verschleierung der Frauen besteht, ist für eine moderne Gesellschaft ziemlich befremdlich. Gerne wird im Hinblick darauf auch von „Bürgern zweiter Klasse" gesprochen.

Und trotzdem gibt es mehr weibliche als männliche Konvertiten zum Islam, und nicht nur aufgrund von Heirat. Ein beeindruckendes Beispiel ist die Bekehrung von Leitern des „Greenham-Common-Protestlagers" am amerikanischen Nuklearstützpunkt in Berkshire. Andere haben erklärt, dass sie die Verschleierung vorziehen, damit sie nicht mehr im allgegenwärtigen Schönheitswettbewerb unter Frauen mitmachen müssen, sondern endlich um ihrer selbst willen akzeptiert werden. Viele Frauen heißen auch die größere Sicherheit und Stabilität des muslimischen Familienlebens willkommen. Ganz tief im Herzen wünschen sich die meisten Frauen echte Männer, die ihre Verantwortung für die Versorgung und den Schutz ihrer Familien ernst nehmen.

Wir wollen nun dieses lange Kapitel zusammenfassen:

DER ISLAM - EINE HERAUSFORDERUNG FÜR DIE CHRISTEN

Wir haben versucht, in die Rolle eines Ungläubigen zu schlüpfen, der auf der Suche nach der religiösen Dimension des Lebens ist, und der sich überlegt, welches Angebot er ausprobieren soll. In einer Konsumgesellschaft, wie wir sie in Großbritannien vorfinden, wird diese Wahl eher nicht aufgrund objektiver Wahrheit, sondern aufgrund subjektiver Befindlichkeiten getroffen werden. Entscheidend ist die Frage: „Was passt zu mir?"

Wir versuchten aufzuzeigen, dass der Islam in vielerlei Hinsicht klar im Vorteil ist. Sein öffentliches Erscheinungsbild ist jedenfalls in Großbritannien sehr attraktiv, wenn man es mit seinem größten Rivalen, dem Christentum, vergleicht. Es wäre deshalb nicht verwunderlich, wenn eine immer größere Anzahl von Menschen in diesem Land diesen Glauben und diese Kultur annehmen würde.

Mancher Leser wird bereits festgestellt haben, dass ich dies in meinen vergleichenden Betrachtungen des Islam und des Christentums sogar unterstützt habe, indem ich letzteres in einem ziemlich ungünstigen Licht dargestellt habe. Allerdings war dies nicht meine Absicht, sondern ich wollte den Christen dabei helfen, sich selbst so zu betrachten, wie andere sie wahrnehmen. Denn gerade deswegen habe ich dieses Buch *Der Islam - eine Herausforderung für die Christen* genannt.

Aber Vergleiche sind ein zweischneidiges Schwert, und es gibt auch eine unvorteilhafte Seite des Islam, eine Kehrseite, die einen potentiellen Konvertiten zum Überdenken seiner Absichten bringen kann. Dieser Kehrseite müssen wir uns jetzt zuwenden.

4
SEIN WESENSKERN

Der Islam ist die Religion, der man am leichtesten beitreten kann. Alles, was man tun muss, ist, das Glaubensbekenntnis, welches aus ein paar Worten besteht, laut zu bekennen. Gleichzeitig ist der Islam die Religion, die man am schwersten wieder verlassen kann. Solch eine „Apostasie" wird als Verbrechen angesehen, eine Art Hochverrat, die die Todesstrafe nach sich zieht (so wie es vor kurzem in Großbritannien geschehen ist).

Warum wird eine geistliche Entscheidung als Verbrechen betrachtet? Die Antwort darauf wird uns zum Wesenskern dieser Religion führen. Bevor wir fortfahren, müssen wir die drei Hauptquellen des Islam vorstellen.

Da ist zu allererst der Koran. Muslime sind ebenso wie Juden und Christen ein Volk des Buches. Das ihrige ist nicht so umfangreich wie die Bibel. Wie schon erwähnt entspricht sein Umfang ungefähr dem des Neuen Testaments. Es ist eine Zusammenstellung von Offenbarungen, die von einem Mann während einiger Jahrzehnte empfangen und ausgesprochen wurden, und die von anderen nach seinem Tod in ein endgültiges Format niedergeschrieben wurden.

Weiterhin gibt es die Hadithe. Diese sind Sammlungen von Erinnerungen und nicht so sehr Aussprüche. Es sind Dinge, die Mohammed zusätzlich zu seinen direkten Offenbarungen gesagt und getan hat. Darin werden auch die neunundneunzig Namen Allahs, Mohammeds Himmelreise von Jerusalem aus und die Todesstrafe für Ehebruch und Apostasie aufgeführt.

Und zuletzt gibt es das islamische Gesetz, die Scharia. Sie gründet sich sowohl auf den Koran als auch auf die Hadithe und enthält die islamische Rechtsprechung für muslimische

Gemeinschaften auf lokaler und staatlicher Ebene. Weil die Zahl der Muslime in jedem Land zunimmt, nimmt auch der Druck zu, diesen Verhaltenskodex überall einzuführen.

Aus diesen drei verbindlichen Quellen ergibt sich ein Bild, das längst nicht so attraktiv ist, wie es in den vorherigen Kapiteln gezeichnet wurde. Aus christlicher Sicht tun sich wahre Abgründe auf, selbst wenn man die lehrmäßigen Unterschiede beiseitelässt, die im Ausmaß und in der praktischen Anwendung völlig unterschiedlich sind.

EINE TOTALE RELIGION

Ich habe den Gebrauch der Adjektive „ganzheitlich" und „totalitär" vermieden, weil sie beide mit Gefühlen aufgeladen sind, und zwar in beide Richtungen. Eines ist hinnehmbar und eines ist nicht hinnehmbar. Mit dem Wort „total" hingegen kann man zwei hauptsächliche Charakteristiken beschreiben.

Einerseits beansprucht der Islam das gesamte Leben eines Menschen. Es gibt Regeln für jeden Lebensbereich, vom Erhabenen bis zum Profanen. Das wird zum Beispiel an der Aufforderung im Koran, in Richtung Mekka zu beten, und dem Gebot in den Hadithen, beim Gang auf die Toilette sich von Mekka abzuwenden, ersichtlich. Jeder Lebensbereich ist reglementiert, sei es der Umgang mit Geld, die Eheschließung, die Ernährung und die Kleidung.

In gewisser Hinsicht könnten Christen das sogar befürworten, denn auch sie glauben, dass sich der heilige Wandel in der Lebensführung zeigen soll. „Wenn Er nicht Herr über alles ist, dann ist Er nicht Herr". Aber sie sehen natürlich auch die Gefahr von Gesetzlichkeit und äußerlicher Anpassung. Sie wissen, dass das Geheimnis darin besteht, dass man durch den Heiligen Geist von innen heraus geleitet werden soll.

Andererseits beansprucht der Islam auch das gesamte Leben der Gemeinschaft. Und genau hier stoßen wir auf seinen Wesenskern. Er sieht die Gesellschaft als Theokratie, als eine

Sein Wesenskern

Regierung Gottes, wo der Wille Allahs für die politische als auch die persönliche Ebene zählt.

Man kann den Islam in dieser Hinsicht durchaus mit dem Israel des Alten Testaments vergleichen. Das mosaische Gesetz ähnelt dem muslimischen Gesetz. Ein klares Beispiel dafür ist die Todesstrafe auf Ehebruch und Gotteslästerung. Zeremonialgesetze und Strafgesetze ohne Abgrenzung zwischen geistlichen, moralischen und sozialen Angelegenheiten gehen Hand in Hand. Sünden gegen Gott und Verbrechen gegen die Gesellschaft werden auf dieselbe Art und Weise als Gesetzesübertretungen verfolgt. Wenn Gott es ist, der eine Nation regiert, dann bestimmt sein offenbarter Wille die Gesetzgebung. Dann gibt es keinen Raum für Diskussionen oder für Demokratie, die Gesetzgebung ist dann ein Mittel zur Durchsetzung des göttlichen Willens und für die Bestrafung der Ungehorsamen. In einer Theokratie müssen sich die Untertanen einfach nur dem Willen Gottes, der durch seine(n) Propheten offenbart wurde, unterordnen (das ist die Bedeutung von „Muslim").

Die Christen haben aus dem Neuen Testament andere Einsichten gewonnen, nämlich dass man dem Kaiser, was des Kaisers, und Gott was Gottes ist, geben soll. Die staatliche Obrigkeit wird als Dienerin Gottes gesehen, die von ihm verordnet ist, damit Friede und Ordnung herrscht, das Böse in seine Schranken gewiesen wird, und die Übeltäter bestraft werden, wenn nötig durch Gewalt und Todesstrafe (Römerbrief 13,1-5 ist die klassische Belegstelle). Der Auftrag der Kirche hingegen ist ein ganz anderer, indem sie geistliche und nicht „fleischliche" Waffen benutzt (Joh 18,36; 2.Kor 10,4).

In der Kirchengeschichte sehen wir die große Gefahr, wenn Kirche und Staat vereint sind, wie es nach der „Bekehrung" des Kaisers Konstantin lange Zeit gewesen ist. Dieses „Christentum", in dem der Papst beide „Schlüssel" in der Hand hatte, hat die Kreuzzüge und die Inquisition hervorgebracht. Sogar Luther und Calvin sind in die gleiche Falle getappt, was zu Blutvergießen in Deutschland und in Genf geführt hat. Wenn die christliche Religion durch Gesetz verordnet wird, sind Unmenschlichkeit und Ungerechtigkeit die unweigerliche Folge. Amerika war die einzige Ausnahme, weil man Kirche und Staat voneinander trennte. Die Gründerväter Amerikas bestanden darauf, dass keine christliche Denomination das religiöse Monopol erhält. Allerdings wären sie entsetzt gewesen, wenn sie gesehen hätten, dass ihre Grundsätze zu einer atheistischen Grundhaltung geführt haben.

Der Islam macht keinen Unterschied zwischen „Kirche" und Staat. Er hat tatsächlich das Ziel, dass er in jedem Land zur Staatsreligion wird, und dass seine Werte und Maßstäbe der ganzen Bevölkerung durch Gesetz auferlegt werden. Zwischen Sünde, Laster und Verbrechen wird nicht unterschieden, alles stellt einen Gesetzesverstoß dar.

Muslime werden sich nie damit zufriedengeben, wenn sich einzelne Menschen zu ihrem Glauben bekehren. Sie wünschen sich, dass sich ganze Gemeinschaften und Nationen dem Willen Allahs unterwerfen. Der Islam ist also weit mehr als eine persönliche Religion. Er ist eine rechtliche, soziale, politische und sogar militärische Kraft, um den Wechsel herbeizuführen, wo immer sich seine Anhänger auch befinden. Er kann nur dort vollständig praktiziert werden, wo die Scharia (das islamische Recht) vorgeschrieben und angewendet wird.

Dieser Wesenskern des Islam hat viele weitere Auswirkungen, die wir nun betrachten wollen.

EINE TERRITORIALE RELIGION

Nach der muslimischen Lehre ist die Welt in zwei große Bereiche geteilt: Das Gebiet des Friedens (Dar al-Islam), das Gebiet, das unter der Scharia ist, und das Gebiet des Krieges (Dar al-Harb), das Gebiet, das noch nicht unter dem Islam bzw. der Kontrolle Allahs unterworfen ist. Ein Erfolg der Mission wird nicht darin gesehen, wenn sich einzelne Menschen bekehren, sondern wenn sich ganze Staaten Allah unterwerfen. Muslime stellen derzeit die Bevölkerungsmehrheit in fünfundvierzig Staaten in Afrika und Asien dar. Selbst dort, wo sie noch in der Minderheit sind, wie z.B. im mittleren Teil von Nigeria, üben sie starken Einfluss aus und kontrollieren die Bevölkerung, obwohl das nicht ihrem Bevölkerungsanteil entspricht.

Wenn islamisches Territorium angegriffen wird, dann muss es militärisch verteidigt werden, während bei anderen Staaten ja die Verletzung von Staatsgrenzen als Kriegsgrund gilt. Noch wichtiger ist, dass Gebiete, die in der Vergangenheit einmal Allah „gehört haben", dann aber wieder verlorengegangen sind, mit Gewalt von den Ungläubigen zurückerobert werden müssen. In beiden Fällen ist es Muslimen erlaubt, Friedensverträge zu unterzeichnen, solange der Feind überlegen ist. Diese müssen allerdings wieder aufgekündigt werden, sobald sie stark genug für einen Angriff geworden sind, in jedem Fall aber spätestens nach zehn Jahren.

Das erklärt auch, warum Israel solch ein Ärgernis für die arabische Welt ist, besonders nachdem die israelische Regierung Jerusalem (die drittheiligste Stadt des Islam, weil Mohammed die Vision hatte, von dort in den Himmel aufgefahren zu sein) zu seiner „ewigen Hauptstadt" erklärt hat. Das steckt hinter der radikalen und offen erklärten Absicht, Israel ins Meer zu werfen, und dem Hass auf Amerika, weil sie die Israelis unterstützen, in ihrem „verheißenen Land" zu bleiben.

Wir müssen uns auch daran erinnern, dass weite Teile Europas einst zum „Gebiet des Friedens" gehört haben. Muslimische Truppen durchzogen ganz Spanien und kamen bis nach Poitiers in Frankreich. Später durchzogen muslimische Truppen den Balkan und standen vor den Toren Wiens.

EINE IMPERIALISTISCHE RELIGION

Muslime haben nicht nur die Pflicht, islamisches Territorium zu verteidigen oder ehemals islamisches Land zurückzuerobern, sie müssen auch neue Gebiete erobern, sei es durch Invasion oder Infiltration. Weil es keinen Gott außer Allah gibt, werden sie nicht aufhören, bevor die ganze Welt für ihn zurückgewonnen worden ist. Da er sie ja geschaffen hat, gehört ihm die ganze Welt, und er hat seinen Nachfolgern die Verantwortung übertragen, sie zurück zu erobern. Das Ziel ist also eindeutig, die Mittel, um dies zu erreichen, hingegen variieren; sie reichen von physischer Gewalt bis zu Überzeugungsarbeit.

Der Islam ist also eine durch und durch missionarische Religion, die zum Ziel hat, alle Nationen dieser Welt unter die Herrschaft Allahs zu bringen. Besonders sticht dabei hervor, dass seine Verbreitung oftmals von „Laien" vorangetrieben wird und nicht durch den „Klerus". So wurde die Ostküste Afrikas beispielsweise von Kaufleuten und Seefahrern missioniert.

Aber auch das Christentum ist eine missionarische Religion, die das Evangelium bis an die Enden der Erde tragen will. Allerdings besteht der Auftrag Christi darin, einzelne Jünger aus allen ethnischen Gruppen der Welt zu machen, und nicht die Regierungsgewalt von Staaten zu erlangen. Dieser Auftrag wurde oft „professionellen" Missionaren übertragen, die dafür bezahlt wurden, den Glauben zu verbreiten. Diese haben Länder im Gefolge und unter dem Schutz imperialistischer Expansion und Kolonisation erreicht, wie z.B. Indien. Viele sind aber auch ohne diesen Schutz unter großen Opfern bis hin zum Martyrium ausgezogen. Wenn das Christentum sich an seine Grundsätze hält, dann weigert es sich, Gewalt anzuwenden, und wählt eher den eigenen Tod als andere töten. Jesus lehrte seine Jünger ganz klar, sich nicht mit Gewalt gegen andere zu wehren. Das Ziel heiligt hier also nicht die Mittel.

Der Islam geht über das Missionieren aber noch hinaus. Weil „Kirche" und Staat identisch sind, ist es eine imperialistische Religion. Weil bisher jedes Imperium sich irgendeiner Form von Gewalt bedient hat, sei sie wirtschaftlicher oder militärischer Natur, müssen wir uns nun fragen, inwieweit das auch auf den Islam mit seinem Ziel der „Weltherrschaft" zutrifft. Das Streben nach Weltherrschaft führt ja unweigerlich zu kriegerischer Gewalt.

EINE MILITANTE RELIGION

Die meisten Christen glauben, dass ein Staat berechtigt ist, das „Schwert" einzusetzen, um für innere Sicherheit zu sorgen oder sich gegen äußere Feinde zu verteidigen. Jedoch muss das letztere die Kriterien eines „gerechtfertigten" Krieges erfüllen. Das bedeutet, dass jeder Konflikt durch eine moralische Basis gerechtfertigt sein muss.

Wenn jedoch Kirche und Staat eine Einheit sind, so wie es im mittelalterlichen Christentum und im Islam währen dessen gesamter Zeit der Fall war, dann tritt ein neues Konzept zu Tage: der „heilige Krieg", der auf eine geistliche Basis gegründet ist und normalerweise als ein „Kreuzzug" gegen einen rivalisierenden Glauben betrachtet wird.

Wir müssen jetzt einen Blick auf die Bedeutung des islamischen „Dschihad" werfen, der im Allgemeinen als „heiliger Krieg" bezeichnet wird, bei dem man Waffengewalt in einem religiösen Konflikt anwendet.

Seit den Selbstmordattentaten vom 11. September 2001, geben sich Muslime, die in der westlichen Welt leben, große Mühe, sich von dieser Art „Extremismus" zu distanzieren und zeichnen ein Bild von einem friedvollen Islam, indem sie den Dschihad als einen geistlichen und nicht als einen physischen Kampf darstellen. Diese Verteidigungsversuche wären überzeugender, wenn sie dieselben Taktiken, die von den Palästinensern gegen Israelis angewendet werden und das Abschlachten von Christen in Indonesien, Sudan und Nigeria ebenso verurteilen würden. Ihr Schweigen hierzu lässt vermuten, dass sie glauben, dass diese Grausamkeiten gerechtfertigt sind.

Was bedeutet „Dschihad" eigentlich und welche Arten von Konflikt sind mit diesem Ausdruck abgedeckt? Weil der Dschihad einen so hohen Stellenwert im muslimischen Glauben innehat, ist diese Frage äußerst wichtig. Man spricht manchmal sogar von der „sechsten Säule des Islam". Es ist also eine wesentliche Pflicht für einen jeden, der sich dem Willen Allahs unterwerfen will.

Die Grundbedeutung dieses Wortes ist „Kampf" oder „Anstrengung". Je nach Kontext kann es auch Kampf gegen feindliche Mächte, insbesondere gegen den Erzteufel Satan (arabisch: *Schaitan*) bedeuten.

Natürlich beinhaltet Dschihad diesen inneren Kampf gegen das Böse. Es gibt einen „Dschihad der Zunge", die Bemühung, mit anderen über den Glauben zu sprechen, den „Dschihad der Hand", die Bemühung, gute Werke zu tun und den „Dschihad des Herzens", die Bemühung, den Versuchungen zu widerstehen. Wir können es als Aufforderung zum Kampf gegen die innere Untreue zusammenfassen.

Aber wie steht es um den Kampf gegen die innere Untreue bei anderen Menschen? Der Koran bezeichnet Ungläubige als „Untreue". An einer Stelle werden Muslime dazu angehalten, gegen die „Untreuen" zu „kämpfen, kämpfen, kämpfen" (auf Arabisch heißt es sogar „töten, töten, töten"). Und diese Aufforderung ist längst nicht die einzige dieser Art im Koran.

Historisch gesehen spielte das Schwert bei der Ausbreitung des Islam eine sehr große Rolle. Mohammed selbst war in zahlreiche Kämpfe verwickelt. Die Bürger von Mekka besiegten ihn zweimal, bis sie sich dann schließlich doch seinen Truppen unterwerfen mussten, als diese erstarkten. Arabische Krieger fegten über Nordafrika, den westlichen Teil Asiens und das südliche Europa hinweg, errichteten in ihrem Kielwasser den Islam und ersetzen alle anderen Religionen.

Sogar heute wird Gewalt als gerechtes Mittel angesehen, indem man Feinde sozusagen dämonisiert. Israel wird als „kleiner Satan" und Amerika „als großer Satan" bezeichnet. Und somit legitimiert man ihre Vernichtung im Namen Gottes, der ja größer ist – *„Allahu akbar"* wurde zum Schlachtruf bei solchen Attacken.

Wir müssen allerdings auch in Betracht ziehen, dass sich auch ein „Kampf für die Seele des Islam" zwischen den militanten und den moderaten Muslimen abspielt, wobei letztere den Dschihad nur als inneren Kampf gegen das Böse sehen. Im nächsten Kapitel werden wir das noch genauer untersuchen und dann beurteilen, welche Interpretation überwiegt.

Inzwischen ist es aber so, dass das, was Muslime unter „Frieden" verstehen, eher die exklusive Aufrichtung islamischer Regeln bedeutet als eine Koexistenz verschiedener Religionen, die einander tolerieren.

EINE EXKLUSIVE RELIGION

Der Islam in seiner reinsten Form duldet keine anderen Religionen. Saudi-Arabien – mit seinen beiden heiligen Städten Mekka und Medina das Herzland des Islam – ist das beste Beispiel dafür. Kein anderer Glaube kann dort Fuß fassen. Außer Moscheen gibt es dort keine anderen religiösen Gebäude. Die Polizei setzt durch, dass am Freitag nicht gearbeitet wird, damit alle am Freitagsgebet teilnehmen können.

Der Koran erwähnt keine anderen Weltreligionen wie den Hinduismus, den Buddhismus oder den Schintoismus. Mohammed ist diesen Religionen nie direkt begegnet. Aber seine Haltung gegenüber dem Polytheismus, der vor seiner Zeit in Arabien vorherrschte, lässt erkennen, was er von ihnen gehalten hätte.

Da man davon ausgehen muss, dass der Islam davon überzeugt ist, dass er irgendwann die einzige Weltreligion sein wird, und alle Nationen der Welt unter die Herrschaft Allahs kommen werden, ist es kaum verwunderlich, dass er eine negative Haltung gegenüber anderen Religionen hat. Vermutlich werden sie alle ausgestorben oder vom Islam vernichtet worden sein, wenn dieser seinen Siegeszug in der Welt beendet haben wird.

Solche totalen Ansprüche führen unweigerlich zu Intoleranz sowohl in der Haltung als auch in der Tat. Der Koran stellt die Ungläubigen vor die Wahl: Bekehre dich oder stirb, unterwerfe dich oder gehe zugrunde. Die katholische Inquisition hat also ihr Gegenstück in der muslimischen Geschichte gefunden.

Dennoch ist die Haltung des Islam gegenüber dem Judaismus und dem Christentum eine besondere und muss gesondert betrachtet werden. Mohammed hatte direkten Kontakt sowohl zu Juden als auch zu Christen, sowohl zu Synagogen als auch zu Kirchen. Er zollte beiden Respekt, weil sie schon vor ihm in einer polytheistischen Gesellschaft an einem monotheistischen Glauben festhielten. Diese Beständigkeit rührte daher, weil sie „Leute der Schrift" waren; weil ihre Schriften von Botschaftern des einen wahren Gottes stammen, die Mohammed als wahrhaftige Propheten anerkannte, obwohl er ihre Berichte im Alten und Neuen Testament als sehr verfälscht ansah.

Diese Sympathie kann man in den früheren Aussprüchen (Suren) Mohammeds im Koran erkennen (verwirrenderweise stehen sie im Koran weiter hinten). Sie stammen aus den Tagen, als der Prophet und seine Anhänger in Richtung Jerusalem beteten und der heilige Tag noch der Sabbat gewesen war. Aber die Juden wollten Mohammed nicht als den letztendlichen Propheten anerkennen, und auch die Christen weigerten sich, ihn als den letztendlichen Apostel anzunehmen und seine Offenbarung ihren Schriften hinzuzufügen. Und so schlägt er in seinen späteren Suren einen anderen Ton an (diese stehen im Koran am Anfang, was sehr verwirrend ist). Der Höhepunkt wird durch das Verbot, mit Juden oder Christen Freundschaft zu schließen, erreicht. Es begannen Angriffe auf jüdische Gemeinschaften, und Christen werden bis auf den heutigen Tag verfolgt. In ganz Arabien gibt es heute keine einzige Synagoge oder Kirche mehr.

Allerdings werden Juden und Christen einige Zugeständnisse eingeräumt, was wohl an der verbliebenen Sympathie wegen ihres Monotheismus liegt. Die Wahl „Bekehrung oder Tod", die für die heidnischen Ungläubigen gilt, ist bei ihnen etwas abgemildert. Sie haben eine dritte Option: Ihr persönlicher Glaube wird toleriert, vorausgesetzt, sie sind bereit, unter der Scharia zu leben. Allerdings besitzen sie keine vollen bürgerlichen Rechte. Sie gehören dem Stand der „Dhimmis" an und sind sozusagen

Personen zweiter Klasse. Sie müssen außerdem eine spezielle Steuer zahlen, die sich in der Praxis eigentlich in nichts von einer Schutzgelderpressung unterscheidet. Zeitweise mussten sie auch besondere Kleidung tragen (oftmals von gelber Farbe), die abgenutzt sein musste, was sie der öffentlichen Demütigung preisgab. Außerdem war jegliche Art der Glaubensverkündigung strengstens verboten.

Das also waren einige der Auswirkungen dieser „totalen" Religion. Aber die Frage, ob alle Muslime gleicherweise davon überzeugt sind, ist noch nicht beantwortet. Gibt es unterschiedliche Ansichten und Haltungen unter den Muslimen, insbesondere zwischen denen, die in islamischen Staaten, und denen, die als Minderheit in westlichen Kulturen wohnen? Hören wir nicht seit dem 11. September ganz widersprüchliche Stimmen aus der muslimischen Welt? Wem sollen wir Glauben schenken? Gibt es so etwas wie einen wahren Islam? Diesen Fragen werden wir uns im nächsten Kapitel zuwenden.

5
SEINE VIELFALT

Es lässt sich wohl nicht vermeiden, dass jede Religion eine Vielfalt von Glaubensüberzeugungen und Verhaltensmustern hervorbringt, weil sie von fehlbaren menschlichen Wesen praktiziert wird. Zusätzlich zu den Grundüberzeugungen, die oft in Form von „heiligen" Schriften überliefert werden, gibt es oft noch eine ganze Reihe von Traditionen, die auf unterschiedliche Weisen interpretiert werden können und die sogar im Widerspruch zur ursprünglichen „Offenbarung" stehen können, was wiederum zu Spaltung und Uneinigkeit führen kann.

All das ist dem Christentum widerfahren. In einer einfachen Analyse können wir drei Einteilungen vornehmen, denen wir die Titel Struktur, Strömungen und Stärke geben wollen.

STRUKTUR

Diese Einteilung ist am eindeutigsten. Sie richtet ihren Fokus auf Unterordnung unter die Leiterschaft. Die meisten wissen, dass es verschiedene „Denominationen" gibt. Das Wort bedeutet lediglich, dass es für unterschiedliche christliche Gruppen verschiedene Namen gibt. Allerdings bleibt es nicht bei unterschiedlichen Namen, sondern es kommen Strukturen, religiöse Zentren, eigene Veröffentlichungen, repräsentative Versammlungen, klerikale Hierarchien und eigene Finanzierungssysteme hinzu.

Obwohl es im frühen Christentum „regionale" Kirchen gab (Koptisch, Syrisch, Äthiopisch usw.), kam es im Jahr 1054 n. Chr. zur ersten großen Spaltung zwischen der orthodoxen und der katholischen Kirche. Vordergründig trennten sie sich wegen eines einzigen Satzes im Glaubensbekenntnis. Der wahre Grund war allerdings ein politischer und kein theologischer: Sollte in der alten Hauptstadt Rom oder in der neuen Hauptstadt Konstantinopel (später nahm sie wieder ihren alten Namen Byzanz an) entschieden werden, was die Christen glauben. Die andere große Spaltung geschah etwa 500 Jahre später, als sich die Protestanten von den Katholiken lösten und sich in der Folge zu unzähligen weiteren Splittergruppen aufspalteten. Einheit oder Uneinigkeit scheinen davon abzuhängen, wer das Ganze leitet. Katholiken haben einen Papst, während Orthodoxe einige Patriarchen haben (Griechisch, Russisch usw.), und die Protestanten einer unüberschaubaren Menge von Predigern und Pastoren folgen. Sie neigen sogar dazu, rund um den Dienst eines einzigen Mannes einzelne Kirchen zu bauen.

STRÖMUNGEN

Diese Art der Unterteilung fokussiert meist eine ganz bestimmte Praktik der Glaubensausübung. Verschiedene Strömungen können mehrere unterschiedliche Denominationen durchqueren, und ergeben dann sozusagen ein „geistliches Karo-Muster" (die Schotten werden das verstehen!). Drei Beispiele mögen genügen:

Die „sakramentale" Strömung, manchmal auch „High-Church" (eine Strömung in der anglikanischen Kirche) genannt, legt sehr großen Wert auf das Abendmahl (oder die Heilige Messe), als den zentralen Akt der christlichen Anbetung. Das Ganze ist begleitet von Altären, Priestern, Liturgiegewändern und Weihrauch, was viel mehr an den alttestamentlichen Tempeldienst als an die Zusammenkünfte im Neuen Testament, die sich an den Gottesdiensten der jüdischen Synagogen orientieren, erinnert.

Die „evangelikale" Strömung, manchmal auch „Low Church" (eine puritanisch-protestantische Strömung in der anglikanischen Kirche) genannt, legt mehr Wert auf das „Wort" als auf die Sakramente. Sie gibt der Lesung des Wortes Gottes den Vorrang.

Die „charismatische" oder „pfingstlerische" Strömung legt großen Wert auf spontane Anbetung, die es dem Heiligen Geist erlaubt, die Initiative zu übernehmen und so mehr Raum für die Gaben des Heiligen Geistes lässt, die von jedem praktiziert werden können, und nicht etwa nur vom Priester oder Prediger. Aus manchen Strömungen entwickelten sich eigene Strukturen, aber zumeist blieben sie in bereits existierenden Denominationen, wobei durchaus Dachverbände existieren, die aber föderal und nicht exekutiv organisiert sind.

STÄRKE

Hierbei geht es darum, inwieweit die Vorgaben der Bibel eingehalten werden. Man kann im Allgemeinen von drei „Leveln" sprechen, wobei die Grenzen fließend sind.

Es gibt die sogenannten „Namenschristen". Eine vor kurzem durchgeführte Umfrage in England ergab, dass 74%, also Dreiviertel der Bevölkerung sich als „Christen" bezeichnen. Diese Zahl muss man natürlich mit Skepsis betrachten. Viele wollen damit einfach nur auszudrücken, dass sie keine Muslime, Hindus, oder Buddhisten sind. Andere denken dabei nur an die Kirche, der sie normalerweise fernbleiben bis auf die üblichen Übergangsrituale anlässlich der Geburt, der Hochzeit und des Todes, wobei manche noch die Pubertät hinzufügen, wo die Konfirmation stattfindet. Andere geben den christlichen Festen symbolische Bedeutung wie Weihnachten und Ostern. Die Meisten haben jedoch keine Beziehung zum trinitarischen Gott, betrachten aber das Christentum als eine Religion der Achtsamkeit und Sittsamkeit. Aber all das ist nur ein Überbleibsel aus der Vergangenheit.

Dann gibt es die „liberalen" Christen, die ihre Glaubens- und Verhaltensmaßstäbe den geltenden gesellschaftlichen Normen anpassen. Weite Teile der Bibel können nicht wörtlich genommen werden, sondern müssen als Mythos behandelt werden, weil sie mit der Wissenschaft nicht vereinbar sind. Man sollte sie als Fiktion betrachten, die zwar moralische und spirituelle aber keine historischen Wahrheiten enthält. Die ethischen Forderungen sind

„kulturell behaftet" und man hat die Freiheit, sie so anzupassen, wie es die jeweilige Lage erfordert. Das „Königreich Gottes" wird als sozialpolitisches Programm angesehen.

Schließlich gibt es noch die „konservativen" Christen, die die Bibel sehr ernst nehmen. Sie verstehen sie an den Stellen wörtlich, wo sie glauben, dass auch die Autoren es wörtlich gemeint haben. Die Schrift stellt für sie die letztendliche Autorität in allen Glaubens- und Lebensfragen dar. Sie nehmen sich nicht die Freiheit, die Bibel nach Gutdünken auszulegen. Sie werden als „Fundamentalisten" verlacht, ein Wort, das ihnen oft von anderen geben wird – sie selbst benutzen es fast nie. Es ist beinahe ein Synonym für „bigott" oder „fanatisch". In einem Zeitalter des Relativismus ist es schändlich, dogmatisch zu sein oder absolute und allgemeingültige Werte und Maßstäbe zu vertreten.

Aus zwei Gründen habe ich dieses Kapitel mit der Schilderung der Vielfalt innerhalb der Christenheit begonnen. Zum einen, um den Christen aufzuzeigen, welch brüchige und uneinheitliche Fassade wir den anderen Religionen, einschließlich der Muslime, bieten. Das wird nirgendwo offensichtlicher als in Jerusalem, der drittheiligsten Stadt des Islam. Es ist ein Skandal, der das Christentum unnötig belastet. Das war weder die Absicht Jesu, noch Gegenstand seiner Gebete (Joh 17,20-23). Das Schuldbewusstsein darüber hat immer mehr zugenommen, so dass die liberalen Teile der Kirche 1948 den Weltkirchenrat gründeten. Bezeichnenderweise gründeten im selben Jahr konservative Kreise den rivalisierenden Internationalen Rat Christlicher Kirchen (ICCC)! Aber die Zusammenarbeit wächst, vor allem an der Basis.

Natürlich zögerten muslimische Apologeten nicht, darauf hinzuweisen, dass die vielen Spaltungen ein Zeichen von Glaubensschwäche sind. Sie dagegen sind in einer universellen Bruderschaft (der Ummah) all derer, die den Islam angenommen haben, vereint. Auf den ersten Blick scheinen sie sogar Recht zu haben. Die Einheit, ja sogar eine Gleichförmigkeit der Anbetung in allen Moscheen ist offensichtlich. Sie rührt unter anderem daher, dass man auf den Gebrauch der arabischen Sprache bestanden hat, und weil standardisierte Anbetungshaltungen und Rituale benutzt werden.

Aber der Islam ist keine homogene, monolithische Organisation. Zum einen gibt es kein religiöses Zentrum, das die religiösen Praktiken überwacht. Mekka ist nur das Zentrum für die Pilgerreise. Bei aller äußerlichen Einheit gibt sehr wohl Unterschiede.

Der zweite Grund, warum ich mit der Uneinigkeit unter den Christen angefangen habe, ist der, dass genau dieselben Dinge im Islam geschehen, obwohl das im Allgemeinen nicht wahrgenommen wird.

Es gibt Unterschiede in der *Struktur*, die auf der Loyalität zu verschieden Leitern besteht. Mohammed hatte nicht mit seinem Tod gerechnet, weswegen er keinerlei Vorkehrungen für einen Nachfolger traf, der die Leitung der Bewegung übernehmen würde. Da er der letzte „Prophet" war, wurde ihm der Titel „Kalif" gegeben. Es war wohl unvermeidlich, dass es nach seinem Tod zu Meinungsverschiedenheiten bezüglich der Nachfolgefrage kam, nämlich auf wen die Leitungsverantwortung übertragen werden sollte. Sollte sie auf einen seiner engen Kollegen oder auf einen seiner Verwandten übergehen (arabische Stammesführer kamen schon immer aus Familiendynastien, und mit den nationalen Führern in arabischen Ländern ist das ebenso; Beispiele sind die saudische Herrscherdynastie in Arabien und das haschemitische Königshaus in Jordanien)?

So entstanden zwei Hauptdenominationen innerhalb des Islam, nämlich die Sunniten und die Schiiten. Jede hat ihre eigenen Traditionen entwickelt. Und es gab große Spannungen unter ihnen, die zu Gewalt und Blutvergießen geführt haben und die bis heute andauern. Die entsetzlichen Kriege zwischen Irak (Sunniten) und Iran (Schiiten; es ist übrigens das einzige islamische Land, in dem die Schiiten in der Mehrheit sind) und die zivilen Unruhen im Irak zwischen der mittleren Region in Bagdad (Sunniten) und dem sumpfigen Süden um Basra (Schiiten) sind Beispiele hierfür.

Außerdem gibt es noch kleinere Islamische Gruppierungen, die sich normalerweise um eine Führungspersönlichkeit scharen, wie z.B. Aga Kahn.

Hinzu kommen unterschiedliche *Strömungen* innerhalb dieser beiden großen Denominationen des Islam. Am bekanntesten ist der Sufismus. Vor kurzem wurde er als „der charismatische Flügel" des Islam bezeichnet, weil seine Art der Religionsausübung lebendig und freudig, ja geradezu ekstatisch ist. Es wäre eigentlich richtiger, ihn als „mystische" Strömung des Islam zu bezeichnen. Bezeichnenderweise trat er besonders im Osten auf, wo der Islam auf andere eher mystisch geartete Weltreligionen traf. Diese Art von Frömmigkeit sucht die unmittelbare Gemeinschaft und die Einswerdung mit Gott, wobei das Selbst ganz in Gott aufgeht. Der Sufismus gibt sich nicht damit zufrieden, den Willen Gottes lediglich aus der Vergangenheit zu kennen, nein, er möchte ihn auch in der Gegenwart erfahren. Das Christentum hätte diesem Verlangen der Sufis durchaus etwas zu bieten, allerdings müssten zunächst einige echte Hürden überwunden werden, bevor sie es akzeptieren könnten.

Auch im Islam bestehen Unterschiede hinsichtlich der *Stärke*, besonders auf dem Gebiet der Befolgung ihrer eigenen Schriften. Ein echter Unterschied besteht zwischen liberalen Muslimen, die eine flexible Einstellung zu den heiligen Schriften haben, und die nur allzu bereit sind, diese nach modernen Maßstäben der heutigen Gesellschaft zu interpretieren und anzuwenden, und konservativen Muslimen, die eine unbewegliche Haltung einnehmen und ihre Schriften kompromisslos auf sich und andere anwenden. Aber natürlich gibt es auch viele Muslime, die es nur dem Namen nach sind. Wir wollen diese als erste betrachten.

Muslime, die es nur äußerlich und dem Namen nach sind, geben vor, ihrer Religion treu zu sein, wollen aber eigentlich nur ihre kulturelle Identität wahren und handeln nicht aus religiöser Überzeugung. An einigen Traditionen, z.B. an Speisegeboten, an Kleidungsvorschriften, am Fasten und an den Festzeiten halten sie fest, während sie andere, z.B. das tägliche fünfmalige Gebet außer Acht lassen. Das Verbot von Alkohol und von Zinsgeschäften wird besonders von den Wohlhabenderen gerne übersehen. Gerade unter den jüngeren Leuten herrscht ein großer Gruppendruck, sich von den Traditionen der Eltern und Vorfahren zu lösen. Je geringer der Bevölkerungsanteil von Muslimen in einer zunehmend säkularen Umgebung ist, desto mehr neigen Muslime zu solch einer äußerlichen religiösen Haltung.

Ähnliches gilt auch für „liberale" Muslime, besonders wenn sie aus konservativen Ländern geflohen sind, wo die Scharia gilt, wie Iran oder Afghanistan. Die Einwanderer, die wir im Westen empfangen, egal ob sie legal oder illegal kommen, schätzen die Freiheit, die wir im Westen genießen sehr, selbst wenn es für sie bedeutet, dass sie ihre Religion nur noch privat und für sich alleine ausüben können. Die Religionsausübung beschränkt sich dann oftmals auf den persönlichen und familiären Bereich, und man versucht nicht, sie auf irgendeine Weise in der Öffentlichkeit auszuleben.

Das hat natürlich eine radikale Neu-Interpretation der islamischen Schriften zur Folge, indem man ihnen eine metaphorische oder allegorische anstatt einer wörtlichen Bedeutung gibt. Die Bedeutung des Dschihad wird auf eine innere, spirituelle, individuelle „Kriegsführung" reduziert, anstatt ein militärisches Unternehmen zu sein. Es gehört zur liberalen Propaganda, dass der Islam trotz seiner langen kriegerischen Geschichte eine friedliebende Religion ist (bei dieser Gelegenheit muss man sich daran erinnern, dass es Muslimen gestattet ist, Ungläubige hinters Licht zu führen.) Liberale Muslime sind bereitwilliger, sich auf Diskussionen mit anderen Glaubensrichtungen einzulassen und sich als Teil einer „Glaubensgemeinschaft" zusammen mit anderen Religionen zu sehen, die im Gegensatz zur gottlosen Gesellschaft steht.

Die „konservativen" Muslime dagegen nehmen ihre Schriften und Traditionen viel ernster und viel wörtlicher. Ihre Gegner würden sie als extrem, radikal oder fundamentalistisch bezeichnen. Neulich sagte jemand, dass alle Muslime Fundamentalisten seien, weil sie ja alle fest an den Grundsätzen ihres Glaubens festhalten. Dem Koran treu zu sein, bedeutet Hingabe an die Vision des Islam, der die echte und ausschließliche Religion für jede Nation sein soll – sie alle müssen unter den Willen Allahs gebracht werden. Die Religion nur privat auszuüben, wäre eine gefährliche Entstellung. Physische Gewalt ist durchaus gestattet, wenn es darum geht, die Sache oder das Territorium Allahs zu verteidigen oder seine Feinde anzugreifen.

Die große Frage ist, welche dieser drei Gruppen den größten Einfluss haben wird. Seit dem Terroranschlag vom 11. September 2001 muss sich die westliche Welt (hauptsächlich Europa und Nordamerika) mit diesem Dilemma auseinandersetzen. Präsident Bush und Premierminister Blair setzen ihre Hoffnung auf eine liberale Vorherrschaft und haben auch ihre Politik entsprechend angepasst. Zumindest bei den Muslimen, die in einer westlichen Gesellschaft leben, und bei denen man einen Rückgang des konservativen Elements beobachten kann, mag das genügen. Allerdings gibt es auch gewisse Faktoren, die diese Annahme etwas naiv erscheinen lassen.

Man muss nur einen Blick auf die Statistik zu werfen. Der Islam ist die am schnellsten wachsende Religion sowohl in den westlichen Ländern als auch in der übrigen Welt. Das geschieht durch Einwanderung, durch Bekehrung, aber vor allem durch eine viel höhere Geburtenrate in den muslimischen Familien. Israel beobachtet diese Trends sehr genau. In absehbarer Zukunft wird es mehr palästinensische Araber als israelische Juden auf dem Staatsgebiet Israels geben.

Seine Vielfalt

In einer Demokratie führt der zunehmende Bevölkerungsanteil zu mehr politischer Macht. Den politischen Druck bekommt man in Großbritannien schon auf lokaler und nationaler Ebene zu spüren. Ausnahmeregelungen für britische Gesetze, die im Widerspruch zu islamischen Gebräuchen stehen, wurden bereits erfolgreich durchgesetzt, wobei die politische Korrektheit durch „positive Diskriminierung" viel dazu beiträgt. Beispiele dafür sind Gesetze, die das Erbrecht, die Eheschließung, die Bildung und sogar die Grundschulden betreffen. Und nach den Ausnahmeregelungen folgen Änderungen, um so die Gesetze mehr in Einklang mit der Scharia zu bringen.

Zur Nagelprobe der islamischen Absichten wird es kommen, wenn die Muslime in der Mehrheit sind und genug Wähler hinter sich vereinigen können, um ein demokratisches Land zu übernehmen. Für diesen Prozess gibt es bereits einige Beispiele. Der derzeit vorherrschende Pluralismus wird wohl kaum überleben. Ein Beispiel ist die Türkei. Sie wurde als säkulare Republik direkt nach dem ersten Weltkrieg gegründet, aber die jüngsten Wahlen zeigen einen eindeutigen religiösen Rechtsruck. In der früheren britischen Kolonie Malaysia besteht derzeit noch ein labiles Gleichgewicht zwischen westlichen Liberalen und den Konservativen, die sich am Nahen Osten orientieren, so dass die weitere Entwicklung in beide Richtungen gehen könnte.

Starke religiöse Überzeugungen tendieren dazu, über die schwächeren zu siegen. Prinzipien, bei denen keinerlei Kompromisse eingegangen werden, tendieren dazu, mehr Menschen in ihren Bann zu ziehen, insbesondere, wenn dabei negative Emotionen mit im Spiel sind.

Bedeutsam ist ein weitverbreiteter Hass auf die westliche Politik gepaart mit der Verachtung ihrer Dekadenz, die beide als „christliche" Werte betrachtet werden. Diese Einstellung findet man besonders in muslimischen Ländern des Nahen Ostens vor. Das hat natürlich auch mit der britischen (bzw. der französischen) Eroberung ihrer Länder in der ersten Hälfte des

20. Jahrhunderts zu tun. Es wird aber noch verstärkt durch den kulturellen Imperialismus in der zweiten Hälfte des Jahrhunderts (der Autor besuchte Dörfer, die ohne Wasserversorgung waren, in denen aber überall Coca-Cola zum Verkauf angeboten wurde!). Ihre Verachtung richtet sich vor allem gegen die Errichtung des Staates Israel und seiner Unterstützung durch Amerika, ohne die ein Überleben inmitten der Konflikte mit seinen arabischen Nachbarn unmöglich gewesen wäre. Dieses wird als Eindringen der westlichen Demokratie und Dekadenz in das muslimische Kernland – und damit als ein Angriff auf Allah selbst – empfunden. Der gewaltsame Djihad wird deshalb als moralisch gerechtfertigt angesehen, und die gegenwärtige *Intifada* (Aufstand) wird wahrscheinlich nicht enden, bis ganz Jerusalem für Allah zurückerobert und der Name „Israel" von der Landkarte ausgelöscht sein wird.

Deshalb kann man den westlichen Islam nicht getrennt von der Krise im Nahen Osten betrachten. Die Krise im Nahen Osten beeinflusst die Muslime auf der ganzen Welt. Sie hat einen negativen Einfluss auf ihre Eingliederung in die westliche Gesellschaft.

Obwohl es sicherlich wahr ist, dass es viele friedliebende, gesetzestreue, hart arbeitende und freiheitsliebende Muslime in den westlichen Ländern gibt, muss gesagt werden, dass dies auf Kosten ihrer eigenen Religion geht. Man kann es auch so ausdrücken: Werden die Muslime in der westlichen Welt irgendwann so korrumpiert sein, dass sie in unserem relativistischen Pluralismus vollkommen aufgehen oder werden sie, wenn sie vor die endgültige Wahl gestellt werden, sich wieder zum Glauben ihrer Väter zurückwenden und sich gegen ihre Gastländer positionieren?

Dabei setzt man voraus, dass sie sich frei entscheiden können, also entweder den Prinzipien und der Ausübung des Islam zu folgen oder beides der Kultur ihrer Gastländer anzupassen. Wir müssen hierbei auch das Wesen des Islam überprüfen. Halten sie am Islam fest oder hält der Islam sie fest? Gibt es, wenn man einmal von der Strafe gegen Apostaten absieht, eine Kraft im oder hinter dem Islam, die seine Nachfolger im Griff hat, und die stärker als ihr eigener Wille ist? Haben wir es bei unserer Betrachtung der zukünftigen Entwicklungen sogar mit einer übernatürlichen Kraft zu tun? Wir finden die Antwort, wenn wir den Ursprung des Islams untersuchen.

6
SEIN URSPRUNG

Jede Religion hat ihre Ursprünge und hat einen geographischen und einen historischen Anfang. Was den Islam betrifft, so haben wir das bereits im ersten Kapitel betrachtet. In diesem Kapitel wollen wir aber noch tiefer graben, als nur in Raum und Zeit zu suchen. Wir wollen die geistlichen Ursprünge ausfindig machen. Woher bezieht der Islam seine geistige Erleuchtung und Autorität?

Es gibt wie bei jedem religiösen Phänomen drei mögliche Antworten. Zunächst gibt es „natürliche" Erklärungen, die in einer Zeit, die von wissenschaftlichem Humanismus und Relativismus geprägt ist, am naheliegendsten sind. Kurzum, Religion ist eine menschliche Erfindung, das Produkt unserer Vorstellungskraft und unsere Reaktion auf das Universum, in dem wir leben. Die Naturgewalten sind viel größer als unsere kümmerlichen Kräfte, weswegen wir sie als Gottheiten personifizieren, die wir dann mit selbst ausgedachten Methoden zu unseren Gunsten zu besänftigen versuchen. Diese Art von Rationalisierung der Naturgewalten nimmt notwendigerweise in dem Maß ab, wie es uns mit Hilfe der Wissenschaft gelingt, die Geheimnisse der Natur zu entzaubern und Kontrolle über sie zu erlangen. Das erste Opfer einer solchen Entwicklung ist der Animismus.

Eine weitere Möglichkeit besteht in einer „übernatürlichen" Erklärung. Es gibt Kräfte, ja personengebundene Kräfte, die jenseits und über dem sichtbaren Universum angesiedelt sind, und die deswegen von der Wissenschaft nicht erforscht und erklärt werden können. Man kann sie nur erkennen, wenn sie sich uns in einer für uns verständlichen Art und Weise offenbaren.

Das Judentum, das Christentum und der Islam beanspruchen für sich, solche Offenbarungen erhalten zu haben, und sie haben sie in ihren Schriften aufgezeichnet.

Dabei ergibt sich noch ein weiteres Problem. Alle drei Religionen glauben an übernatürliche bzw. übermenschliche Wesen, die unter der obersten Kontrolle Gottes stehen und die ein gewisses Ausmaß an freiem Willen besitzen, so wie wir ihn haben. Einige von ihnen sind gut (Engel, und die über ihnen stehenden Erzengel) und einige sind böse (Dämonen, die vom Teufel befehligt werden). Sie besitzen größere Macht und Intelligenz als wir und können einen zeitlich begrenzten aber dennoch sehr schrecklichen Einfluss auf die menschlichen Belange ausüben.

Deshalb gibt es im Grunde genommen drei mögliche Ursprünge einer jeden Weltreligion: Göttliche Inspiration, menschliche Einbildung oder satanische Nachahmung. Woher kommt also der Islam? Alle drei Ursprünge sind möglich, auch eine Mischung von zweien, nicht aber eine Mischung aus allen drei Möglichkeiten, denn dass Gott und Satan kooperiert haben, kann man nicht in Erwägung ziehen.

GÖTTLICHE INSPIRATION?

Jeder Muslim ist fest davon überzeugt, dass der Koran, der ja die Grundlage des Islam ist, eine Offenbarung Allahs, des einzig wahren Gottes, an seinen Überbringer Mohammed ist. Er ist sogar eine wörtlich diktierte Version einer Schrift, die schon vorher im Himmel existierte. Nachdem sie innerhalb dreier Jahrzehnte empfangen worden war, trug der Prophet die Worte seinen Nachfolgern vor, welche sie dann auf den verschiedensten Schreibmaterialien niederschrieben. Später wurden diese niedergeschriebenen Aussprüche gesammelt und in einem autorisierten Kompendium veröffentlicht, das man für das endgültige, maßgebliche und unfehlbare Wort Gottes hält.

Im Koran selbst finden sich verschiedene Varianten, auf

welche Weise die Offenbarungen zu Mohammed gelangten. Einmal erschien Allah als Mann und ein anderes Mal als der Engel Gabriel, der in Allahs Namen zu ihm sprach. Die letztgenannte Variante wird von den meisten anerkannt. Auch gibt es einige Varianten in den ersten Zusammenstellungen der Aussprüche Mohammeds, die aber vernichtet wurden, als die offizielle Version des Korans verabschiedet wurde.

Weil der Koran in arabischer Sprache gegeben wurde, muss er in dieser Sprache erhalten und gelesen werden. Übersetzungen in andere Sprachen sind eher Umschreibungen und werden nicht als der eigentliche Koran angesehen. Nur der Originaltext ist göttlich inspiriert und stellt das endgültige Wort Gottes an die Menschheit dar, der alle vorhergehenden Worte der früheren Propheten richtigstellt und vervollständigt.

Das ist der grundlegende Anspruch des Islam. Warum aber wird er von so vielen Menschen anerkannt? Eigentlich werden nicht besonders viele Beweise dafür angeboten. Muslimische Fürsprecher weisen auf die Schönheit seiner Prosa und Poesie hin, die nicht von einem bekennenden Analphabeten stammen kann. Andere behaupten ganz einfach, dass unmöglich so viele Menschen in so vielen Ländern davon überzeugt sein könnten, wenn Gott nicht dahinterstehen würde.

In der Praxis ist die Annahme des Korans eher ein Glaubensschritt als eine Folge der Vernunft. Der Islam bestätigt sich selbst durch eine Art Zirkelschluss: Der Koran sagt, dass Mohammed der Prophet Gottes ist, und dieser sagt, dass jener das Wort Gottes ist. Das eine validiert das andere und umgekehrt. Entweder glaubt man beides oder keines von beiden. Das Fehlen unabhängiger Bekräftigungen und objektiver Beweise ist auffallend. Im Koran gibt es nicht viel, was man durch externe Beweise nachprüfen könnte.

Jedoch gibt es ein Argument, mit dem man diesen Anspruch ernsthaft hinterfragen könnte. Die Existenz des Koran ist eine Tatsache, der man ins Auge sehen muss. Das gilt allerdings auch für die Bibel, die einen ähnlichen Anspruch stellt, nämlich Gottes ganze und endgültige Offenbarung seines Willens für uns und seiner selbst zu sein.

Eines ist vollkommen klar: Es ist unmöglich, dass beide, die Bibel und der Koran das Wort Gottes sein können. Sie widersprechen sich in so vielen Dingen, dass man sich entscheiden muss. Natürlich könnten sie auch beide falsch sein, beide könnten keine Offenbarung Gottes sein. Aber beide können nicht zugleich richtig und die wahre Offenbarung Gottes sein. Wenn man das eine anerkennt, dann muss man das andere ablehnen.

Zahlreiche Widersprüche betreffen relativ unerhebliche historische Details. Der Koran sagt, dass Gott die Welt in acht Tagen erschaffen hat; ein Sohn Noahs weigerte sich, in die Arche zu steigen und ertrank; Abraham lebte in Mekka, baute dort die Kaaba wieder auf, die einst von Adam errichtet worden war; dieser hatte auch nur zwei und nicht acht Söhne; er wollte Ismael und nicht Isaak opfern; Moses wurde von der Frau des Pharaos adoptiert, er erlebte die Sintflut in der Zeit des Noah mit, er sah Kreuzigungen usw. Der letzte Punkt ist einer von zahlreichen Anachronismen: Nimrod und Abraham waren Zeitgenossen, genauso wie Haman und Moses; Maria, die Mutter Jesu war die Schwester von Moses und Aaron (Maria heißt auf Hebräisch Mirjam).

Sehr viel schwerwiegender sind die Widersprüche in Bezug auf Jesus. Der Koran akzeptiert die Jungfrauengeburt bzw. die jungfräuliche Empfängnis, leugnet aber seine Präexistenz; er akzeptiert seine Wunderkräfte und seinen sündlosen Charakter, weist aber seine Behauptung zurück, der einziggeborene Sohn Gottes zu sein; er leugnet seine Kreuzigung und somit auch seine Auferstehung, akzeptiert aber seine Himmelfahrt und seine zukünftige Wiederkunft. Vor allem aber war Isa, so wie ihn die Muslime nennen, nur ein Apostel Gottes, der vor Mohammed aufgetreten und der geringer als Mohammed ist.

Auch gibt es einen fundamentalen Widerspruch hinsichtlich der Natur Gottes selbst, nämlich ob er eine Person oder drei

Personen in einer ist. Das Word „Dreieinigkeit" kommt zwar im Neuen Testament nicht vor, ist aber eine vollkommen zutreffende Beschreibung seiner Natur (wozu auch die Bezeichnung „Gott" für den Menschen Jesus gehört). Selbst wenn man das Missverständnis Mohammeds außer Acht lässt, dass die „Drei" Vater, Mutter und Jesus seien (wahrscheinlich kam dies zustande, weil Mohammed mitbekam, dass in den syrischen Kirchen Maria als „Mutter Gottes" bezeichnet wurde, und er dort Bilder von ihr neben Bildern von Jesus sah), so ist es doch offensichtlich, dass er jede Art einer Pluralität Gottes als gotteslästerliche Vielgötterei verdammt. Später kommen wir noch einmal darauf zu sprechen.

Um den tiefen Graben zwischen Koran und Bibel noch einmal zusammenzufassen, müssen wir nur daran erinnern, was der Engel Gabriel einmal im Koran und zum anderen in der Bibel sagte. Er sagte zu Maria, dass ihr Kind Sohn Gottes genannt werden würde (Lukas 1,32), während er zu Mohammed sagte: „Fern sei es von Allahs Herrlichkeit, dass er einen Sohn haben sollte." Gabriel konnte nur eines von beidem gesagt haben, aber sicherlich nicht beides.

Muslime sind sich dieser offensichtlichen Widersprüche voll bewusst. Deshalb behaupten sie nicht nur, dass ihre eigenen Schriften der Wahrheit entsprechen, sondern sie beschuldigen Juden und Christen, ihre Schriften durch Lügen verfälscht zu haben. Sie legen dabei keine Beweise vor, wer dafür verantwortlich sein soll, oder wann und wie dieser Betrug geschehen ist. Die erhaltenen frühen Manuskripte des Neuen Testaments belegen die Unhaltbarkeit dieser Vorwürfe.

Später werden wir noch die beachtlichen Beweise für die Zuverlässigkeit der jüdischen und christlichen Schriften der Bibel genauer betrachten. Wir wollen aber jetzt schon herausstellen, dass Christen, die glauben, dass die Bibel die wahre Offenbarung Gottes enthält, die göttliche Inspiration Mohammeds und des Korans ablehnen müssen. Es verbleiben also noch zwei weitere Ursprünge.

MENSCHLICHE EINBILDUNG?

Muslime stoßen sich daran, wenn man ihre Religion „Mohammedanertum" nennt. Denn wie es auch bei einigen christlichen Bezeichnungen (Lutheraner, Calvinismus, Wesleyaner) der Fall ist, würde man damit sagen, dass man der Lehre eines Menschen folgt. Aber man glaubt eben gerade nicht, dass Mohammed einen persönlichen Einfluss auf den Inhalt des Korans gehabt hat. Als ein „Überbringer" hat er einfach nur das wiederholt, was ihm diktiert wurde.

Dennoch könnte man einige Hinweise auf menschliche Einflüsse ins Feld führen, seien sie bewusst oder unbewusst. Zum einen ist da die Tatsache, dass die Offenbarungen in arabischer Sprache gegeben wurden, sogar mit Spuren des Dialektes, der in Mekka gesprochen wurde. Außerdem gibt es weitere Quellen, die Mohammed auf seinen Reisen aufgetan hat. Es gibt einige arabische Legenden, z.B. die Kamelstute, die Prophezeiungen aussprach, oder die sieben Männer, die zusammen mit ihren Tieren 309 Jahre lang in einer Höhle schliefen. Einige stammen aus den falschen „gnostischen" Evangelien, denen zufolge Jesus bereits als Säugling sprechen konnte, und die berichten, dass Jesus als Junge aus Lehm Vögel formte, die dann lebendig wurden. Einige stammen von Ritualen der Sabäer ab, die fünfmal am Tag beteten und einen Monat lang tagsüber fasteten. Einige haben ihren Ursprung im Zoroastrismus und im Hinduismus.

Dann sind da die zahlreichen Fehler, die beim Zitieren der biblischen Geschichte unterliefen (wir haben bereits auf einige Widersprüchlichkeiten aufmerksam gemacht). Diese Fehler sind freilich verständlich, da die jüdischen und christlichen Schriften nicht ins Arabische übersetzt waren, und Mohammed sie ohnehin nicht hätte lesen können. Das Missverständnis über die Dreieinigkeit, als Gott Vater, Mutter Maria und Sohn Jesus kann man dadurch erklären, dass Mohammed es zwar auf Ikonen gesehen, nicht aber in christlichen Gottesdiensten gehört hat.

Des Weiteren kann man den Unterschied in seiner Lehre

zwischen den früheren (die kürzer sind und deshalb am Ende des Korans stehen) und den späteren Suren (die länger sind und deshalb am Anfang des Korans stehen) klar erkennen. Beispiele sind der Wechsel der Gebetsrichtung von Jerusalem nach Mekka und der Wechsel des heiligen Tages vom Sabbat auf den Freitag. Beides korrespondiert mit der Verschlechterung des Verhältnisses zum jüdischen Volk.

Hinzu kommen die Zugeständnisse, die Mohammed ganz persönlich eingeräumt wurden, die ihm erlauben, mehr als nur vier Frauen zu haben – ein Limit, das für alle anderen Muslime gilt – oder die ihm gestatteten, die Frau seines Adoptivsohnes nach deren Scheidung zur Frau zu nehmen.

Es gibt Duzende von Hinweisen auf eine menschliche Autorenschaft, und damit auch natürlich auf menschliche Fehlbarkeit. Trotzdem ist der Koran eine bemerkenswerte und eindrucksvolle Zusammenstellung. Wenn der Koran menschlichen Ursprungs ist, dann ist sein Urheber ein Genie, dem es gelang, eine ganze Nation aus einem polytheistischen Götzendienst zur monotheistischen Einfachheit und verfeindete Stämme zur friedlichen Einheit zu führen. All das ist eine beachtliche Leistung, und es zeigt, dass Mohammed ein außerordentlicher Mann war, dessen Einfluss auf die Menschheitsgeschichte nicht unterschätzt werden sollte.

Manche Christen, die glauben, dass die Bibel das wahre Wort Gottes ist, werden im Koran neben menschlicher Einbildung trotzdem manches an göttlicher Inspiration herauslesen können. Sie werden ihn als eine Mischung aus verschiedenen Quellen betrachten, die Wahres und Falsches enthält. Die Kriterien, was wahr und was falsch ist, sind ganz einfach. Wo der Koran mit der Bibel übereinstimmt, kann er Wahrheiten von Gott transportieren. Wo er nicht mit der Bibel übereinstimmt, handelt es sich um unglaubwürdige menschliche Spekulation. Einige von denen, die diese Anschauung teilen, werden die wahren Teile als „allgemeine Offenbarung" ansehen, als indirekte und instinktive Wahrnehmung von Gott, die der ganzen Menschheit zur Verfügung steht. Andere hingegen werden Mohammed ein gewisses Maß an direkt zugeteilter „spezieller Offenbarung" zugestehen. In jedem der beiden Fälle basiert ihre Einschätzung auf den Gemeinsamkeiten von Bibel und Koran, wobei sie die Unterschiede herunterspielen, was ihrer Sehnsucht nach Gemeinsamkeit zwischen Christen und Muslimen geschuldet ist, die sie als eine Vorarbeit für die Evangelisation letzterer betrachten. Sie betonen, dass beide den einen barmherzigen und mitfühlenden Gott für den Schöpfer und den Richter halten. Man kann nicht leugnen, dass beide Schriften sehr viele Gemeinsamkeiten aufweisen, aber man darf auf der anderen Seite die großen und tiefen Differenzen nicht übersehen.

Es gibt jedoch noch eine andere Erklärung für die im Koran vorhandene „Wahrheit", die man als Christ bedenken muss.

SATANISCHE NACHAHMUNG

Diese Möglichkeit kommt einem in den Sinn, wenn alle „natürlichen" Erklärungen als unzureichend erscheinen. Die Tatsache, dass der Islam heute Macht über eine Milliarde Menschen hat (fast hätte ich geschrieben, „sie im Würgegriff hält"), nicht eingerechnet die vielen Millionen von Menschen der letzten vierzehnhundert Jahre, deutet auf eine größere Macht und Autorität hin, die unmöglich von einem einzigen Menschen, der außerdem schon so lange tot ist, ausgehen kann. Es ist naheliegend, eine dahinterstehende übernatürliche Macht zu vermuten.

Bemerkenswert ist der sonderbare Gesundheitszustand, in dem sich Mohammed befand, als er seine Offenbarungen erhielt, der einer Art von Trance oder geistigem Anfall gleicht. Als ihm dies zum ersten Mal widerfuhr, meinte er, dass böse Geister (Dschinn) von ihm Besitz ergriffen hätten; seine Frau hingegen beschwichtigte ihn und sagte, dass es Gott gewesen sei.

Wir wissen, dass hinter heidnischem Götzendienst Dämonen

stehen (1. Korinther 10,20). Als Mohammed alle 360 Götzenbilder in Mekka zerstörte, hielt er doch an einigen Dingen fest, die mit ihnen in Verbindung standen wie z.B. an der Kaaba, dem würfelförmigen Gebäude mit seinem heiligen schwarzen Stein – wahrscheinlich ein Meteorit – und er verehrte sie weiterhin. Auch der Name „Allah" stammt aus diesem Pantheon, was der Name seines Vaters – Abdallah (Diener Allahs) – bestätigt. Während eines gewissen Stadiums scheint er Zugeständnisse an den Polytheismus Mekkas gemacht zu haben, als er eine Offenbarung über die drei Töchter des männlichen Mondgottes und der weiblichen Sonnengottheit mit einbezog – die Namen zweier Töchter sind Zusammensetzungen aus dem Namen „Allah". Später nahm er davon Abstand, als er erkannte, dass der Teufel (Schaitan) ihn verführt hatte. Und so wurden diese Verse aus der abschließenden Version des Korans entfernt (dies sind übrigens die „Satanischen Verse" mit denen der Schriftsteller Salman Rushdie Aufmerksamkeit erregte und wegen Blasphemie mit einer Fatwah (Todesstrafe) belegt wurde).

Als das reicht noch nicht aus, um einen dämonischen Ursprung zu beweisen. Jedoch fallen drei Merkmale auf, die Hinweise bieten können. Man kann sie mit folgenden Schlagworten definieren: Täuschung, Ablenkung und Zerstörung.

Täuschung: Der Teufel ist ein Meister der Verstellung, kaum erscheint er als der, der er wirklich ist. Die naive Karikatur eines Wesens mit Hörnern und gespaltenem Schwanz, in schwarzer Aufmachung ist reine Spekulation. Wenn er jemals so erscheinen würde, dann würde man ihn sofort erkennen und ihm eine Abfuhr erteilen! Er kam zu Adam und Eva in der Verkleidung eines Tieres (einer Echse mit Beinen, jedoch keine Schlange). Er sprach zu Jesus durch einen seiner besten Freunde, Petrus (Matthäus 16,23). Paulus nahm an, dass Satan selbst sich als Engel des Lichts verkleidet (2. Korinther 11,13). Es wäre also ein Leichtes für ihn gewesen, sich als Engel Gabriel auszugeben.

Seine bevorzugte Täuschungsmethode ist jedoch, Wahrheit

mit Irrtum zu vermischen. Unverhohlene Lügen können schnell entlarvt werden, auch wenn sie von vielen geglaubt werden. Aber diese Halbwahrheiten sind die eigentliche Gefahr, weil eben auch ein Teil Wahrheit in ihnen steckt. Sie sind jedoch niemals die ganze Wahrheit und nichts als die Wahrheit. Von Anfang an, bereits im Garten Eden, hat der Teufel Wahrheit und Irrtum im richtigen Mischungsverhältnis vermischt, um seine Opfer zu verwirren und zu kontrollieren (Genesis 3,4.5). Sogar als er Jesus versuchte, zitierte er die Worte Gottes aus der Schrift (Matthäus 4,6); allerdings riss er sie dabei aus dem Kontext. Der Teufel kennt die Wahrheit, weil er einst in der Gegenwart Gottes im Himmel gewesen war, und weil er viel intelligenter als jedes menschliche Wesen ist, kann er sie für seine Zwecke manipulieren.

Damit könnte man die Mischung aus Zustimmung und Verleugnung der Wahrheit im Koran erklären. Gott ist einer, aber nicht drei. Jesus ist Mensch aber nicht Gott. Er wurde von einer Jungfrau geboren, starb aber nicht am Kreuz. Er vollbrachte viele Wunder, wurde aber nicht aus den Toten auferweckt. Die Bibel ist eine Offenbarung, aber sie ist nicht zuverlässig. Juden und Christen sind „Leute des Buches", aber sie sind nicht das Volk Gottes.

Die praktischen Auswirkungen all dessen führen uns zum zweiten Merkmal der Waffen des Teufels.

Ablenkung: Er lenkt sehr geschickt von den wesentlichen Wahrheiten ab, ohne dass es seine Opfer überhaupt merken. Auch das können wir an seiner ersten Begegnung mit Eva erkennen. Mit einer subtilen Übertreibung der Worte Gottes fokussierte er den Blick Evas auf das Verbot, das Gott ausgesprochen hatte, und weckte ihre Begierde für diese eine verbotene Frucht, indem er sie von den vielen Bäumen ablenkte, deren Früchte sie alle hätte genießen dürfen.

Dem Islam war sehr erfolgreich darin, das Interesse vom Gott der Bibel auf den Allah des Korans, von Jesus auf Mohammed und vor allem von der Rettung durch Glauben auf die Rettung durch Werke umzulenken. Es besteht der Gesamteindruck, dass der Islam das Christentum und seinen Vorgänger, das Judentum, ersetzt und sie beide ins Abseits gesetzt hat. Es hat den Anschein eines brillanten Ablenkungsmanövers, das aber auch große Zerstörungskraft besitzt.

Zerstörung: Der Teufel besitzt keine Schöpfungskraft so wie Gott sie hat. Sein Groll darüber äußert sich in seinem Vergnügen, die Schöpfung Gottes zu zerstören. Einer seiner Namen ist „der Verderber".

Wir haben bereits die subtile Aushöhlung der biblischen Religion festgestellt, indem diese als veraltet bezeichnet wird. Aber der zerstörerische Aspekt des Islam wird noch viel direkter ersichtlich. Schon zu Lebzeiten Mohammeds wurden Juden und Christen in Namen Allahs getötet, und daran hat sich bis heute nichts geändert. Heute im einundzwanzigsten Jahrhundert finden die meisten Martyrien von Christen in muslimischen Ländern wie Indonesien, Sudan und Nigeria statt. Die westliche Zivilisation, die von den meisten Muslimen mit der Christenheit gleichgesetzt wird, wird gehasst und verabscheut.

Es ist eine Tatsache, dass Gewalt und Terrorismus mit islamischen Ländern und Gruppierungen assoziiert werden. Man *kann* den Koran durchaus so verstehen, dass er zu Verfolgung und sogar zu Mord aufruft. Tatsächlich nehmen diejenigen, die solche Grausamkeiten verüben, ihren Glauben viel ernster als ihre muslimischen Brüder, die in der westlichen Gesellschaft leben wollen und deshalb ängstlich darauf bedacht sind, ein friedvolles und gewaltfreies Image ihrer Religion zu vermitteln. Muslime erwarten, dass irgendwann alle anderen Religionen verschwunden sein werden, und nur noch ihre eigene übrigbleibt. Wie auch immer dies erreicht werden mag, ob durch eine schleichende Entwicklung oder durch eine Revolution, es läutet bereits die Totenglocke für den jüdisch-christlichen Glauben der Bibel.

DER ISLAM - EINE HERAUSFORDERUNG FÜR DIE CHRISTEN

Wir haben die drei möglichen Quellen des Islam und des Koran betrachtet. Dabei haben wir herausgestellt, dass ein Christ, der an die Bibel als das wahre Wort Gottes glaubt, dahin tendieren wird, die eine oder die beiden anderen Möglichkeiten in Erwägung zu ziehen. Leser, die zum Schluss gekommen sind, dass eine andere übernatürliche Kraft als die Kraft Gottes dahintersteht, müssen bedenken, dass ihre Diagnose sehr wichtige Auswirkungen hat.

Erstens: Muslime sind nicht unsere Feinde! Auch darf der Islam nicht als Gegner angesehen werden. Bei jedem Konflikt ist die genaue Identifizierung der gegnerischen Kräfte und die Beurteilung ihrer Fähigkeiten erforderlich. Auch in vorliegendem Fall müssen sich die Christen an die Mahnungen von Paulus erinnern, dass unser Kampf nicht gegen Fleisch und Blut, sondern gegen die Gewalten, gegen die Mächte, gegen die Weltbeherrscher dieser Finsternis, gegen die geistigen Mächte der Bosheit in der Himmelswelt ist (Epheser 6,12).

Zweitens: Weil diese Gewalten, Mächte und Kräfte geistlicher und nicht physischer Natur sind, ist ein „fleischlicher" Kampf gegen sie schlimmer als nur nutzlos. Militärische Kreuzzüge in der Vergangenheit haben dem Christentum mehr Schaden als Nutzen zugefügt. Auf die heutige Situation angewendet, hieße das, dass man durch kommunale Gesetzgebung den Neubau von Moscheen nicht verhindern sollte, es sei denn, bestehende Verordnungen, die zum Schutz des Allgemeinwesens erlassen wurden, würden ganz offensichtlich verletzt werden. Aus den gleichen Gründen wäre es Heuchelei, wenn man der Ausweitung der Blasphemiegesetze zum Schutze des Islam entgegentreten würde, während man zugunsten des Christentums an ihnen festhalten wollte. Das Beste wäre es, wenn sie allesamt abgeschafft würden, und wenn man Blasphemie als eine Sünde gegen Gott und nicht als ein Verbrechen gegen die Gesellschaft ansehen würde. Wenn Christen politische Macht dazu verwenden, die Werte und Maßstäbe ihrer Religion Ungläubigen aufzuerlegen, dann kommt das gefährlich dem nahe, was wir als „Wesenskern des Islam" beschrieben haben, nämlich der Errichtung einer Gottesherrschaft. Dieses hat Christus den Christen nicht aufgetragen.

Drittens: Muslime sollen von den Fesseln, mit denen sie durch ihre Religion gebunden sind, befreit werden. Jesus kam, um Gefangene in die Freiheit zu entlassen. Dies hat er durch die Austreibung von Dämonen demonstriert. Er zeigte Mitleid für die Menschen, die gebunden waren und verkündete, dass die Wahrheit uns von allen Ketten, die uns an uns selbst, an die Sünde und an Satan ketten, frei machen würde. Muslime brauchen diese Befreiung genauso wie Christen sie vormals gebraucht haben. Gott ist immer noch damit beschäftigt, seinen Feinden unverdiente Gnade zu erweisen (Römer 5,8-10). Christen sind dazu berufen, diese Großherzigkeit selbst angesichts jeder Feindseligkeit widerzuspiegeln (Matthäus 5,44-48; Römer 12,14-21).

Wir berühren bereits das Thema der christlichen Antwort auf die Herausforderung des Islam. Sie wird unsere volle Aufmerksamkeit im zweiten Teil des Buches beanspruchen.

TEIL ZWEI

DIE CHRISTLICHE ANTWORT

7
OFFENBARUNG?

Meine persönliche Vorahnung, dass der Islam irgendwann Großbritannien übernehmen wird, ist öffentlich geworden und hat eine Debatte darüber ausgelöst, ob sie eine „Prophetie" (eine göttliche Offenbarung) ist oder nicht. Woher kam diese Vorahnung?

Eines muss ganz klar sein: Keiner hat es mir gesagt. Ich muss also die volle Verantwortung für das, was ich ausgesprochen habe, übernehmen und gegebenenfalls auch die Schuld auf mich nehmen, wenn es nicht eintreten sollte. Entstammt diese Vorahnung meinem eigenen Denken?

Nicht bewusst, denn sie war nicht das Ergebnis einer analytischen Untersuchung von gegenwärtigen Trends oder einer ausgiebigen Meditation. Sie kam aus heiterem Himmel, für mich war sie genauso eine Überraschung wie für andere. Manche sagten zu mir, dass sie zwar meine Sorge teilten, aber mit meiner „Schlussfolgerung" nicht einverstanden seien. Das war der Beginn und der Grundstein für meine weiteren Nachforschungen.

Wie sieht es mit meinem Unterbewusstsein aus? Der stellvertretende Sekretär der Baptistenvereinigung behauptete, ich leide unter einer Identitätskrise; wahrscheinlich wollte er andeuten, dass ich eine reißerische Aussage bräuchte, um für die Öffentlichkeit wieder interessant zu werden. Der weltweite Umfang, den meine Kassetten, Bücher und Videos neben den Radio- und Fernsehansprachen einnahmen, muss ihm wohl vollkommen entgangen sein. Ich verspüre weder den Drang noch ein Verlangen, öffentlich aufzutreten. Andere wiederum attestierten mir einen pathologischen Pessimismus, eine Todessehnsucht oder ein abartiges Verlangen, Widerspruch zu erregen. Ich gebe zu, dass ich den Wunsch habe, Menschen zum Denken zu bewegen, damit sie liebgewonnene Traditionen neu überprüfen, aber woran ich wirklich kein Gefallen habe, ist der Argwohn und die Isolation zu der das manchmal führt.

Wenn also weder ich selbst noch andere der Ursprung dieser Eingebung sind, bleiben nur noch dämonischer oder göttlicher Ursprung übrig. Wir wissen ja, dass Satan der Zerstörer menschlicher Beziehungen und der Beziehung zum Schöpfer ist; wo immer er eine Gelegenheit findet, vertieft er die Gräben, und gegen Wahrheit und Einheit ist er feindlich eingestellt, wie wir bereits gesehen haben. Außerdem ist er ein Meister der Verführung. Ich kann nur sagen, dass ich meine Botschaft christlichen Leitern vorgetragen habe, die die Gabe der Unterscheidung besitzen, und kein einziger hat auch nur einen Hauch von satanischem Einfluss ausmachen können. Das Schlimmste, was man mir vorgeworfen hat, war, dass ich mit meiner Einschätzung falsch liege.

Warum glaube ich also, dass ich diese prophetische Vorhersage vom Herrn erhalten habe? Ein weiterer, wenn auch nicht so wichtiger Grund ist, dass diese Prophetie nicht nur vollkommen unerwartet, sondern auch höchst unwillkommen war. Es handelte sich ja um eine schlechte und keine gute Nachricht. Ich musste an meine Kinder und Enkel denken, die mit dieser Situation werden leben müssen. In der Tat war ich so abgeneigt, diesen Gedanken zu akzeptieren, dass ich in der Audioaufnahme unumwunden zugab: „Ich hoffe, ich liege hier falsch; ich hoffe, es handelt sich um eine falsche Prophetie." Aber da sprach mein „Fleisch" und nicht mein „Geist".

Ein eindeutigerer Grund war, dass dieser Eindruck zu mir auf die gleiche Weise und mit derselben Intensität kam, wie andere Einblicke in die Zukunft auch, von denen manche politisch sehr bedeutungsvoll waren und bei denen sich herausstellte, dass sie wahr und vom Herrn inspiriert waren. Der erste Eindruck war, dass Margret Thatcher britische Premierministerin werden würde. Ich war die erste Person, die ihr schon vor ihrer Wahl gratulierte. Ich gab ihr zwei Dinge weiter, von denen der Herr wollte, dass sie ihnen Priorität einräumen sollte. Eine davon hat sie bei ihrem ersten Presseinterview in der Downing Street Nummer 10 erwähnt und hat auch ihre Absicht erklärt, es zu erfüllen – das zweite tat sie innerhalb ihres ersten Monats. Wenn jetzt der Leser annimmt, dass Gott ein rechts gerichteter Tory sei, so muss ich dem entgegenhalten, dass Gott mir auf dieselbe Weise etwas über den Gewerkschaftsführer Australiens, Bob Hawke, gezeigt hatte, was ich auch in den australischen Kirchen verkündigte, nämlich dass er der nächste Premierminister Australiens sein würde. Man rief: „Wie kannst du es nur wagen, diesen Saufbold und Frauenheld in der Gemeinde auch nur zu erwähnen?" Ich antwortete: „Die Schrift weist uns an, für Autoritätspersonen zu beten. Und wenn ihr damit sofort anfangt, dann kann er sich sogar noch viel besser entwickeln als ihr zuerst dachtet". Und genauso kam es dann auch. Ich habe es gelernt, meinem Geist zu vertrauen, wenn solche unerwarteten Aufforderungen kommen, aber ich wäre der letzte, der behaupten würde, dass ich jedes Mal recht hatte.

Natürlich besteht der letztendliche Beweis darin, ob diese prophetische Vorhersage auch eintreffen wird. Moses hat das ganz klar herausgestellt, als er Israel sagte, dass sie sich nicht vor solchen Propheten fürchten sollten, deren Vorhersagen nicht eintreffen (5. Mos. 18, 21-22, ein Text, der auch mich in Furcht versetzt). Aber irgendwie ist dieser zeitliche Beweis auch nicht besonders hilfreich. Wenn nämlich die Zeit der Erfüllung einer Prophetie gekommen ist, dann ist es normalerweise zu spät, die Umstände zu ändern, die zur Zeit der Prophezeiung herrschten.

Es gibt einen wirkungsvolleren Test, der zu unmittelbareren Ergebnissen führt. Prophetien sollen „abgewogen und beurteilt werden" (bestätigt oder abgewiesen), und zwar von anderen, und nicht von den Propheten selbst. Aus diesem Grund habe ich meine Botschaft über mehrere Wochen hinweg christlichen

Leitern im ganzen Land vorgelegt. Ich habe es nicht immer als „Prophetie" präsentiert, sondern meist als „Überzeugung". Dabei erwartete ich zwei extreme Reaktionen. Auf der einen Seite glauben viele Christen nicht, dass Gott heute noch durch Prophetien zu uns spricht. Sie glauben, dass er nur durch den vollständigen Kanon der Schrift zu uns „spricht". Auf der anderen Seite gibt es Christen, die es nicht wagen, jemanden zu hinterfragen, der sagt: „So spricht der Herr", weil sie befürchten gegen den Heiligen Geist zu sündigen.

Erwartungsgemäß bekam ich ein großes Spektrum von Antworten auf meine Ankündigung, dass eine Übernahme des Islam bevorstünde: „Undenkbar", „unmöglich", „unwahrscheinlich", „möglich", „unvermeidbar". Viele sagten, es *könnte* passieren; die Bandbreite reichte von unwahrscheinlich bis wahrscheinlich. Aber eine überraschende Anzahl sagte, dass es passieren *würde*, und dass sie, schon bevor ich es erwähnte, zu diesem Schluss gekommen seien (einer sagte sogar, dass er schon zwanzig Jahre vorher dasselbe empfangen habe). Dennoch hatte niemand diese düstere Aussicht auf einer öffentlichen Plattform mitgeteilt. Genau diese Leute nötigten mich schließlich, damit an die Öffentlichkeit zu gehen.

Ich versuchte, so objektiv wie möglich zu sein, denn ich bemerkte eine gewisse Versuchung, mich mehr auf die sympathischen oder unterstützenden Kommentare zu konzentrieren. Besondere Aufmerksamkeit habe ich denen gewidmet, die mit gegenwärtiger Prophetie sehr vertraut sind, aber selbst hier gab es sehr gemischte Signale. Dr. Clifford Hill, der Gründer der „Prophetic World Ministries" brachte zusammen mit dem Magazin *Prophecy Today* eine Audiokassette in Umlauf, „um den Leib Christi vor dieser falschen Prophetie zu warnen", obwohl er „sich meine Botschaft absichtlich nicht angehört hatte, damit sein Urteil nicht ungebührlich beeinflusst würde". Bei einer anschließenden Konferenz gab sein Kollege, David Noakes, der meine Botschaft gehört hatte, ein Wort weiter, in dem er zweimal versprach – im Namen Jesu – dass es diesem Land niemals gestattet werden würde, in die Hände des Islam zu fallen. Alle beide verfassten jedoch im Anschluss daran eine Stellungnahme, die folgendes enthielt: „Es gibt starke Hinweise dafür, dass Gott den Islam als Rute seines Zorns gegen die Kirche wegen unseres Glaubensabfalls" benutzen wird. Erst vor kurzem schrieb Dr. Hill in seinem Magazin: „Wenn wir es versäumen, in rechter Weise auf die „Bedrohung" des Islam auf unser christliches Erbe zu reagieren, wird Großbritannien in ein oder höchstens zwei Generationen eine islamische Nation werden." Wir sind also gar nicht so weit auseinander.

Einer der Befragten, den ich bereits zitiert habe, war Joel Edwards, der Vorsitzende der Evangelischen Allianz. Ich fragte ihn wegen seiner weitläufigen Kontakte sowohl in der Kirche als auch in der Gesellschaft nach seiner Meinung. Wir begegneten uns ganz zufällig bei der Einführung von Greg Haslam in das Pastorenamt in der Westminster Chapel. Ich nutzte also diese Gelegenheit, um ihn zu fragen, ob ich ihm etwas vorlegen könnte. Nachdem ich seine Zustimmung erhalten hatte, sagte ich sehr bestimmt: „Ich glaube, dieses Land wird einmal dem Islam angehören." Er holte kurz Luft – er kann sich übrigens immer noch lebhaft an diese Situation erinnern – und dann sagte er: „Du hast Recht!" Ich war vollkommen verblüfft, weil ich das überhaupt nicht erwartet hatte. Mit allem hatte ich gerechnet, von einer klaren Ablehnung bis hin zu einem qualifizierten Kommentar, aber nicht mit einer sofortigen Bestätigung. Trotzdem postete er eine Bemerkung auf seiner Webseite, die zwei Einschränkungen enthielt. Erstens, dass dieser Kommentar nicht dazu bestimmt war, „an die Öffentlichkeit zu gelangen". Das hatte er mir allerdings keinesfalls auch nur angedeutet. Ein „bitte vertraulich" hätte schon genügt. Ich benutze diese Zeilen jetzt als Gelegenheit, mich zu entschuldigen, falls er das Gefühl haben sollte, ich hätte sein Vertrauen gebrochen. Zweitens meinte er, dass es passieren *könnte*, aber nicht passieren *müsse.* Allerdings fuhr er dann fort, so überzeugende Gründe zu nennen, warum es soweit kommen könnte, dass viele, unter anderem auch das Magazin *Christianity and Renewal* annahmen, er „würde meiner Schlussfolgerung" zustimmen (schon wieder dieses Wort!).

Auffallend still verhielt sich die Anglikanischen Kirche. Ankündigungen im *Church of England Newspaper* und in der *Church Times* brachten keine oder nur wenige Nachfragen, wohingegen andere christliche Veröffentlichungen viele Anfragen brachten. Zwei Gruppen beglückwünschten meinen Beitrag – Christen, die unter den Muslimen arbeiteten und ehemalige Muslime, die Christen geworden waren.

Sehr überrascht war ich vom Zuspruch von Personen außerhalb der christlichen Szene. Ein führender Muslim aus Leicester, Sulyman Nagadi, ein JP (Friedensrichter) und MBE (Member of the Order of the British Empire, ein britischer Ritterorden), pflichtete meiner Voraussage bei: „Ja, wir sind jetzt bereits die zweitgrößte Religion in England. Aber ich glaube, es braucht noch einige Zeit, bis das passiert (nämlich die Übernahme der Nation durch den Islam). Es wird nicht in den nächsten fünf oder zehn Jahren passieren." So haben wir also noch eine gewisse Verschnaufpause, auch wenn er denkt, es sei unvermeidbar! Moshe Sharon, Professor der Islamischen Geschichte an der Hebräischen Universität in Jerusalem, sagte mir, dass Großbritannien seiner Ansicht nach die erste westliche Nation sein werde, die sich dem Islam ergeben wird, der er ja einen Weg für seine Ausbreitung nach Europa sucht.

Manche Christen meinten, dass es ihnen lieber gewesen wäre, wenn meine Botschaft ohne diese düstere Vorhersage gegeben worden wäre, zumal sie dem Rest von ganzem Herzen zustimmen könnten. In ihren Augen rief das Ganze eine unnötige Kontroverse hervor, was vielleicht dazu führen könnte, dass die ganze Aktion nicht so viele Menschen erreichen wird. Allerdings hätte ich die Botschaft ohne diese Offenbarung nie publik

Offenbarung?

gemacht, und es ist auch fraglich, ob man überhaupt so viel Notiz davon genommen hätte, obwohl ich sie nicht aus diesem Grund hinzugefügt habe. Im Klappentext der Buchrückseite habe ich die Dimension des Abfalls der Christenheit dargestellt, und damit wirklich die Aufmerksamkeit gewonnen.

Es gab Kommentare und auch Fragen. Vor allem wurden mir zwei Fragen zu meiner Vorhersage gestellt, von der ich glaube, dass der Herr sie mir gegeben hat: „Steht es unmittelbar bevor?" und: „Wie lange wird es noch dauern?" Ich hütete mich davor, irgendein Datum zu nennen, denn ich hatte bezüglich irgendwelcher Zeitpunkte nichts empfangen. Das Christliche Magazin *Evangelicals Now* war so dreist und berichtete von meiner Botschaft unter der Überschrift „Innerhalb eines Jahrzehnts", was ich nie behauptet hatte, und was leider nur für unnötige Skepsis sorgte. Eines aber steht fest: Wenn der Herr uns jetzt diese Offenbarung gibt, dann haben wir noch Zeit, uns auf diese Situation vorzubereiten.

Ist es *unvermeidbar*? Auch hier war ich wieder vorsichtig, dieses Wort zu verwenden, denn Gott hat einen freien Willen und kann seine Vorhaben ändern, insbesondere als Antwort auf menschliches Gebet. Moses und Amos kommen mir da in den Sinn. Jona ist das eindrücklichste Beispiel in der Bibel. Er sagte die Vernichtung Ninives auf den Tag genau voraus, doch sie blieb aus, weil die ganze Bevölkerung Buße tat, und Gott Mitleid mit den unschuldigen Kindern und den Tieren hatte, die die Katastrophe natürlich genauso getroffen hätte. Tatsächlich hatte Jona sogar erwartet, dass Gott ihnen die Strafe erlassen würde und ihn als Propheten blamieren würde; genau das war ja der Grund, warum er bei seiner ersten Reise zuerst nach Tarsis geflohen war (Jona 4,1-3). Aber er war nicht nur um seinen eigenen, sondern auch um den Ruf Gottes besorgt. Er war davon überzeugt, dass die Bewohner Ninives Gottes Zorn nicht ernst nehmen würden und zu ihren bösen Wegen zurückkehren würden. Jona hatte recht, denn es geschah genauso. Eineinhalb Jahrhunderte später sandte Gott Nahum, um der Stadt mitzuteilen, dass die göttliche Geduld nun zu Ende, ihr Zustand unheilbar und ihre Zerstörung absolut gewiss sei (Nahum 3,19). Ebenso wie Jona wollte auch ich einfach nur gehorsam sein, und diese Botschaft ohne „wenn und aber" verkünden, so wie ich sie empfangen hatte, wobei Gott in seiner Souveränität vollkommen frei ist, seine Taktik, nicht aber seine endgültigen Pläne zu ändern. Aber wie wird er sich verhalten?

Als Evangelikaler Christ habe ich den Wunsch, dass alles, was ich lehre und predige, von der Schrift gestützt wird. Aber in der Bibel wird der Islam nicht erwähnt, und auch nicht, dass er so anwachsen, dass er sich zu einer weltweiten Religion entwickeln und schon gar nicht, dass er Großbritannien übernehmen wird. Da es keine direkte Verbindung gab, fragte ich den Herrn, ob es eine vergleichbare Situation gäbe, die ein Licht auf das werfen würde, was er jetzt hier tut. Immer wieder musste ich an einen anderen „kleinen Propheten" denken, nicht an Jona, sondern an Habakuk. Während meines langen Predigtdienstes erzählte ich meiner Versammlung oft über diesen Mann, der es gewagt hatte, mit Gott zu diskutieren. Er hat die Diskussionen nicht gewonnen (wer könnte das auch), aber er bekam Antworten auf seine Klagen.

Er war sehr über den moralischen und spirituellen Verfall in Israel besorgt und beklagte sich beim Herrn, weil dieser in dieser schrecklichen Situation nicht eingriff. Der Herr gab ihm zur Antwort, dass er bereits am Handeln war, indem er eine Invasion Babylons (dem heutigen Irak) herbeirufen würde, damit diese sich der Sache annehmen. Habakuk wechselte sofort die Seiten und beschwerte sich darüber, dass dieses Wirken Gottes viel zu viel sei! Er war sich darüber im Klaren, dass die Babylonier nur „verbrannte Erde" zurücklassen und Pflanzen, Tiere und jegliches menschliche Leben auslöschen würden. Dieses „Heilmittel" war für den Propheten viel zu drastisch. Auch wenn Jerusalem solch ein Schicksal verdienen würde, so würde doch niemand in seinem auserwählten Volk übrigbleiben, der Gott anbeten oder ihn repräsentieren könnte. Habakuk versuchte sogar, Gott bei seinem Charakter zu packen, indem er argumentierte, dass seine Augen doch viel zu rein seien, um solch ein übles Dahinschlachten seines Volkes mitanzusehen. Gottes Antwort war klar und einfach: „Der Gerechte (der gerecht lebt) wird durch seinen Glauben (indem er mir treu bleibt) leben (den Holocaust überleben)." Wenn dieser Text im Neuen Testament zitiert wird, wird betont, dass Ausharren im Glauben an den Herrn – also dem Herrn zu vertrauen, was immer auch geschehen mag – notwendig ist, um sicher durch die Zeit des Gerichts zu kommen (Römer 1,17; Hebräer 10,38-39).

Diese Zusagen machten Habakuk klar, dass es in den kommenden Versuchungen um das Erlösungshandeln Gottes gehen würde und nicht um eine Vergeltungsmaßnahme, um einen Veredelungsprozess, nicht um eine Abweisung seines Volkes, um eine Hoffnung, nicht um eine Bedrohung. Gott stand hinter den Babyloniern und wusste genau, was er durch sie zu seiner Ehre bewirken würde. Die Emotionen Habakuks schlugen Purzelbäume, und so sehen wir ihn schließlich singend und tanzend vor Freude. Die Aussichten hatten sich nicht geändert, wohl aber seine Perspektive. Er war sich nun sicher, dass er sich „in Gott seinem Heiland" immerzu freuen würde, selbst wenn das Land vollkommen verlassen sein würde. (Ich schlage vor, dass der Leser an diesem Punkt den Anhang aufschlägt, der meine eigene poetische Version des Triumphgesangs Habakuks enthält.)

Habakuk wurde angewiesen, diesen göttlichen Plan zu veröffentlichen, ihn an Plakatwänden der Stadt anzuschlagen, „damit jeder, der vorbeirennt, es lesen kann", bzw. „jeder, der es liest, davonrennt, um andere davon zu unterrichten" (den hebräischen Text kann man auf beide Weisen übersetzen!). Auch in meinem Fall fühlte ich mich geradezu genötigt, dasselbe zu tun, und so benutzte ich die Möglichkeiten der modernen Medien. Ebenso wie Habakuk verspürte ich die Notwendigkeit, jedem, der es hören oder sehen wollte, zu erzählen, *was* kommen und *warum* es kommen würde.

Denn meine „Offenbarung" beschränkte sich nicht nur auf die Vorhersage der islamischen Übernahme Großbritanniens. Ich war hauptsächlich deswegen davon überzeugt, dass meine Offenbarung einen göttlichen und keinen menschlichen Ursprung hat, weil die weiteren Erkenntnisse, die ich erlangte, denselben Stempel der Einsicht und Autorität aufwiesen.

In den vielen Jahren meines Gebetslebens entwickelte ich etwas, was man als „fragendes Gebet" bezeichnen könnte, zum Unterschied vom „Fürbittegebet". Dazu gehört, dass man lernt, auf Antworten zu warten und Gottes Reden zu erkennen. Aber manchmal kommen die Antworten ganz klar und deutlich, wobei ich nicht von mir behaupten will, einen heißen Draht zum Himmel zu haben. Wenn diese Antworten kommen, dann sind sie normalerweise glasklar und in einer Art „Telegrammstil" gehalten, nur ein oder wenige Worte, selten mehr als ein oder zwei Sätze.

In diesem Fall war meine erste Frage: „Warum offenbarst du mir diese zukünftige Entwicklung?" Mir kam ganz deutlich ein einziger Satz in den Sinn, so als ob ich ihn gerade gelesen oder gehört hätte: „Weil meine Gemeinde ahnungslos und unvorbereitet ist." Meine nächste Frage war deshalb: „Wie können wir uns denn vorbereiten?" Die unerwartete Antwort bestand aus drei Worten, die alle mit dem Buchstaben „R" beginnen: „Reality. Relationship. Righteousness." (Deutsch: Wahrheit. Beziehung. Gerechtigkeit.) Das war alles.

Wer meine Predigten kennt, weiß, dass ich eine Vorliebe für Alliterationen habe. Man sagt, dass es eine „Vorliebe von Narren und von Plymouthbrüdern" ist! Aber es ist auch eine Gedächtnisstütze. Jeder, der schon einmal einen Satz wie „Milch macht müde Männer munter" gehört hat, hat keine Schwierigkeiten, sich daran zu erinnern, insbesondere weil man sich Poesie viel leichter merken kann als Prosa. Zuerst dachte ich, dass es sich um meine eigenen Gedanken handeln würde. Dann fragte ich mich, ob Gott damit meiner eigenen fleischlichen Schwachheit entgegenkommen wollte. Schließlich erinnerte ich mich daran, dass die meisten biblischen Prophetien in poetischer Sprache gegeben wurden, und das aus gutem Grund. Gott wollte, dass sich diese Worte tief in unserem Bewusstsein einprägen. Für mich sind die drei Worte also „die drei großen R´s".

Ich sann einige Monate darüber nach, und das, was dabei herausgekommen ist, steht in den drei nächsten Kapiteln dieses Buches. Ich glaube, dass sie die göttliche Diagnose unserer grundlegenden Defizite darstellen, die uns so verletzbar machen. Eine der größten Verunsicherungen, die meine Vorhersage hervorgerufen hat, ist, ob die Gemeinde überleben wird. Die Antwort darauf wird positiv ausfallen, wenn diese drei grundlegenden Nöte erkannt und angegangen werden, sie wird allerdings negativ ausfallen, wenn sie ignoriert werden.

Die Leser, die das Inhaltsverzeichnis studiert haben, werden bereits bemerkt haben, dass im zweiten „christlichen" Teil dieses Buches sechs Kapitel enthalten sind, die alle mit dem Buchstaben „R" beginnen (Anm. d. Ü.: Im Englischen: Revelation, Reality, Relationship, Righteousness, Reconciliation, Retribution). Nur drei davon habe ich, so wie ich glaube, vom Herrn empfangen. Dem will ich nichts hinzufügen. Die anderen drei (das vorliegende Kapitel und die beiden letzten Kapitel) kommen von mir. Ich habe diesen Kapitelüberschriften ein Fragezeichen hinzugefügt, um sie zu unterscheiden. Aber warum habe ich sie mit aufgenommen?

Erwartungsgemäß hat meine Botschaft, nachdem sie aufgenommen und verbreitet wurde, viele Diskussionen hervorgerufen, die sich auf die möglichen Ursachen und Auswirkungen fokussierten. Über diese praktischen Aspekte habe ich viel nachgedacht und kann jetzt mehr dazu sagen. Was die Vergangenheit anbelangt, so habe ich darüber in dem vorliegenden Kapitel geschrieben, was aber die Zukunft, die unmittelbaren und die letztendlichen Auswirkungen anbelangt, so habe ich darüber in den Kapiteln 11 und 12 geschrieben.

Meine Bemerkungen in diesen drei Kapiteln stellen einen Versuch dar und sie müssen abgewogen werden. Sie sind meine eigene Reaktion auf das, was man mir, und was man über mich gesagt hat. Mehr will ich mit ihnen nicht beanspruchen als nur, dass man über sie im selben Geist diskutiert, in dem sie präsentiert wurden. Deswegen habe ich den Überschriften ja auch ein Fragezeichen angefügt, auch weil man akzeptieren muss, dass bezüglich der Themen in diesen Kapiteln unter aufrechten und sogar unter evangelikalen Christen tiefgreifende Differenzen bestehen.

Die Kapitel 8, 9 und 10 sind allerdings ganz anders geartet. Ich präsentiere sie mit großer Zuversicht, die manche vielleicht für dogmatisch halten. Aber ich glaube, dass ihre Aussagen nicht zur Debatte stehen. Der Leser hat die Wahl, sie anzunehmen oder abzuweisen, je nachdem, ob er Gottes Siegel der Wahrheit darin erkennt oder nicht. Ich bin damit einverstanden, wenn andere darüber urteilen.

8
WAHRHEIT

„Alle Religionen dieser Welt könnten falsch sein, aber nur eine kann richtig sein!" Mit diesen Worten begann ich eine Ansprache, die ich an eine Versammlung von 850 Jungen eines Gymnasiums richtete. Ich war dazu aufgefordert worden, um dem großen Interesse am Islam zu begegnen, welches der Besuch eines muslimischen Redners ausgelöst hatte, der zuvor in dieser Schule gesprochen hatte. In meinem weiteren Vortrag richtete ich das Hauptaugenmerk auf die wirklich wichtigen Themen und erntete spontanen Applaus.

Die wirklich wichtige Frage, um Pontius Pilatus zu zitieren, lautet: „Was ist Wahrheit?" „Wahrheit" und „Realität" sind in allen englischen Wörterbüchern Synonyme. Genauso verhält es sich auch in den Ursprachen der Bibel, dem Hebräischen und dem Griechischen, wo diese Worte austauschbar verwendet und aus denen sie austauschbar übersetzt werden. Als Paulus über den „einzig wahren Gott" sprach, meinte er: „der einzig reale Gott, der einzige Gott, der wirklich existiert". Die Antwort auf die Frage des Pilatus stand nur einige Meter vor ihm entfernt, denn Jesus behauptete, *Die* Wahrheit" zu sein. Er sagte nicht: „Ich bin real", sondern: „Ich bin die Realität hinter allen anderen Realitäten". Diese Behauptung fordert dich zu einer Entscheidung heraus: Ist er verrückt, ist er ein Lügner oder ist er Gott?

Für „Wahrheit" gibt es noch weitere Synonyme wie „Tatsächlichkeit", „Richtigkeit" oder „Echtheit". Diese Begriffe sind Wesensmerkmale der Wahrheit, mit deren Hilfe wir beurteilen können, ob die präsentierte Wahrheit mit den Realitäten unseres Lebens übereinstimmt. Es ist von Bedeutung, ob unser Universum das Ergebnis eines Zufalls ist oder ob es so gewollt ist, ob es einen Gott gibt oder nicht, ob wir ihm gegenüber Rechenschaft schuldig sind oder nur uns selbst und anderen gegenüber.

Die Suche nach der Wahrheit wird dadurch behindert, dass wir der Phantasie gegenüber den Tatsachen den Vortritt lassen. Man erkennt es schnell an unseren Freizeitbeschäftigungen, mit denen wir nur zu gerne aus unserem Alltag entfliehen. Bücher und Filme wie *Herr der Fliegen* und *Herr der Ringe* sind viel attraktiver als der *Herr*, der Himmel und Erde geschaffen hat. Man wendet sich von der objektiven Realität des Äußeren ab und wendet sich hin zur subjektiven Realität im Inneren. Aber „wahre" Religion beschäftigt sich viel mehr mit Ersterem als mit Letzterem.

Auch wenn alle Religionen für ihre Anhänger bedeutungsvoll und hilfreich sein können, so müssen wir doch darauf bestehen, dass sie nur ein Placebo darstellen, wenn ihre Glaubensaussagen nicht mit der Lebenswirklichkeit hier in dieser Welt übereinstimmen und sozusagen „wissenschaftlichen Anforderungen" standhalten. Ansonsten leben wir in einer Illusion, die letztendlich in die Irre führt und zerstört. Wir müssen diese Wahrheit finden, die für jeden und alles wahr ist, eine Wahrheit, die Wahrheit bleibt, ob nun jeder oder niemand daran glaubt.

Es ist nicht so sehr wesentlich, ob wir an ein göttliches Wesen, dass wir Gott nennen, glauben oder nicht. Viel wichtiger ist die Frage: „An welche Art von Gott glaubst du, bzw. glaubst du nicht?" Es sagte einmal jemand, dass man nie einen Atheisten verurteilen soll, bevor man nicht herausgefunden hat, welche Art von Gott es war, an den zu glauben man ihn aufgefordert hatte. Wenn man solche Fragen stellt, entdeckt man sehr schnell, wie grundlegend sich die Religionen voneinander unterscheiden. Diese gegenseitigen Widersprüche halten sogar den einfältigsten und unwissendsten Menschen von der Annahme ab, dass alle Religionen im Grunde genommen gleich sind. Wenn wir zwei nachgeordnete Fragen stellen, wird uns das noch klarer werden.

Persönlich oder unpersönlich? Ist Gott einfach nur eine höhere Macht oder kosmische Kraft, auf die man sich einstimmen kann, oder hat Gott ein Herz, einen Verstand und einen Willen, die ja alle eine Persönlichkeit ausmachen? Können wir mit ihm in Beziehung treten? Ist Gott männlich oder weiblich oder gar sächlich? Der Buddhismus und der Islam geben da bereits schon unterschiedliche Antworten. Es ist ein himmelweiter Unterschied zwischen „Gott segne dich" und „die Kraft sei mit dir".

Einer oder viele? Durch den Einfluss des Christentums über viele Jahrhunderte hinweg sind wir gewohnt, das Wort Gott in der Einzahl zu verwenden. Es befremdet uns, wenn andere Menschen an eine Vielzahl von Göttern glauben. Im Hinduismus gibt es unzählige Gottheiten, man sagt, es könnten 30 Millionen sein. Dem Islam ist von dieser Vorstellung entsetzt. Er besteht auf der Einzigkeit Allahs.

DER EINE GOTT

Diese Widersprüche sind offensichtlich, allerdings wird es komplizierter, wenn man die drei „monotheistischen" Religionen vergleicht. Man nimmt im Allgemeinen an, dass diese drei Religionen im Grunde genommen denselben einen Gott anbeten, wenn auch mit unterschiedlichen Namen. JAHWE für die Juden (obwohl dieser Name nie ausgesprochen wird, weil man Angst hat, ihn zu Unnützem auszusprechen. Man ersetzt ihn mit „der Ewige" usw. Selbst „Gott" wird nie voll buchstabiert, sondern mit „G'tt" wiedergegeben); „Vater" für die Christen; und Allah für die Muslime. Könnte es sein, dass diese drei unterschiedlichen Namen auf unterschiedliche Götter hinweisen? Die Sache ist weit komplizierter.

Zum einen sind die Christen davon überzeugt, dass ihr Gott derselbe Gott wie der Gott Israels ist. Deswegen wurden die jüdischen Schriften, das Alte Testament, in die christliche Bibel aufgenommen. JAHWE war aber nicht nur der Gott Jesu, der ja auch ein praktizierender Jude war, sondern er war auch auf eine einzigartige Weise sein Vater. Christen glauben, dass sie mehr über diesen Gott wissen als die Juden, aber dass nichts davon dem widerspricht, was die Juden schon vor ihnen geglaubt hatten.

Allerdings ließ die Kirche, die sehr schnell eine antisemitische Haltung gegenüber ihrer jüdischen Wurzel einnahm, den Namen, den Gott den Israeliten offenbart hatte, unbeachtet. Entweder werden die vier Buchstaben JHWH, mit denen der Name Gottes in den jüdischen Schriften wiedergegeben wird, mit HERR (in vielen Bibelausgaben in Großbuchstaben) oder mit JEHOVA (in einigen alten Bibelausgaben) wiedergegeben. Eine jüngere sehr gute römisch-katholische Bibelausgabe (Jerusalemer Bibel) hat den hebräischen Namen „JAHWE" wieder hergestellt.

Noch größere Verwirrung herrscht in Zusammenhang mit arabischen Bibelübersetzungen, wo „Gott" immer als „Allah" wiedergegeben wird. Man rechtfertigt es damit, dass Allah ganz einfach das Wort für Gott sei. Aber dem ist nicht so. Wenn man das islamische Glaubensbekenntnis wörtlich übersetzt, kommt man auf Folgendes: „Es gibt keinen Gott als „Der-Gott". Das erste Wort „Gott" ist einfach ein „Gattungsname" (wie beispielsweise „Meer"). Aber das zweite Wort trägt in sich den bestimmten Artikel (der), und dieser macht es sozusagen „exklusiv" (in etwa wie „der einzige Gott"). Es wurde sowohl zu einem ganz eindeutigen Titel als auch zu einem Namen (wie in obigem Beispiel „Atlantik" oder „Pazifik"). Der Schlachtruf der arabischen Krieger „Allahu akbar" lässt ganz eindeutig den Gebrauch als Namen erkennen.

Der „Gattungsname" für Gott in den jüdischen Schriften ist Elohim. Interessanterweise zeigt dieses Pluralwort mindestens eine „Dreizahl" an, denn das Hebräische kennt neben dem Singular auch den Dual, der eine „Zweizahl" anzeigt, hier aber ist es der Plural. Allerdings stehen die Verben, die zum Wort Elohim gehören ausnahmslos im Singular. Der spezifische Name hingegen ist „Jahwe". Er wird fast 7.000 Mal im Alten Testament verwendet, während „Allah" in der Bibel kein einziges Mal

Wahrheit

auftaucht. Ganz anders verhält es sich mit dem Koran.

Der Unterschied zwischen dem Gott der Muslime und dem Gott der Christen besteht aber nicht nur hinsichtlich des Namens. Es gibt einen grundsätzlichen Unterschied, der einfach nicht zu überbrücken ist, und er betrifft nicht nur ihre Namen, sondern auch ihre Naturen. Man kann es mit einem Wort zusammenfassen: „Dreieinigkeit".

Dieses Wort und was es repräsentiert ist ein Gräuel für einen guten Muslim. Sie betrachten es als Polytheismus (viele Götter) und verabscheuen es. Man muss sich daran erinnern, dass Mohammed die christlichen „Drei" als Familie Gottes, bestehend aus dem Vater, dem Sohn Jesus (arabisch Isa) und der Mutter Maria missinterpretierte. Dafür sind wohl einige Christen verantwortlich, die ihm diesen Eindruck vermittelten. Weiterhin nahm man an, dass der Vater eine fleischliche Beziehung mit der Mutter gehabt habe und daraus der Sohn entstanden sei. Aber selbst als diese Zerrbilder korrigiert worden waren, blieb dieser tiefe Graben bestehen, was wahrscheinlich weit mehr Muslimen als Christen bewusst ist. Zugegebenermaßen findet sich dieses Wort „Dreieinigkeit" nicht in der Bibel. Es wurde viel später von einem nordafrikanischen Christen namens Tertullian geprägt. Aber es ist eine Zusammenfassung dessen, wie man Gott erfährt und wovon man überzeugt ist, und es ist integraler Bestandteil der neutestamentlichen Lehre. Auch die Juden sind ebenso wie die späteren Muslime strikte Monotheisten. Sie glauben an eine Person, die sie Gott nennen, obwohl es sogar in ihrem Glaubensbekenntnis, dem *Schma* im Buch Deuteronomium, einen dezenten Hinweis auf die Dreieinigkeit gibt. Dort heißt es wörtlich übersetzt: „Höre, oh Israel, Jahwe, unsere Götter, Jahwe ist eins". Dennoch kamen, als ein Jude namens Jesus geboren wurde, lebte, starb und unter ihnen wieder lebendig wurde, zuerst ein Dutzend, dann Hunderte und schließlich Tausende von Juden zu der Überzeugung, dass er vollkommen göttlich und zugleich vollkommen menschlich war und deshalb genauso wie Jahwe, den er seinen „Vater" nannte, als „Herr und Gott" angeredet werden durfte. Dass es sich beim Vater und beim Sohn um zwei unterschiedliche Personen handelt, wurde nie angezweifelt. Sie sprachen ja miteinander und voneinander ebenso wie von einer dritten Person, dem „Heiligen Geist", den dieselben monotheistischen Juden persönlich kennenlernten, bald nachdem Jesus die Erde verlassen hatte.

Und trotzdem zweifelten sie nicht einen Moment daran, dass sie es im Erleben, im Erkennen und im Lieben dieser drei einzelnen Personen, mit nur einem Gott zu tun hatten. Niemals redeten sie Gott in ihrer Anbetung und in ihrem Dienst mit „ihr" oder „euch" an, sondern immer mit „du" und „dir". Die Einheit, bzw. das „Einssein" Gottes wurde nicht in der Singularität Gottes, sondern in der vollkommenen Harmonie der Gedanken, Gefühle und Absichten, die die drei Personen miteinander teilen, und in ihren sich gegenseitig ergänzenden Funktionen, mit denen sie dasselbe Ziel verfolgen, erkannt. Dieses Wunder erscheint noch viel größer, wenn man erkennt, dass eine Person der Gottheit Mensch wie wir wurde und blieb. Es überrascht nicht, dass die Gottheit unseren Intellekt und unsere Vorstellung übersteigt. Wir müssten selber Götter sein, um Gott völlig zu verstehen.

Die Dreieinigkeit ist der Prüfstein des echten Christentums. Hin und wieder haben einige Christen eine Person zum Nachteil der beiden anderen Personen überbewertet (meistens war es der Sohn, und manchmal auch der Heilige Geist). Es gab verschiedene „christliche" Sekten, die die Göttlichkeit Christi und die Personalität des Geistes leugneten. Beispiele dafür sind die Unitarier in Nordamerika, die Mormonen und die Zeugen Jehovas. Aber die Kirche als Gesamtheit hielt daran fest, einen Christen als jemanden zu definieren, der einen persönlichen Glauben und eine Beziehung zum Vater, zum Sohn und zum Heiligen Geist hat.

Von alledem findet sich im Islam überhaupt nichts. Obwohl Allah neunundneunzig Namen bzw. Titel trägt, ist es sehr auffallend, dass zwei Titel fehlen, die kein Muslim verwenden würde, die aber das Herzstück christlicher Anbetung sind.

Gott ist *Vater*. Vaterschaft ist eine wesentliche Eigenschaft Gottes. Er ist Vater und er war es schon immer, denn er hatte schon immer einen Sohn und wird ihn immer haben. Das ist sein Wesen und nicht nur sein Name. Es ist auch keine vermenschlichende Projektion unserer Beziehung zu ihm, sondern das genaue Gegenteil. Er ist „der Vater, von dem jede Vaterschaft in den Himmeln und auf Erden benannt wird" (Epheser 3,14-15; das griechische Wort ist *patria*, welches oft falsch übersetzt wird mit „Familie"). Kein Wunder, dass der berühmteste Bericht von einer Bekehrung vom Islam zum Christentum den Titel trägt: *Ich wagte es, Ihn Vater zu nennen*. Sein ewiger Sohn ist es, der solch eine familiäre Beziehung möglich machte. Er nennt diejenigen, die an ihn glauben „Brüder" (Hebräer 2,11) und erteilt ihnen das Privileg, seinen Vater als „unseren Vater" anzureden (Matthäus 6,9). Weil all das in einzigartiger Weise auf ihn zutrifft, war es vollkommen angebracht, dass Jesus folgende exklusive Behauptung aufstellte: „Niemand kommt zum Vater als nur durch mich" (Johannes 14,6). Ohne ihn wäre nichts auf der Erde möglich. Er spielt eine solch einzigartige Rolle, dass die Bibel ihm über 250 Namen und Titel verleiht, mehr, als je zuvor ein Mensch erhielt oder verdiente.

Gott ist *Liebe*. Dies ist die einfachste und gleichzeitig die profundeste Aussage schlechthin. Sie kann nur von einem Christen stammen, nicht einmal von einem Juden. Sie taucht erst am Ende des Neuen Testaments auf (1.Joh 4,8), denn nur, wenn man davon überzeugt ist, dass Gott drei Personen in einer ist, kann man dies sagen. Tatsächlich kann eine einzelne Person, die ganz für sich alleine existiert, nicht Liebe *sein*. Um es anders auszudrücken: Wen konnte Gott lieben bevor er irgendjemanden erschaffen hatte, den er lieben konnte? Wenn man sagen würde, sich selbst, dann würde man ihn des Narzissmus beschuldigen (eine Eigenschaft, die ihren Namen von einem gewissen Narziss aus der griechischen Mythologie hat, der sich in sein eigenes

Spiegelbild im Wasser eines Teiches verliebte). Bei Gott finden wir aber eine sich gebende und keine selbstbezogene Liebe vor. Der Vater liebte schon immer den Sohn und den Geist, und diese liebten ihn auch schon immer. Wenn ich gefragt werde, warum Gott den Menschen schuf, antworte ich immer: „Er hatte bereits einen Sohn, an dem er so viel Freude hatte, dass er sich eine größere Familie wünschte." Wahre Liebe schließt andere mit ein und nicht aus, besonders diejenigen, denen es an Liebe mangelt und die sie benötigen.

Man stelle sich nur vor, das Christentum hätte sich des Konzepts eines „liebenden Vaters" entledigt. Sein Herzstück wäre dabei verloren gegangen, es könnte allerdings immer noch einen Beitrag hinsichtlich des Verstandes und des Willens leisten. Gott wäre immer noch jemand, dem man gehorchen muss, um der Hölle zu entkommen und den Himmel zu erreichen. Aber er wäre nicht jemand, den man „von ganzem Herzen, mit dem ganzen Verstand, mit der ganzen Seele und mit ganzer Kraft lieben" kann. Man würde sich in einem Sklavenverhältnis und nicht in einer Vater-Sohn-Beziehung befinden. Es wäre reine Pflichterfüllung und kein Vergnügen.

Mittlerweile sollte klar geworden sein, dass der Unterschied zwischen dem muslimischen und dem christlichen Konzept von Gott nicht im Ausmaß sondern in der Beschaffenheit besteht. Es ist ganz einfach: Allah und der Vater von Jesus sind nicht ein und derselbe, wie es so viele naiverweise annehmen. Der Gott der Bibel und der Gott des Koran unterscheiden sich so erheblich voneinander, dass sie nicht gleichgesetzt werden können.

Warum aber sträubt man sich so sehr gegen diese klare Schlussfolgerung, und warum will man unbedingt solche eindeutigen Gegensätze herunterspielen (der offensichtlichste Gegensatz ist die Aussage im Koran, dass Gott keinen Sohn hat, wie es Inschriften im Inneren des Felsendoms zu Jerusalem bezeugen)? Wir werden später noch auf einige Gründe zurückkommen (in Kapitel 11), aber mit dem Hauptgrund müssen wir uns jetzt beschäftigen. Wenn die muslimischen und die christlichen Konzepte von Gott nicht miteinander vereinbar sind, müssen wir uns folgende Frage stellen:

Wer ist der wahre Gott? Welcher Gott existiert wirklich? Welches Gottesverständnis entspricht der Realität? Man muss sich entscheiden. Es ist nicht überraschend, dass viele Menschen vor dieser Entscheidung zurückschrecken, denn dadurch gerät man in Auseinandersetzungen, und es erfordert ein klares Bekenntnis. Wenn man an den einen glaubt, dann kann man dem anderen nicht glauben. Es gibt einfach nicht so etwas wie einen christlichen Muslim oder einen muslimischen Christen; das müssen beide Seiten zugeben. Da mag es leichter fallen, sich herauszuhalten und entweder beiden Parteien „die Pest zu wünschen", oder sich in die Illusion zu flüchten, dass doch irgendwie alle Wege irgendwann einmal zum selben Gott führen werden. Für solche Leute ist dieses Buch nicht geschrieben worden, sondern für echte Wahrheitssuchende, die sich nicht mit Floskeln zufriedengeben.

Wie aber können wir wissen, wer der richtige Gott ist? Gibt es da objektive Beweise, anhand derer wir uns entscheiden können, oder ist es eher eine Angelegenheit der persönlichen Vorlieben, die durch unsere Herkunft und unsere Umgebung geprägt sind, oder soll man einfach einen blinden Glaubensschritt in die eine oder die andere Richtung tun? Ist es eine Sache des Geschmacks oder der Wahrheit? Wie soll man sich entscheiden?

DER BIBLISCHE GOTT

Am besten beginnt man damit, dass man einen Gesamtvergleich zwischen dem Koran und der Bibel anstellt. Beide beanspruchen für sich, göttliche und endgültige Offenbarungen zu sein. Aber welche stimmt mit den Wirklichkeiten überein, anhand derer wir sie überprüfen können?

Am auffälligsten ist der Unterschied, wie wenig Geschichtsschreibung im Koran enthalten ist, und wie viel von ihr in der Bibel enthalten ist. Die Hauptursache dafür ist die unterschiedliche Einstellung, die man zur Bedeutung der Zeit einnimmt. Wir haben bereits eine offensichtliche Gleichgültigkeit an chronologischer Genauigkeit im Koran entdeckt, welche einem mangelnden Interesse, die Reihenfolge von Ereignissen richtig wiederzugeben, entspringt. Dies wird an der Tatsache deutlich, dass Worte im Himmel jenseits und außerhalb der Zeit gesprochen und sogar aufgeschrieben wurden, aber innerhalb der Zeit von einem Engel diktiert wurden. Demzufolge sind die Offenbarungen größtenteils ohne Beziehung zum historischen Zeitablauf, und sie enthalten weit mehr Ermahnungen und Belehrungen als Erzählungen.

Im Gegensatz dazu ist die Bibel geradezu vollgepackt mit Erzählungen – mit wahren Erzählungen. Eigentlich ist sie vom Anfang bis zum Ende eine einzige große Erzählung; es ist die Geschichte der Menschheit in diesem Universum. Warum enthält die Bibel im Vergleich zu anderen heiligen Schriften so viele Erzählungen?

Die Antwort führt direkt ins Zentrum des christlichen Glaubens, der nur deshalb im Hier und Jetzt so bedeutungsvoll ist, weil er in der Vergangenheit wurzelt und von der Zukunft handelt.

Zeit ist für Gott nicht nur deshalb so wichtig, weil er innerhalb der Zeit steht, sondern weil die Zeit innerhalb von Gott abläuft. Er ist keinesfalls der unnahbare, unveränderliche, teilnahmslose und zeitlose Gott der griechischen Philosophie, sondern er ist unmittelbar am Zeitgeschehen beteiligt, weswegen ihn die Hebräer auch den „lebendigen" Gott nennen, der in unserer Welt mit seinen Geschöpfen, denen er das Leben geschenkt hat, auf dynamische Weise interagiert. Mit den klischeehaften Worten „Gott ist tot" wollte Nietzsche nicht seine Existenz und auch nicht seine früheren Aktivitäten in dieser Welt leugnen, sondern aussagen, dass Gott sich von dieser Welt verabschiedet habe.

Gott ist nicht so sehr der „ewig Seiende", wie ihn sogar

Wahrheit

viele Christen nennen, sondern viel mehr der Gott, der war, der ist und der kommen wird. Leider bevorzugen viele moderne Bibelübersetzungen das Wort „ewig" und verwenden nicht mehr das Wort „immerwährend", welches sowohl den Aspekt der Zeit als auch den Aspekt der Ewigkeit abdeckt.

Während meines Theologiestudiums in Cambridge wurde mein Glaube von einigen Professoren ziemlich unterwandert, die die Bibel mit der Schere studierten, indem sie alles in Stücke schnitten und all das aussortierten, was nicht mit dem Zeitgeist übereinstimmte. Mein Glaube wurde insbesondere durch die Lektüre des Buches *Christ und Zeit* eines Schweizer Theologen, Oscar Cullmann, wiederhergestellt und vertieft. Ich begriff den Unterschied zwischen dem hebräischen Verständnis von Zeit, als einen in die Zukunft fortschreitenden Ablauf, und dem griechischen Verständnis von Zeit, als einem Kreislauf, bei dem alles wieder an seinen Ursprung zurückkehrt. Die Griechen sahen Gott als jemanden, der sich jenseits und außerhalb dieses Kreislaufes befindet. Die Hebräer sehen ihn als jemanden, der sich innerhalb dieses Zeitablaufs befindet und seine ewigen Vorsätze innerhalb der Zeit verwirklicht. Ein englisches Wortspiel lautet: „History is His story" (Geschichte ist Seine Geschichte).

Die Bibel ist ein Bericht darüber, was unser allmächtiger Schöpfer in unserer Welt getan hat, insbesondere in seinem Sohn und immer durch seinen Geist. Deshalb enthält die Bibel so viele historische Erzählungen. Sie ist aber auch ein Bericht darüber, was Gott entweder direkt (durch eine hörbare und verständliche Stimme; z.B. in Johannes 12,29) oder indirekt (durch die Propheten) gesagt hat. Aber die meisten seiner Worte beziehen sich direkt auf seine Taten, indem er seine Taten vorhersagt, bevor er handelt und sie im Nachhinein erklärt und anwendet.

Die Bibel zeigt uns Gott als eine reale Person mit einer realen Persönlichkeit. Im Himmel ist er eine reale Person, und auf der Erde war er eine reale Person. Der Großteil der Information, die wir über ihn haben, ist dieser ganz realen Welt, in der wir leben, entnommen. Die Bibel ist ein Buch über reale Menschen an realen Orten, die reale Ereignisse erleben. Sie zeigt uns die reale Historie in einer realen Geographie.

EXTERNER BEWEIS

Die Bibel ist klar im Vorteil, wenn man anhand von anderen Schriftquellen ihre Zuverlässigkeit überprüfen will. Man kann vieles überprüfen, selbst wenn man nicht daran glaubt. Man kann die Geographie mit einem Weltatlas überprüfen. Die historischen Ereignisse können nach wissenschaftlichen Regeln und Beweisführungen verifiziert werden. Beispielsweise genügt die Kombination von Augenzeugenbeweisen zusammen mit Indizienbeweisen aus, um jedes Gericht davon zu überzeugen, dass Jesus auferstanden ist. Das erklärt den hohen Prozentsatz von gläubigen Juristen (mehr Details findet man in meinem Buch *Explaining the Resurrection*, Sovereign World, 1993).

Auch die Archäologie spielt eine große Rolle. In ihren Anfängen konzentrierte sie sich auf die biblischen Orte im Nahen Osten. Faszinierende archäologische Werke füllen ganze Bücherregale. Ich kann dem Leser wärmstens empfehlen, sich eines der neuesten Bücher von Professor David Rohl zu besorgen: *A Test of Time and Genesis: A Study in Civilisation*. Seine erstaunlichen Entdeckungen über die Zeit, als Josef in Ägypten war, und über den Garten Eden, einem immer noch existierenden lieblichen Tal voller Fruchtbäume, sind umso eindrucksvoller, als er weder Jude noch Christ ist und deshalb auch kein besonderes Interesse daran haben kann, die Wahrhaftigkeit der Bibel zu beweisen, obgleich er davon überzeugt ist, dass die alttestamentliche Geschichtsschreibung zutreffend und vertrauenswürdig ist.

INNERER BEWEIS

In einem Buch wie diesem ist es unmöglich, mehr als nur ein paar

wenige externe Beweise aufzuführen, die die „reale Wahrheit"
der Bibel untermauern. Aber es gibt noch weit mehr innere
Beweise, insbesondere ihre Vorhersagungen der Zukunft. Fast
ein Viertel aller Bibelverse enthalten solche Vorhersagungen,
die sich hauptsächlich in den Texten, die von Propheten verfasst
wurden, finden. Dabei kommt einem die Offenbarung sofort in
den Sinn, aber auch Daniel, Hesekiel und Sacharja stehen nur
wenig zurück. Nur wenige der sechsundsechzig Bücher der
Bibel beinhalten keine Vorhersagen. Theologen sind sich über
den Zeitpunkt ihrer Abfassung einig, sodass wir wissen, dass es
sich um echte Vorhersagen handelt.

Die Statistik spricht eine deutliche Sprache. Es gibt über 700
(genaugenommen 735) einzelne Vorhersagen. Einige werden nur
einmal erwähnt und andere über 300 mal (nämlich die Rückkehr
Jesu auf diesen Planeten Erde). Von diesen Vorhersagungen
haben sich fast 600 (genaugenommen 596 bzw. 81 %) bereits
erfüllt, und zwar ziemlich buchstäblich. Einige sind gerade dabei,
sich vor unseren Augen zu erfüllen, wie die zweite Rückkehr
des jüdischen Volkes in das Land, dass Gott ihnen für ewig zum
Besitztum verheißen hat (siehe Genesis 13,15 und Jesaja 11,11,
worüber auch der ehemalige Premierminister Harold Wilson in
seinem ausführlichen aber dennoch ziemlich unbekannten Buch
The Chariots of Israel geschrieben hat).

Nicht eine einzige Vorhersage, die sich bis heute erfüllen
sollte, lag daneben, obwohl die Wahrscheinlichkeit der Erfüllung,
gemessen an normalen Maßstäben, verschwindend gering war.
Nehmen wir nur ein Beispiel: Hesekiel prophezeite, dass die
Stadt Tyrus bis auf den nackten Felsen geschleift und in die See
geworfen werden würde. Dieses Schicksal hat noch nie eine
Stadt ereilt. Viele Jahrhunderte später tat Alexander der Große
genau dieses. Er errichtete einen Damm zu der Insel, auf der
die Stadt erbaut war, während die Bevölkerung auf Schiffen vor
seinem nahen Eintreffen floh. Man sagte mir, dass die statistische
Wahrscheinlichkeit für das Eintreffen dieser Vorhersage bei eins

zu zehn hoch neununddreißig liegt!

Die verbleibenden 19 Prozent der noch nicht in Erfüllung gegangenen Vorhersagen betreffen das Ende der Welt, so wie wir sie heute kennen. Es ist also keine Überraschung, wenn sie sich bis jetzt noch nicht erfüllt haben. Nur Ignoranz oder Arroganz können Menschen dazu veranlassen, Zukunftsvorhersagen aus anderen Quellen, seien es Think-Tanks oder Horoskope, zu beziehen (letztere werden täglich von 60 % der Männer und 70 % der Frauen in Großbritannien gelesen).

Schließlich gibt es noch den inneren Beweis (oder das Problem, je nachdem welchen Standpunkt man einnimmt) der Wunder in der Bibel. Wunder definieren wir als ein natürliches Ereignis mit einer übernatürlichen Ursache. Sie sind über die Seiten der Bibel verstreut und bündeln sich bei gewissen Schlüsselereignissen in den Erzählungen und bei Schlüsselpersonen (z.B. Mose, Elija, Petrus und Paulus). Für den jüdischen Glauben ist die Teilung des roten Meeres, und für den christlichen Glauben ist die Auferstehung Jesu das bedeutendste Wunder.

Übernatürliche Ursachen entziehen sich der wissenschaftlichen Untersuchung, was sowohl für den Beweis als auch für den *Gegenbeweis* gilt. Wenn jemand sagt, dass Wunder „wissenschaftlich betrachtet unmöglich sind", der offenbart damit, dass er einen gewaltigen Schritt hin zum Glauben an den „Szientismus" gewagt hat, dem Glauben, dass das „natürliche" Universum die gesamte Wirklichkeit darstellt, bzw. dass es ein „geschlossenes System" festzementierter Gesetze ist, die vollkommen unempfindlich gegenüber externen Einflüssen oder Eingriffen sind. Die Quantenphysik hat dieser Ansicht einen gewaltigen Schlag versetzt, weil sie uns aufzeigt, dass die physikalische Welt viel flexibler und unvorhersagbarer ist, als wir bisher annahmen, und dass sie nicht zuletzt viel „offener" für einen möglichen übernatürlichen Eingriff ist.

Viele versuchen, die außergewöhnlichen Wunder, von denen uns die Bibel an vielen Stellen berichtet, damit abzutun, indem

Wahrheit

sie sie entweder komplett leugnen, obwohl sie das nicht belegen können, oder indem sie sie dem Zufall zuschreiben, sie also als natürliche Ereignisse, die zufälligerweise geschehen sind, betrachten. Es wären also „glückliche Zufälle" gewesen, dass ein Ostwind die seichten Wasser des roten Meeres gerade in dem Augenblick hinweggeblasen haben, als die Hebräer vor den Ägyptern flohen, und dass ein einbrechendes Jordanufer den Fluss genau in dem Augenblick eindämmte, als sie in das Land Kanaan einmarschierten.

Warum glaubt man nicht, dass der Gott, der die physische Welt geschaffen hat, in der Lage ist, sie auch zu kontrollieren (diesen Glauben würde man als „Theismus" bezeichnen)? Natürlich steht es jedem frei, zu glauben, dass er sie zwar geschaffen hat, sie aber nicht kontrolliert. Man könnte es mit einem Uhrmacher vergleichen, der eine Uhr baut, sie aufzieht und sie dann einfach laufen lässt (dieser Glaube wird als „Deismus" bezeichnet, er ist weit verbreitet und wird auch in der Kirche vorgefunden).

Aber es bleiben die Wunder, die ein wesentlicher Bestandteil des biblischen Berichts der Geschichte sind. Ihre langfristigen Auswirkungen begleiten uns sogar noch heute, beispielsweise das Überleben dieses einzigartigen Volkes, das in der Sklaverei Ägyptens geboren wurde. Insbesondere die Wunder, die Jesus an der Natur und an Menschen vollbracht hat, werden auch in außerbiblischen zeitgenössischen Berichten bezeugt. Das Johannesevangelium sagt zu ihnen „Zeichen". Es waren Zeichen, die bezeugt haben, wer er wirklich war. Einige von ihnen waren so spektakulär, dass nur Gott selbst über die notwendige Kraft und das Wissen für ihre Ausführung verfügt haben konnte. Selbst wenn die moderne Wissenschaft in der Lage ist, einige Wunder ansatzweise nachzuahmen, so kann sie das nur mit einem enormen technischen und finanziellen Einsatz, der vor 2.000 Jahren nicht verfügbar war – und sie kann es erst recht nicht durch ein einfaches gesprochenes Wort, so wie Jesus es tat.

Hier besteht ein krasser Gegensatz zwischen Jesus und

Mohammed. Der Koran berichtet von keinem einzigen Wunder, das Mohammed vollbracht hätte. Er bestätigt allerdings einige Wunder Jesu. Nach einiger Zeit merkten die Muslime, die ja ihren Propheten so sehr verehrten, dass dies ein schlechtes Licht auf ihn werfen würde, und so rechneten ihre Traditionen dem Propheten auch einige Wunder zu, von denen sogar manche identisch mit den Wundern Jesu sind.

Wir wollen dieses Kapitel nun beenden, das schon länger als beabsichtigt geworden ist. Eine Schlussfolgerung können wir schon jetzt ziehen: Die Bibel ist das Herzstück des christlichen Anspruchs, den einen wahren (d.h. realen) Gott gefunden zu haben. Mohammed nannte die Christen und die Juden „Leute des Buches". Ohne die Bibel würden wir ebenso im Finsteren umhertappen, was die Erkenntnis, wer er ist und wie er ist, betrifft, wie jeder andere, und hätten nichts außer den Hinweisen in der Schöpfung um uns herum und dem Gewissen in uns, obwohl diese ausreichen, Atheisten und Agnostiker „ohne Entschuldigung" dastehen zu lassen (gemäß Paulus in Römer 1,20).

Ob die Christen angesichts der zunehmenden feindlichen Zusammenstöße mit dem Islam überleben werden, hängt in erster Linie davon ab, in wie weit sie ihren eigenen Schriften vertrauen. Leider wurde dieses Vertrauen aus den eigenen Reihen, insbesondere durch akademische Gelehrte erschüttert. Diese sogenannte „höhere Bibelkritik" nahm in Deutschland ihren Anfang und breitete sich dann über die ganze Welt in den theologischen Seminaren aus. Dieser Trend behandelte den biblischen Bericht als Mythos und Metapher, als Geschichten mit geistlichen, moralischen und sogar psychologischen „Wahrheiten", die aber nicht wirklich passiert sind, vergleichbar mit isländischen Sagen oder den Fabeln des Äsop.

Natürlich enthält die Bibel auch metaphorische Fiktionen, das beste Beispiel sind die Gleichnisse Jesu, aber ihre Auswirkungen hängen von der Tatsache ab, dass sie passiert sein *könnten*. Niemand nimmt jeden Satz der Bibel wörtlich, sonst würden

Wahrheit

wir ja glauben, dass es im Jenseits nur Tiere geben würde – Schafe im Himmel und Böcke in der Hölle! Es wird nur dann zum Problem, wenn ein Autor der biblischen Bücher eine Erzählung als historisches Ereignis präsentiert, und dieses dann „mythologisiert" wird, weil der moderne Verstand es nicht glauben kann. Wenn man einmal angefangen hat, diesen Pfad zu beschreiten, kann man schwer davon umkehren. Adam und Eva sind sozusagen die ersten Opfer, zu denen sich sehr bald Noah, Jona, Abraham, Isaak und Jakob gesellen. Selbst vor Jesus macht man nicht Halt. Zuerst zweifelt man an der Jungfrauengeburt, sodann fällt seine Himmelfahrt und seine zukünftige leibliche Wiederkunft auf die Erde diesem Denken zum Opfer. Vor allem aber muss seine leibliche Auferstehung, an der der christliche Glaube und die christliche Hoffnung hängen, schleunigst „entmythologisiert" werden, damit ihr Bericht uns wieder lehren kann, wie sein in ihm wohnender Glaube seinen Tod überlebt hat. Eine alarmierend hohe Zahl von Bischöfen hängt dieser skeptischen Betrachtungsweise an.

Die Glaubwürdigkeit und Autorität des Christentums beruhen auf eindeutigen historischen Tatsachen, nicht auf Gefühlen und erst recht nicht auf der Phantasie. Ohne diese Grundlage hätte man nicht viel, auf was man seinen Glauben bauen könnte. Tatsächlich könnte man behaupten, dass die Christen, wenn Christus nicht leibhaftig von den Toten auferstanden wäre, Opfer des größten Betruges in der Menschheitsgeschichte geworden wären, und dass sie ernsthaft nach einer glaubwürdigeren Religion Ausschau halten sollten.

Die Christenheit kommt also in ernste Schwierigkeiten, wenn sie dem Islam begegnet, und diese Schwierigkeiten müssen so schnell wie möglich behoben werden. Wir brauchen einen echten „Fundamentalismus" im wahrsten Sinne des Wortes. Ursprünglich wurde dieser Ausdruck für Christen gebraucht, die weiterhin an diesen Fundamenten des Glaubens, wie Jungfrauengeburt und leibliche Auferstehung, festhielten.

Inzwischen ist dieser Ausdruck zu einem herablassenden Schimpfwort für diejenigen, die alles in der Bibel „wörtlich" auslegen und anwenden, geworden. Ich erinnere mich an die Kommentare von Richard Holloway, dem Bischof von Edinburgh und Primus der schottischen Episkopalkirche, die er in einer Rezension zu einem meiner Bücher schrieb. Er sagte über meine Lehre: „Er hat vollkommen recht. Genau das sagt die Bibel auch aus, mitsamt all dem übrigen, das wir schon längst verworfen haben. Die Schwierigkeiten, in denen Mr. Pawson steckt, sind tragisch. Er mag ja ein guter und freundlicher Mensch und ein ausgezeichneter christlicher Leiter sein, aber er hängt einfach in dieser fundamentalistischen Methode der Schriftauslegung fest. Dies gibt ihm eine Beständigkeit, die ebenso der Bibel innewohnt. Und er glaubt tatsächlich, das tun zu müssen, was ihm die Bibel angeblich sagt..." Ich werde diese Kommentare für die arme Person aufbewahren, die die undankbare Aufgabe haben wird, meinen Nachruf zu schreiben! Aber genau das beschreibt unsere wunden Punkte und unsere Verletzbarkeit.

Es ist also ein neuer Fundamentalismus notwendig, der die Bibel in ihrer Gesamtheit sehr ernst nimmt, der die Bedeutung jedes einzelnen Teils und die Absichten der ursprünglichen Schreiber und des Heiligen Geistes, der sie inspirierte, untersucht und sich genau an das hält, was bereits in der Bibel steht und aus ihr herausgelesen werden kann (= Exegesis), und der es vermeidet, etwas in sie hineinzulesen, was wir gerne hören würden (= Eisegesis). Kurzum, es bedeutet, dass man akzeptiert, dass die Bibel die absolute Wahrheit präsentiert, sowohl in den berichteten Ereignissen als auch in der geforderten Ethik (letztere findet sich für den Christen in Neuen Testament). Alle Absolute haben ihre Gegenteile, und so präsentiert uns die Bibel die klaren Alternativen: Wahrheit gegenüber Lüge, Licht gegenüber Finsternis, Leben gegenüber Tod. Es gibt nur Schwarz oder Weiß und keine Graustufen, nichts ist verhandelbar. „Gott ist wahrhaftig, jeder Mensch aber Lügner", behauptet die Bibel ganz unmissverständlich.

Die Christen müssen sich dieser absoluten Wahrheiten absolut gewiss sein: Der Gott der Bibel ist der *Einzige*, der wirklich existiert (Jesaja 45,5). Jesus ist der *einzige* Weg zum Vater (Johannes 14,6). In keinem anderen Namen ist die Rettung (Apostelgeschichte 4,12). Nur diejenigen, die so davon überzeugt sind, dass sie eher bereit sind, für diese Wahrheiten zu leiden und sogar zu sterben, als sie zu verleugnen, und die fest entschlossen sind, sie in Wort und Tat bei jeder Gelegenheit zu bezeugen, werden sich als echte Christen erweisen, die in der Lage sind, sogar ihre Feinde zu bekehren.

Vielen werden das als pure Arroganz betrachten, und man muss auch zugeben, dass manche Christen diesen Eindruck erwecken. Aber eigentlich „haben wir nicht die Wahrheit", sondern „die Wahrheit hat uns". Wir alle waren stolze Rebellen, bis wir mit der Wahrheit konfrontiert wurden und wir in ihrem Licht unsere liebgewonnenen Ansichten ablegen mussten. Wir ließen uns davon überzeugen, im Lichte der Wahrheit Gottes und der Wahrheit über uns selbst ins Auge zu schauen. Das war eine demütigende Erfahrung, die unseren Stolz tötete, uns selbst aber freisetzte, um echte Menschen mit einem echten Gott zu sein.

Ich möchte schließen, indem ich ein neuartiges, aber sehr zutreffendes Glaubensbekenntnis vorstelle, das Christen für sich selbst oder mit anderen zusammen aufsagen können. Es fasst die wichtigsten Glaubensartikel in der heutigen Zeit, aber auch die deutlichsten Unterschiede zum Islam zusammen:

ES GIBT KEINEN GOTT AUSSER JAHWE, UND JESCHÚA IST SEIN SOHN.

Das ist es, wofür Christen zu leben, und wenn es soweit kommen sollte, zu sterben bereit sein sollen, denn es ist die absolute Wahrheit und die letztendliche Realität.

9
BEZIEHUNG

„Das Christentum ist eine Beziehung, keine Religion." Das ist schon so oft gesagt worden, dass es inzwischen zu einer Floskel geworden ist. Aber nichtsdestotrotz ist es wahr, wenn es auch nicht die ganze Wahrheit enthält.

Lexika beschreiben Religion als „Glaube an oder Anbetung einer übernatürlichen Kraft oder Kräften, die als göttlich gelten oder die die Kontrolle über das menschliche Schicksal haben und jeden formellen Ausdrucks solchen Glaubens. Nach diesem Maßstab ist das Christentum natürlich eine Religion und es hat Merkmale wie Anbetung, Gebet, Fasten, Geben und es gibt moralische Normen für das Leben.

Vielleicht ist es richtiger zu sagen, das Christentum ist eine Religion, die auf einer Beziehung gründet. Die Bibel bietet den Menschen „überfließendes" Leben schon hier, und „ewiges Leben" im Jenseits an. Das Wichtigste ist aber, den einzig wahren Gott und Jesus seinen Sohn (Johannes 17,3) zu „kennen". Der biblische Gebrauch des Wortes „kennen" ist viel mehr als einfach nur etwas über jemanden zu wissen. Es bedeutet, mit jemandem intim zu sein (Adam „erkannte" Eva und sie empfing und gebar Kain).

Ohne eine solche Beziehung verliert das Christentum sein Herz und seine Seele. Leider kann diese Beziehung auch äußerlich, in einer formellen Art ablaufen – an der Anbetung teilnehmen, Gebete aufsagen, Glaubensbekenntnisse abspulen, Geld spenden, anständig und ehrbar leben usw. Aber bei diesem äußerlichen Gottesdienst geht das Wichtigste verloren. Ich habe dafür einen Ausdruck geprägt: „Kirchentum" (statt Christentum). Aber solch ein „Kirchentum" überlebt in einer säkularen Gesellschaft meist nicht allzu lange, besonders wenn es Leiden mit sich bringt. Christen, die unter Verfolgung litten, die keinerlei Gemeinschaft mit anderen Christen haben konnten und denen man sogar die Bibel genommen hatte, blieben alleine durch ihre Beziehung zu Gott standhaft, obwohl sie ihre Religion nicht ausüben konnten. Man denke nur an Richard Wurmbrand im rumänischen Gefängnis oder an Corrie Ten Boom im deutschen Konzentrationslager neben tausenden anderen verfolgten Christen.

Wie ist so eine Beziehung möglich? Die Antwort ist so komplex, dass wir die Sache Schritt für Schritt betrachten müssen.

EIN MENSCHLICHER GOTT

Zunächst müssen wir erkennen, dass wir einen Gott haben, den wir verstehen können, zwar nicht vollständig, aber zumindest so weit, dass wir merken, dass wir ihn kennenlernen können. Der Gott der Bibel ist überraschend „menschlich". Aber nicht, weil er so ist wie wir, sondern weil wir so sind wie er, denn wir sind in seinem Bilde geschaffen. Er hat uns an den Gedanken seines Sinnes, den Gefühlen seines Herzens und den Absichten seines Willens teilhaben lassen. Obwohl er „Geist" ist, ohne einen physischen Körper, zögert die Schrift nicht, uns etwas über sein Gesicht, seine Augen, seine Ohren, seinen Mund, seine Nasenlöcher, seinen Arm, seine Hand, seine Finger, seine Füße und sogar sein Sperma zu sagen (1. Johannes 3,9 falls ihr mir nicht glauben solltet). Selbst unsere physischen Organe korrelieren mit seinen geistlichen Funktionen. Solche Analogien werden beschrieben und oft von aufgeklärten Gelehrten verworfen, die von der griechischen Philosophie so sehr beeinflusst sind, dass sie das als „naiven Anthropomorphismus" abtun (sich Gott als ein menschliches Wesen vorstellen). Dabei kommt aber normalerweise ein Gott heraus, der noch viel weniger real ist.

Noch überraschender ist, dass die Bibel diesen sehr „menschlichen" Gott als einen Gott präsentiert, der eine

Beziehung

dynamische Beziehung mit den menschlichen Wesen eingeht. Sie antworten ihm und er antwortet ihnen. Das biblische Bild, das uns Menschen als Ton in der Hand des göttlichen Töpfers zeigt, wird sehr oft missverstanden und falsch gedeutet, denn der Ton hat in diesem Bild in Jeremia 18 genau so viel Einfluss auf seine endgültige Form wie der Töpfer. Wenn wir über unsere Sünde Busse tun (noch einmal darüber nachdenken und uns davon abwenden), dann kehrt auch er von seiner Strafe um. Er kann sogar seine Absichten ändern, wenn man ihn darum anfleht, wie Mose und Amos entdeckten, was dem Gebet eine ganz neue Signifikanz gibt. Die Bibel ist voller Berichte von Beziehungen, die in beide Richtungen funktionierten, selbst von Diskussionen mit Gott wird berichtet (wobei allerdings Gott immer gewinnt, wie Habakuk herausfand).

Vor allem aber ist Gott in Jesus einer von uns geworden. Er war Gott mit einem menschlichen Gesicht – und sogar mit einem ganzen menschlichen Körper. Gott war nicht mehr jenseits unserer Vorstellungskraft, sondern hat sich uns vollständig zu erkennen gegeben. Jesus konnte sagen: „Jeder, der mich gesehen hat, hat den Vater gesehen" (Joh.14,9). „Das Wort wurde Fleisch"(Joh.1,14), in unserem Bilde gemacht, in der „Gleichheit" des physischen, sexuellen, jüdischen, männlichen und sogar sündigen Fleisches (Römer8,3). Als der Sohn Gottes zum Sohn des Menschen wurde (sein Lieblingstitel für seine eigene Person), wurde nicht nur Göttlichkeit der Menschheit zuteil, sondern Menschlichkeit wurde auch der Göttlichkeit zuteil. Gott konnte nie wieder derselbe sein. Es gab ein Davor und ein Danach in seinem göttlichen Wesen. Die Menschheit war bis jetzt außerhalb seines Wesens – nun ist sie direkt in sein Wesen gekommen. So viel zu einem angeblich unwandelbaren Gott, der außerhalb der Zeit ist!

Selbst da, wo sich Gottes Wesen von unserem Wesen unterscheidet, dass er nämlich drei Personen in einer ist, hilft uns das in unserer Beziehung zu ihm, anstatt uns zu behindern.

Auf einer sehr tiefen Ebene *ist* unser Gott in sich eine Beziehung, er war es schon immer und wird es immer sein. Viel mehr als menschliche Personen dazu fähig sind, stehen Vater, Sohn und Geist in einer tiefen und vollkommenen Beziehung, in gegenseitigem Respekt, Harmonie und Achtsamkeit zueinander, welche für uns ein erstrebenswertes Ideal darstellt. Diese Beziehung zeigt sich auch in bereitwilliger Unterordnung (der Geist ordnet sich dem Sohn und der Sohn ordnet sich dem Vater unter). Und ebenso sind wir aufgefordert, uns gegenseitig unterzuordnen: Die Frau dem Mann, die Kinder den Eltern, der Arbeitnehmer dem Arbeitgeber und alle Christen untereinander (Epheser 5,21 – 6,7). Gott selbst ist der Beweis dafür, dass perfekte Beziehungen in unserer Welt möglich sind, und außerdem hat er alles Mögliche und Nötige getan, damit wir in solchen Beziehungen leben können.

Ganz offensichtlich will er eine Beziehung zu uns haben. Er möchte, dass wir ihn kennenlernen, ebenso wie er uns bereits kennt (er kennt sogar die genaue Anzahl der Haare auf unserem Kopf). Er möchte, dass wir untereinander und zu ihm in derselben vollkommenen Beziehung stehen, die er in sich selbst hat. Wie wir bereits erklärt haben, hat er uns deshalb geschaffen, weil er die Gemeinschaft mit seinem Sohn so sehr genoss, dass er sich danach sehnte, eine größere Familie zu haben.

EIN INNEWOHNENDER GOTT

Der Sinn unserer Existenz besteht darin, „ihn zu suchen, uns nach ihm auszustrecken und ihn zu finden" (Apostelgeschichte 17,27). Das ist keine mühsame und anstrengende Aufgabe. In Jesus hat er selbst die Initiative ergriffen, er kam, um nach uns Ausschau zu halten, er kam uns so nahe, wie er nur konnte, ohne dabei sich uns aufzudrängen. Und wie Paulus sagt, müssen wir nicht den Weg in eine andere Welt suchen, weder in den Himmel über uns hinaufsteigen, noch zum Hades unter uns hinabsteigen. Das bedeutet auch, dass wir nicht bis nach dem Tod warten müssen, um ihn zu finden. Er ist uns in diesem Leben so nahe wie das Wort auf unseren Lippen oder die Gefühle in unserem Herzen. Er ist uns so nahe, dass ein einfacher aber ehrlicher Schrei nach seiner rettenden Hilfe uns sofort mit ihm in Verbindung bringt (lies dazu Römer 10,1-13). Es gibt allerdings eine Bedingung, nämlich dass „jeder, der ihm nahen will, glauben muss, dass er existiert und dass er die belohnt, die ihn ernstlich suchen" (Hebräer 11,6).

Bei all dem kommt man nicht umhin, diesen Gott mit dem Allah, dem Gott der Muslime, zu vergleichen, wobei man feststellt, dass sie sich sehr stark voneinander unterscheiden. Noch einmal, die entscheidende Frage ist nicht, ob eine Person an Gott glaubt oder nicht glaubt, sondern an welche Art von Gott sie glaubt oder nicht glaubt. Ein Schiffsoffizier sagte einmal zu seinem Kapitän, als sie beide auf der Schiffsbrücke standen und die ruhige See und den klaren Sternenhimmel betrachteten: „In solch einer Nacht ist es leicht an Gott zu glauben," wobei dieser konterte: „Ja, an einen Gott, der kalt ist wie dieses Meer und so weit entfernt wie diese Sterne."

Allah ist ein isolierter Gott. Weit zurück, in zeitloser Ewigkeit, hat er schon immer alleine und ganz für sich selbst existiert. Selbst, nachdem er uns erschaffen hat, ist er immer noch ohne Gleichgesinnte, die er lieben oder von denen er geliebt werden kann. Deshalb kommt Liebe weder in seinem Namen noch seinem Charakter vor. Auch gibt es keinerlei Anzeichen dafür, dass er einsam ist oder dass er sich nach Beziehungen sehnt.

Allah ist ein entfernter Gott. Er ist oben im Himmel anstatt unten auf der Erde, er ist „transzendent" und nicht immanent („Immanuel" mit seiner Bedeutung „Gott mit uns" ist keiner der 99 Namen Allahs). Um es noch einmal philosophisch auszudrücken: Der Islam ist eine deistische und keine theistische Religion. Er ist ein Gott, der zwar die Welt und alles, was auf und in ihr ist, geschaffen hat, der sich aber nicht um unsere täglichen Belange kümmert. Er muss das auch nicht, denn alle Ereignisse sind bereits vorher durch seine vorherbestimmende Souveränität verfügt worden, und alles was wir tun können und sollten, ist, sich dem „unterzuordnen" (die Bedeutung von „Muslim"), was bereits vorherbestimmt ist.

Allah ist ein schweigsamer Gott. Er hat in der Vergangenheit zu einzelnen auserwählten Menschen, den Propheten, gesprochen. Später sprach er auf indirekte Weise durch einen Engel, der vom Himmel zu Erde gesandt worden war. Aber jetzt ist er stumm. Soweit es uns Menschen betrifft, hat er seit der Zeit Mohammeds schon seit vierzehnhundert Jahren nicht mehr gesprochen. Wir werden zwar aufgefordert, Gebete zu verrichten, dürfen aber nicht erwarten, dass er irgendjemandem antwortet. Die Konversation kennt nur eine Richtung.

Allah ist geistlicher Natur. Und das ist auch schon alles, was über ihn gesagt werden kann. Er unterscheidet sich so sehr von uns Menschen, dass es für uns sehr schwer ist, sich ihn uns vorzustellen oder ihn klar zu verstehen. Wir können uns nur seinem offenbarten Willen unterordnen, in der Hoffnung, der Hölle zu entfliehen und das „Paradies" zu erreichen. Aber selbst im Paradies werden wir uns an anderen Dingen erfreuen als an der Gemeinschaft mit ihm. Wahre Liebe und Freundschaft hängen auch zum Teil davon ab, wie viel wir mit den betreffenden Personen gemeinsam haben.

All meine Betrachtungen sind natürlich sehr vereinfachend. So gibt es durchaus viele Muslime, insbesondere aus dem Sufismus, die glauben, dass man eine persönliche und sogar intime Gemeinschaft mit Allah haben kann. Sie strecken sich nach solch einer Beziehung aus, meistens auf dem Gebiet der mystischen Erfahrungen. Aber ihre eigene Religion kann ihnen das nicht bieten, und das aus einem ganz einfachen Grund. Das eigentliche Problem, das einer angestrebten Beziehung zu Gott im Wege steht, wird nicht angegangen, ja es wird nicht einmal erkannt, und deshalb gibt es auch keine Lösung für dieses Problem.

Der Islam erkennt nur ein einziges Problem an, und das ist

sehr einfach. Der Mensch wird in einem Status der Unschuld und der Unterordnung unter den göttlichen Willen geboren. Deshalb ist er von Natur aus ein „Muslim" (ein sich Unterwerfender). Aber die meisten Menschen folgen dann ihrem eigenen Willen und behaupten stolz ihre Unabhängigkeit von Gott (mir kommt da ein berühmtes Lied in den Sinn: „I did it my way!") Die Lösung unserer Probleme besteht darin, dass wir uns bemühen, den göttlichen Willen zu erkennen und zu befolgen. Und dieser Wille wurde durch seinen Gesandten Mohammed offenbart. Am Tag des Gerichts, wenn unsere guten gegen unsere schlechten Taten abgewogen werden, wird offenbar werden, dass wir völlig in der Lage gewesen waren, diesen Gehorsam zu leisten, und dass wir dafür auch voll verantwortlich sind. Selbst wenn die schlechten Taten ein wenig überwiegen sollten, so dürfen wir dennoch die Hoffnung hegen, dass Gott uns gegenüber Nachsicht walten lässt, da er ja mitleidig und barmherzig ist, obgleich wir keine Garantie dafür haben.

Trotzdem, auch wenn alles sorgfältig beachtet wurde, scheint das nicht zu einer entspannten oder gar freudigen Beziehung zu führen. Die ganze Stimmung ist weiterhin sehr ernst, wenn nicht sogar düster, denn es fehlt die letztendliche Sicherheit, dass Gott einem gnädig zugewandt ist. Einen weiteren Gegensatz finden wir auf dem Gebiet der Musik, die ein wesentlicher Bestandteil der christlichen Anbetung ist. Mit Musik kann man die unglaubliche Freude zum Ausdruck zu bringen, in der Gemeinschaft Gottes und seiner Familie zu sein. Dabei singen nicht nur die Anbeter vor Freude, sondern auch der, der angebetet wird (Zefania 3,17) – und die Engel stimmen mit ein. Solch ein freudiges Fest ist das Ergebnis davon, wenn das wirkliche Problem diagnostiziert und gelöst wurde.

Nun zu dem eigentlichen Problem: Warum ist es für die Menschen so schwierig, eine gute Beziehung zu ihrem Schöpfer zu haben? Warum ergibt sich das nicht ganz natürlich von selbst? Warum ist da so eine Kluft zwischen uns und ihm? Warum ist sie so schwer zu überqueren, so schwer zu überbrücken? Warum ist er nicht greifbar und verfügbar? Warum fühlt er sich so entfernt an?

EIN GUTER GOTT

Die Antwort aus christlicher Sicht fällt ganz anders aus. Man erkennt den „metaphysischen" Unterschied an. Er ist göttlich – wir sind menschlich, er ist himmlisch – wir sind irdisch, er ist Geist – wir sind Fleisch, er ist unendlich – wir sind endlich. Das wirkliche Hindernis, eine Beziehung mit ihm aufzunehmen, liegt anderswo, nämlich im Unterschied der Gesinnung und nicht in den unterschiedlichen Eigenschaften, im unterschiedlichen Charakter und nicht im unterschiedlichen Wesen. Christen stimmen mit den Muslimen darin überein, dass die Schwierigkeit im moralischen anstatt im metaphysischen Bereich liegt, aber auf einer viel tieferen Ebene, die einen viel radikaleren Lösungsansatz braucht, als diszipliniert zu leben. Tatsächlich glauben Christen, dass diese Kluft nicht von unserer Seite aus überbrückt werden kann, noch nicht einmal durch „übermenschliche" Anstrengungen.

Das Problem liegt in der Inkompatibilität, es passt einfach nicht zusammen, davon können viele Ehepartner ein Lied singen. Nur wenige erkennen wirklich, wie groß dieses Problem ist, wenn man versucht, zu Gott eine Beziehung aufzubauen. Da gibt es Dinge in der göttlichen Natur, die der menschlichen Natur zuwiderlaufen, und anders herum ist es ebenso. Es gibt Wesenszüge, die sich nicht mischen lassen, die so unterschiedlich sind wie Tag und Nacht.

Ganz einfach kann man sagen: Gott ist gut und wir sind schlecht. Es ist für eine gute Person nicht einfach, eine Freundschaft mit einer schlechten Person einzugehen, und es wird immer schwerer, je besser die eine und je schlechter die andere Person ist. Wie „gut" also ist Gott, und wie „schlecht" sind wir? Besteht der Unterschied im Ausmaß (etwas besser oder etwas schlechter) oder in der Beschaffenheit (vollkommen gut oder vollkommen schlecht)?

„Gut" ist ebenso wie „Liebe" ein Wort, das so oft gebraucht wird, dass es seine wahre Bedeutung verloren hat. Ein „guter Hund", ein „gutes Essen", „gutes Wetter" werden ebenso daher gesagt wie ein „guter Mensch" und „Guter Gott!" (obwohl letzterer Ausdruck eher eine Form der Blasphemie darstellt). In seinem eigentlichen Sinn, dem vollkommenen „Gut-sein" ohne eine Spur von irgendwelcher Schlechtigkeit, kann es eigentlich nur als Eigenschaft Gottes verwendet werden. Als jemand Jesus als „gut" bezeichnete, antwortete dieser sofort: „Was nennst du mich gut? Niemand ist gut als nur einer, Gott" (Markus 10,18). Im Grunde genommen sagte er damit: „Wenn du meinst, dass ich wirklich gut bin, dann denkst du, dass ich Gott bin."

Der Gott der Bibel ist eine Person von absoluter Reinheit und absoluter Integrität. Er ist seiner Natur treu, und sein Verhalten stimmt mit seiner Natur vollkommen überein. Es gibt daher viele Dinge, die er einfach nicht tun kann, wie z.B. lügen, ein Versprechen brechen, seine Geduld verlieren (obwohl sein Zorn weit mehr zu fürchten ist, weil er so kontrolliert und zielgerichtet ist). Vor allen Dingen kann er keine Sünde, kein Laster und kein Verbrechen bei anderen übersehen. Es ist für einen Gott von reiner Güte unmöglich, die Verderbtheit der anderen zu übersehen oder nichts dagegen zu tun.

EIN GERECHTER UND GNÄDIGER GOTT

Und hier hat Gott tatsächlich selbst ein tiefgreifendes Problem. Wie soll er mit denjenigen umgehen, die seine Liebe zurückweisen, seine Gesetze brechen, seinen Zorn hervorrufen, die Umwelt verpesten, seine Kinder verderben und seine Strafe verdienen? In einem etwas geringeren Ausmaß haben viele Eltern dasselbe Problem mit ihren rebellischen, bockigen und eigensinnigen Kindern, die keine Dankbarkeit für das zeigen, was sie empfangen haben. Für Gott allerdings ist das Problem viel größer, weil er einerseits gerecht und andererseits gnädig ist.

Für uns stehen normalerweise Gerechtigkeit und Gnade miteinander in Konflikt. Eine Tracht Prügel geben oder nicht, das ist hier die Frage. Zu strafen oder dem Fehlverhalten gegenüber gnädig zu sein, das ist Dilemma, in dem wir stecken. Wir können Gerechtigkeit üben, ohne mit der Gnade in Konflikt zu kommen, und andersherum gilt das gleiche. Aber Gott muss beides tun, um seiner gerechten und seiner gnädigen Natur gerecht zu werden. Er kann nicht einfach nur „vergeben und vergessen", wie viele es gerne möchten. Fehlverhalten einfach so zu übersehen, ohne es zu bestrafen, wäre eine Ermutigung, weiterzumachen. In einem moralischen Universum muss der Gerechtigkeit Genüge getan werden, aber das gleiche gilt auch für die Gnade in einem liebenden Universum.

Die Bibel berichtet uns, wie Gott dieses Dilemma gelöst hat. Die Bibel wird oft so gebraucht, als ob sie ein Handbuch von Lösungen für *unsere* Probleme wäre (ihr alle kennt bestimmt diese Anwendungsweise der Bibel: Wenn du einsam bist, lies Kapitel X; wenn du Sorgen hast, lies Kapitel Y usw.). Aber in Wirklichkeit enthält die Bibel Gottes Antwort auf *sein eigenes* Problem. Und diese Antwort ist einfach genial!

Als erstes entschied er sich in seiner Gerechtigkeit dazu, dass die angemessene Strafe für diejenigen, die sich selbst und andere, seine Geschöpfe und seine Schöpfung schädigen, darin besteht, ihre Zeit auf dieser Erde zu begrenzen, damit sie nicht andauernd Schaden anrichten und seine Ziele vereiteln. In einfachen Worten, Sünder dürfen nicht ewig leben. Sie verdienen es zu sterben. So ist der Tod nun einmal nichts „Natürliches" für die Menschen, deshalb hassen wir ihn auch und schieben ihn so lange wie möglich hinaus. Der Tod ist ein Gerichtsurteil für die Art und Weise wie wir leben.

Wie aber ist es möglich, dass einerseits die Gerechtigkeit den Tod fordern kann, und andererseits die Gnade diese Todesstrafe wieder aufheben kann, und zwar für ein und dieselbe Person?

Das geht doch eigentlich nicht.

Aber Gott ist bereit, den Tod eines unschuldigen Lebens anstelle des Todes eines Schuldigen als angemessene Kompensation und Sühnung für sein Fehlverhalten zu akzeptieren. Auf diese Weise wird seiner Gerechtigkeit Genüge getan, und dem Schuldigen wird die Freiheit geschenkt. Der Unschuldige stirbt und der Schuldige lebt. Mit anderen Worten: „Ohne Blutvergießen gibt es keine Vergebung" (Hebräer 9,22).

Das Prinzip, nach dem Opfer für die Sünden dargebracht werden müssen, finden wir in der ganzen Bibel, wobei sich die Praxis im Alten und im Neuen Testament deutlich unterscheidet. Gott gebot den Juden, Tieropfer für die Sühnung ihrer Sünden darzubieten. Die Tiere für diese Sündopfer mussten makellos sein. Es war ein Zugeständnis Gottes, dass er diese Opfer akzeptierte, denn er wusste, dass ein Tier niemals ein angemessener Ersatz für einen Menschen sein konnte, zumal sich die Tiere ja nicht freiwillig opfern ließen und sie ja auch hinsichtlich menschlicher Moral keinerlei Vorzüge hatten, so makellos ihre Körper auch sein mochten. Es war ein sündloser Mensch nötig, der sich freiwillig anstelle der Sünder in den Tod begeben würde. Aber wo konnte man einen solchen Menschen finden?

Die Menschheit hätte so jemanden nie hervorbringen können. Kein Mensch wird im Zustand der Unschuld geboren, wir werden mit einer Neigung zum Bösen und einer Abneigung zum Guten geboren. Die meisten Schauspieler ziehen es vor, die Rolle eines Bösewichts zu spielen, denn die Rolle eines guten Menschen zu spielen ist viel schwerer. Anscheinend stehen wir alle unter einem Naturgesetz der „moralischen" Schwerkraft. Wie sehr wir auch versuchen, seinem Abwärtstrend zu entkommen, geschafft hat es noch niemand. Wir sind durch und durch mit Fehlern behaftet und deshalb unfähig, uns gegenseitig zu erlösen. Vielleicht können wir manchmal jemanden unter Einsatz unseres eigenen Lebens vor dem Tod retten, aber nur für eine gewisse Zeit, denn alles, was wir dabei erreicht haben, ist ein Aufschieben dessen eigenen Gerichtsurteils.

Nur Gott konnte uns solch eine Person zur Verfügung stellen, und er tat es, indem er für uns seinen Sohn Jesus Christus in unsere Welt sandte. Er kam freiwillig. Um unseretwillen ist er ein Mensch wie wir geworden. Er ist in einfachsten Verhältnissen geboren worden und aufgewachsen. Sein oberstes Ziel war es nicht, einen edlen Lebensstil zu lehren oder vorzuleben – obwohl er beides tat. Es war auch nicht seine Absicht, eine neue Religion zu gründen, obwohl auch das ein Ergebnis seines Wirkens war. Seine Absicht war es, die Beziehung zwischen Gott und Menschen wiederherzustellen, indem er sich selbst als Opfer an ihrer Stelle hingab und an ihrer Stelle für all ihre Sünden „sühnte".

Er kam, um zu sterben, und das in einem jungen Alter, als er weniger als die Hälfte der normalen Lebenserwartung erreicht hatte. Er hat den Ort, die Zeit, und den Anlass für seinen Tod arrangiert, indem er schlechte Menschen durch seine Güte provozierte. Es starb durch eine öffentliche, schmerzhafte und demütigende Hinrichtung, durch die schlimmste Strafe, die für die schlimmsten Verbrecher vorgesehen war, sodass sogar diejenigen, die ihn hinrichteten, erkannten, dass da ein gewaltiger Justizirrtum stattgefunden haben musste. Und Gott tat nichts, um das aufzuhalten! Denn in Wirklichkeit hatte Gott selbst es geplant, um sein Problem mit der Menschheit zu lösen. Nachdem seiner Gerechtigkeit Genüge getan war, konnte er fortan den Schuldigen freisprechen, er konnte sowohl sich selbst als auch die anderen „rechtfertigen", er konnte ihnen vergeben und die zerbrochene Beziehung wiederherstellen, und sie annehmen, als ob sie sich niemals von ihm entfremdet hätten.

Seine Bedingungen für Vergebung sind jetzt zwar erfüllt, allerdings müssen von unserer Seite auch einige Dinge getan werden. Obwohl der Sühnetod Christi für die ganze Menschheit ausreicht, würde er für niemanden wirksam werden, wenn man nicht darauf reagieren und mit ihm zusammenarbeiten würde. Die zwei Hauptanforderungen, die an uns gestellt werden, sind Buße und Glaube. Buße beinhaltet unsere Gedanken, unsere Worte und unsere Taten. Unsere Gedanken, weil wir uns selbst anhand von Gottes Geboten überprüfen und anerkennen müssen, wie verkehrt wir lagen. Unsere Worte, weil wir ihm unsere Sünden bekennen müssen. Unsere Taten, weil wir unsere bösen Taten aus unserem Leben entfernen müssen und den entstandenen Schaden soweit es geht wieder gutmachen müssen. Der Glaube beinhaltet Vertrauen und Gehorsam: Vertrauen, weil wir davon überzeugt sind, dass Jesus unsere Sünden auf sich geladen hat. Gehorsam, weil wir das tun, was er uns aufgetragen hat – das erste ist, dass wir uns taufen lassen.

Dennoch löst das nur die Hälfte von Gottes Problemen. Die Beziehung zu ihm wurde wiederhergestellt. Uns wurden die Sünden der Vergangenheit vergeben, wir sind aus Gottes Sicht gerechtfertigt, wir wurden in seine Familie aufgenommen und sind nun in der Lage, ihn „Vater" zu nennen. Aber Gott hasst die Sünde immer noch, während er die Sünder liebt. Die Sünden, die ihn vor unserer Bekehrung kränkten, seinen Zorn hervorriefen und ihn anekelten, werden das nach unserer Bekehrung weiterhin tun, und sie werden die neue Beziehung ebenso wirksam zerstören.

Aber wie können wir das verhindern? Die Antwort ist: *Wir können das nicht!* Wir kennen unsere eigenen Schwachheiten. Wir können so leicht in unseren alten Lebensstil zurückfallen, so wie „ein Hund, der der zu seinem eigenen Gespei zurückkehrt" und wie „die gewaschene Sau, die sich wieder im Dreck suhlt" (2.Petr. 2,22; der vorhergehende Vers sagt ausdrücklich, „es wäre besser für Gläubige, die vom Glauben abfallen, wenn sie den Weg der Gerechtigkeit nie erkannt hätten, als ihn erkannt zu haben, und sich dann wieder davon abkehren").

Aber Gott hat auch diesen Teil des Problems bereits gelöst, weil er wusste, dass wir auch von den zukünftigen Sünden ebenso wie von den vergangenen Sünden gerettet werden müssen. Die Lösung besteht darin, dass wir einen Herrn haben, der jetzt für uns lebt, ebenso wie er damals für uns gestorben ist. Nachdem Gott es zugelassen hat, dass er für uns das höchste Opfer geworden ist, um für uns Vergebung zu erwirken, hat er ihn fast unmittelbar danach von den Toten auferweckt – er hat nebenbei das Todesurteil der menschlichen Gerichte („zu schlecht, um am Leben zu bleiben") umgekehrt und hat sein eigenes Urteil gesprochen („du wirst nicht zulassen, dass dein Frommer die Verwesung sehe"). Vor allem evangelikale Christen müssen immer wieder daran erinnert werden, dass seine Kreuzigung ohne seine Auferstehung uns nicht von unseren Sünden „retten" kann (1.Korinther 15,17).

„Denn wenn wir, als wir Feinde waren, mit Gott versöhnt wurden durch den Tod seines Sohnes, so werden wir viel mehr, da wir versöhnt sind, durch sein Leben gerettet werden" Röm5,10.

Als Jesus hier auf der Erde war, waren die Auswirkungen seiner sündlosen Gegenwart ganz außergewöhnlich. Die Menschen fanden es unmöglich, über Sünde auch nur nachzudenken, während er unter ihnen weilte. Je besser sie ihn kannten, desto mehr wünschten sie sich, so zu sein wie er. Die Versuchung zur Sünde schwand in seiner Gegenwart dahin. Prostituierte und Gauner gaben ihre falschen Lebenswege auf, nachdem sie ihn getroffen hatten. Wir wollen uns selbst einmal fragen, wie wir uns benehmen würden, wenn wir uns mit Jesus im selben Raum befinden würden. Würden wir auch nur daran denken, etwas zu tun, das ihm nicht gefällt? Ein Blick seiner Augen würde all unsere schlechten Phantasien in Luft auflösen.

Dazu müsste er aber immer sichtbar und physisch präsent sein, was aber nicht für alle Menschen gleichzeitig möglich ist. Selbst nach seiner Auferstehung war Jesus noch immer eine Person mit einem Körper und konnte nur an einem Ort gleichzeitig sein (Emmaus oder Jerusalem oder Galiläa, aber nie an allen drei Orten gleichzeitig). Wäre er auf der Erde geblieben, hätte sein Leben nur eine kleine Anzahl von Menschen retten können, und zwar nur denjenigen, die ganz nah bei ihm sein konnten. Es war notwendig, dass er zurück zum Vater in den Himmel ging und von jemandem ersetzt wurde, der nicht an einen Ort gebunden war, der bei seinen Nachfolgern sein konnte, wo auch immer sie hingingen.

Jetzt kommen wir zum Heiligen Geist, der dritten Person der Dreieinigkeit, den „anderen Tröster" (viel besser übersetzt mit „Beistand", das griechische Wort bedeutet wörtlich „der zur Hilfe herbeigerufene"). Jesus hatte versprochen, ihn als Ersatz für sich zu schicken. Aber er würde weit mehr sein als nur der, der „einem beisteht". Als Geist würde er in einen hineinkommen, um nicht nur das Leben Jesu lebendig und real zu machen, sondern um das Leben Jesu im Charakter des Gläubigen zu reproduzieren. Schließlich war er die Kraft hinter all den Botschaften Jesu und all seinen Wundern. Seit seiner Taufe im Alter von 30 Jahren war er immer in und bei ihm. Der menschliche Jesus brauchte diese übernatürliche Kraft, nicht aber diese Reinheit, denn die hatte er bereits. Wir aber brauchen beides; davon spricht das Neue Testament, wenn es sagt, dass uns sowohl die „Gaben" als auch die „Frucht" des Geistes zur Verfügung gestellt werden. Der Gott, der gesagt hat: „Seid heilig, denn ich, Jahwe, euer Gott bin heilig" (3.Mose 19,2; 1.Petrus 1,16), hat uns alle notwendige Hilfe gegeben, die wir brauchen, um ihm zu gehorchen, indem er uns angeboten hat, uns mit dem *heiligen* Geist zu erfüllen. Der reumütige Sünder braucht zwei Taufen, um die Sünde loszuwerden: Die Taufe im Wasser und die Taufe im Geist. Er muss *aus* Wasser und Geist wiedergeboren werden (Johannes 3,5 und Titus 3,5; siehe dazu mein Buch: *Die normale christliche Geburt*).

DAS EVANGELIUM GOTTES

Das oben gesagte ist eine Zusammenfassung des christlichen „Evangeliums", der „Guten Nachricht" in groben Zügen: Wir können sowohl von den vergangenen Sünden als auch von der Kraft der zukünftigen Sünden frei sein, wir können frei sein, um in einer ungehinderten und uneingeschränkten Beziehung mit

Gott zu leben. Wir müssen uns nicht länger fragen, ob er sich uns gegenüber gerecht und gnädig verhalten wird, weil wir wissen, dass er beides schon gewesen ist, was seiner außergewöhnlichen Natur entspricht. Wir sind von unseren Sünden durch alle drei Personen Gottes gerettet worden, die in vollkommener Harmonie, allerdings auf unterschiedliche Art und Weise zusammenarbeiten, und das alles zu unserem Besten. Der Gott über uns, der Gott neben uns, und der Gott in uns hat erreicht, was wir niemals für uns selbst hätten erreichen können. Die Verbindung zwischen göttlichem und menschlichem Wesen, die sowohl gemeinsam als auch individuell agieren, ist vollkommen. Himmel und Erde sind sich in Christus begegnet und sind nun in Liebe vereint.

Die Dreieinigkeit ist einfach das Herz des Evangeliums. Ohne diese Wahrheit fällt diese Beziehung auseinander. Ohne diese gute Nachricht wird die Religion zur schlechten Nachricht, zu einer zusätzlichen Last und zu zusätzlichen Aufgaben, die man erfüllen muss. Es wird zu etwas, das wir tragen müssen, anstatt dass es uns trägt, zu etwas, das immer hervorhebt, was wir für Gott tun müssen, anstatt, dass Gott etwas für uns tut.

Es gibt keine Spur von diesen „guten Nachrichten" im Islam. Zwar werden Allah sowohl Gerechtigkeit als auch Barmherzigkeit zugeschrieben, aber es steht ihm frei, zwischen den beiden zu wählen. Die Spannung zwischen ihnen ist nicht gelöst. Er kann nicht beides gleichzeitig sein, und schon gar nicht zu ein und derselben Person. Und niemand kann in diesem Leben sicher sein, welchen Platz Allah für ihn im nächsten Leben vorgesehen hat (mit der Ausnahme derjenigen, die für die Sache Allahs sterben).

Vergebung wird als Nachsicht angesehen und nicht als Versöhnung, so wie die Schuld von einem Richter erlassen werden kann. Aber es ist keine freudige Umarmung eines Vaters, der seinen verloren geglaubten Sohn wieder bekommt. Der Islam sieht auch keine Notwendigkeit eines Sühnetodes vor, um für ein sündiges Leben zu büßen. Man hält es für möglich, dass

Vergebung der Sünden ohne Blutvergießen geschehen kann.

Und genauso geht der Koran mit Jesus um. Man bescheinigt ihm ein sündloses Leben im Gegensatz zu Mohammed, der zugegeben hatte, Sünden begangen zu haben, und der um Vergebung bat, wie jeder andere Mensch auch. Es gibt aber keinen Zusammenhang zwischen seinen moralischen Qualitäten und seiner Qualifikation als Sühneopfer. Deshalb wird auch Jesu Tod keine besondere Bedeutung zugemessen. Ja, der Koran vermittelt sogar, dass seine Kreuzigung niemals stattgefunden hat, und dass einer, der ähnlich aussah, aus Versehen getötet wurde (eventuell wäre es Judas Iskariot gewesen). Auch die Auferstehung wird ausgelassen, nicht aber seine Himmelfahrt.

Was den Heiligen Geist betrifft – von ihm wird als unpersönliches „es" gesprochen – so scheint er für die Muslime weniger real zu sein als Satan und die bösen Geister, die als Verursacher von allerlei Schwierigkeiten geradezu allgegenwärtig sind.

Was also können die Christen den Muslimen bieten, das sie in ihrem eigenen Glauben nicht finden können. Ganz einfach: Das Evangelium! Aber ob sie sich dafür interessieren und davon angezogen werden, wird hauptsächlich davon abhängen, ob die Christen eine wirklich echte Beziehung zu ihrem Gott haben. Der Islam fordert Christen dazu heraus, diese Beziehung zu zeigen, aber diese Beziehung muss einige Eigenschaften aufweisen.

Die Beziehung muss *persönlich* sein, „ich" selbst muss diese Beziehung haben und nicht „wir". Einer meiner Freunde wurde gefragt, warum er sich so sicher sei, dass Jesus von den Toten auferstanden sei. Er antwortete ganz spontan: „Nun, ich habe erst heute Morgen mit ihm gesprochen." Solch ein authentisches Zeugnis spielt eine große Rolle, wenn man das Evangelium mitteilt. Was er zu *mir* gesagt hat, und für *mich* getan hat, kann sehr beeindruckend sein, wenn es auf natürliche und aufrichtige Weise erzählt wird.

Die Beziehung muss *lebendig* sein. Eine lebendige Beziehung lebt nicht von etwas, das schon viele Jahre her ist und jetzt schon längst verblasst ist. Jede Beziehung muss ständig gepflegt werden, man muss viel Zeit im Gespräch mit Gott verbringen.

Im Heiligen Geist getauft zu sein, hat wenig Wert, wenn man nicht von ihm geführt, geleitet und von ihm mit Kraft ausgestattet wird.

Die Beziehung zu ihm muss oberste *Priorität* haben, sie kommt selbst vor den innigsten und wertvollsten Beziehungen zu anderen Menschen; unsere Zeit, unser Geld, unsere Energie und all unser Sein gehören zu allererst Gott. Erst wenn wir vor Entscheidungen gestellt werden oder wenn wir sozialem Druck Widerstand leisten müssen, wird unsere Loyalität zu Gott offenbar.

Die Beziehung zu Gott ist nicht nur individuell, sondern auch *gemeinschaftlich*, wir haben sie nicht nur mit Gott, sondern wir teilen sie auch mit anderen Christen. Die Kirche muss diese Harmonie, die in der Dreieinigkeit vorhanden ist, der Welt vor Augen führen. Die Liebe, die wir zueinander haben, ist ein unverzichtbarer Bestandteil, wenn wir der Welt unseren Glauben zeigen wollen (Johannes 13,35). Die Liebe ist der sichtbare Beweis dafür, dass wir in einer liebenden Beziehung zu Gott stehen (1. Johannes 4,20). Vor vielen Jahrhunderten beeindruckten die Christen außenstehende Beobachter durch ihre Liebe. Sie bezeugten: „Seht nur diese Christen, welche Liebe sie untereinander haben!" Auch heute gilt für uns Christen genau dieselbe Herausforderung.

War das schon alles? Nicht ganz. Es gibt einige Aspekte einer liebevollen Beziehung, wie zum Beispiel einer Ehe, die nicht den Blicken der Öffentlichkeit ausgesetzt werden sollten, sondern geheim bleiben sollten, nicht zuletzt deshalb, damit sich keine unlauteren Motive einschleichen. Jesus hat uns davor gewarnt, unsere „hingebungsvolle" Seite unserer Religionsausübung zur Schau zu stellen, insbesondere das Almosengeben, das Fasten und das Beten (seine Worte der Bergpredigt über das „Beten an jeder Straßenecke" stehen mir lebhaft vor Augen, wenn ich an die Zeit denke, die ich auf der arabischen Halbinsel verbracht habe). Diese unsere Hingabe gilt nur unserem „Geliebten".

Wenn wir all das noch etwas genauer beleuchten, dann können wir sagen, dass die öffentliche Seite unserer Beziehung zu Gott von der Qualität unserer privaten Seite abhängt. Man spürt sehr wohl, ob ein Ehepaar nur eine Show abzieht, und ob die harmonische Einheit echt oder nur vorgespielt ist.

Wenn das Christentum eine Religion ist, die auf einer Beziehung basiert, dann wollte ihr Gründer, dass die Beziehungsebene im Vordergrund steht und nicht der „religiöse" Aspekt. Aber es gibt noch ein weiteres wichtiges Element dieses Evangeliums, und das ist die Gerechtigkeit.

10
GERECHTIGKEIT

Was Gerechtigkeit anbelangt, so stimmen Judentum, Christentum und Islam in mindestens drei Dingen überein. Erstens, dass Gott in sich selbst gerecht ist. Mit anderen Worten, Gott ist gut. Sein Charakter ist integer. Sein Wille ist die vorrangigste Quelle aller moralischen Maßstäbe, für das was absolut richtig und absolut falsch ist. Er kann nichts Böses denken, fühlen, sagen und tun. Man kann darauf vertrauen, dass er nur das tut, was richtig ist. Seine Urteile sind nicht willkürlich oder ungerecht. So wie Abraham, auf den alle drei Religionen aufbauen, zu Gott sagte, als er vor der Zerstörung Sodoms für die wenigen Gerechten in der Stadt Fürbitte tat: „Sollte der Richter der ganzen Erde nicht Recht üben?" (Genesis 18,25). Ein Gott, der nicht allezeit Recht übt, hat sein Recht und seine Autorität verwirkt, die Übeltäter zu richten.

Zweitens fordert Gott von uns, gerecht zu sein. Er hat jeden Menschen mit der Fähigkeit ausgestattet, den Unterschied zwischen Gut und Böse zu erkennen, damit er das Gute ergreift und das Böse scheut. Er gab jedem Menschen ein Gewissen, welches meist erst im Nachhinein am Wirken ist, indem es Schuldgefühle und Scham hervorruft, wenn es verletzt wird. Das ist sein „natürliches" Gesetz im Inneren eines jeden Menschen. Wie der Kompass auf den magnetischen Nordpol zeigt, so kann das Gewissen durch soziale Einflüsse etwas abweichen, aber im Großen und Ganzen ist es zuverlässig genug, um in die richtige Richtung zu zeigen. So ist beispielsweise Inzest in allen Gesellschaften in der Menschheitsgeschichte ein Tabu. Einigen hat Gott zusätzliche Anweisungen gegeben, wie die Zehn Gebote, was einerseits größere Verantwortlichkeit und andererseits größere Privilegien für ihre Empfänger bedeutet. Seine moralischen Forderungen treten am meisten durch die Worte und das Leben von Jesus, seinem Sohn und unserem Herrn, zu Tage.

Drittens wird Gott die Ungerechten bestrafen. Sein Urteil wird absolut fair sein, es wird gemäß des uns offenbarten Lichts ergehen, sei es durch unser Gewissen, sei es durch die Gebote oder sei es durch Christus. Das ist die Antwort für diejenigen, die Gott Ungerechtigkeit zur Last legen, indem sie sagen: „Was ist mit denen, die nie davon gehört haben?" (siehe Römer 2,12-16). Jeder hat die Stimme seines eigenen Gewissens vernommen, aber wer kann schon von sich sagen, er habe ihr immer gehorcht? Und meistens verlangt man von den anderen, dem Gewissen zu gehorchen, während man selbst es nicht tut; gerne verdammt man den anderen, während man mit sich selbst nachsichtig ist. Es kommt der Tag des Gerichts, an dem alles aufgedeckt wird. Und das funktioniert nur, weil Gott gerecht ist. Wir leben in einem höchst moralischen Universum. Früher oder später muss jeder für seine Sünden, seine Laster und seine Verbrechen bezahlen. Niemand kommt mit irgendetwas davon.

Aber es ist eine Tatsache, dass Gott sehr geduldig und sehr langsam zum Zorn ist, und dass er die Sünden nicht sogleich ahndet, nicht einmal in diesem Leben. Diese Tatsache hat viele in Selbstgefälligkeit eingelullt, in ein Gefühl von Sicherheit, dabei ist es nur ein Aufschub, und das nutzen viele voll und ganz aus. Sie haben den Grund für diesen Aufschub ganz vergessen: Er wird gewährt, damit sie die Gelegenheit haben, sich zu bessern. Was nun das Judentum betrifft, so kommt die Bestrafung durch vorübergehendes Leiden vor dem Tod, während Islam und Christentum darin übereinstimmen, dass manche Konsequenzen schon in diesem Leben eintreffen, aber dass die hauptsächliche Strafe nach dem Tod durch ewige Qual im Höllenfeuer eintreffen wird (obwohl das viele Christen, wie wir schon angemerkt haben, ignorieren oder sogar leugnen, obwohl Jesus ganz klar darüber gelehrt hat; Matthäus 5,22.29.30; 13,42; Offenbarung 14,11; 20,10; bei letzterer Bibelstelle handelt es sich um „die Offenbarung Jesu Christi"; Offenbarung 1,1).

In diesen drei Punkten stimmen all diese Religionen überein, aber da endet bereits die Übereinstimmung, und große Unterschiede beginnen. Es gibt vor allem zwei Unterschiede, der eine ist ein Unterschied im Ausmaß, also der *Maßstab* der Gerechtigkeit, der andere ist ein Unterschied in der Art und Weise, also die *Quelle* der Gerechtigkeit.

MASSSTAB DER GERECHTIGKEIT

Die Frage ist ganz einfach: Wie gut müssen wir sein, um an dem Tag, an dem jeder von uns über unser Leben Rechenschaft ablegen muss, „davon zu kommen"? Wie streng ist der Maßstab, der an unser Leben angelegt werden wird? Das ist die Schlüsselfrage, die sich jede Religion stellt.

Im Islam ist es vergleichsweise einfach. Einerseits hat er wenige moralische Anforderungen, die noch dazu leicht verständlich sind. Sie spiegeln das einfache Leben in der Wüstenregion wider, in dem er vor vierzehn Jahrhunderten entstanden ist. Es sind Grundregeln für das Verhalten des Einzelnen und das Leben in der Gemeinschaft.

Andererseits können sie von einfachen Leuten, die ein gewisses Maß an Entschlossenheit und Disziplin besitzen, eingehalten werden. Die Anforderungen sind vernünftig und erreichbar. Der Anreiz des Islam liegt unter anderem darin, dass seine Forderungen von jedem durchschnittlichen Menschen erfüllbar sind, auch wenn sie in der Praxis durchaus ungewöhnlich, lästig und unangenehm sein können.

Vor allem aber wird am Tag des Gerichts ein relativer und kein absoluter Maßstab angelegt werden. Die Entscheidung gleicht eher einer Abwägung. Die guten Taten werden auf die eine, und die schlechten Taten auf die andere Seite der Waage gelegt. Entscheidend ist dann, was überwiegt, obwohl dann immer noch die Hoffnung besteht, dass ein mitleidiger und barmherziger Gott Nachsicht walten lassen kann, wenn die schlechten Taten nicht allzu sehr überwiegen. Die Hauptsache ist, dass die „Mindestpunktzahl" weit unter der „Höchstnote" liegt. Fünfzig Prozent ist sicherlich ausreichend, und neunundvierzig Prozent dürften wahrscheinlich auch noch genügen. Kurzum, wenn wir sicher sein wollen, ins Paradies zu gelangen, dann müssen wir mehr Gutes als Schlechtes tun.

Das Judentum ist wesentlich härter. Auch hier regeln die von Mose gegebenen Gesetze das Verhalten des Einzelnen und das Leben in der Gemeinschaft. Aber es gibt sehr viele Gesetze, zehn übergeordnete, die von weiteren 603 näher ausgeführt werden. Die rabbinische Kommentierung hat sie bis ins kleinste Detail ausgeführt. Das Sabbatgebot ist ein Paradebeispiel. Bereits zur Zeit Jesu haben diese Regeln geradezu lächerliche Ausmaße angenommen, welche Jesus abgelehnt hat, weil sie „Menschengebote" und nicht das Wort Gottes sind. Heutzutage gilt das Drücken eines Knopfes im Aufzug als Arbeit, während das Treppensteigen von mehreren Stockwerken keine Arbeit darstellt. Selbst wenn man solche kleinkarierten Verbote ignoriert, so ist doch die ursprüngliche, göttlich inspirierte Gesetzgebung derart komplex, dass sie nur von wirklich hingegebenen Gläubigen befolgt werden kann. Ein Sünder ist nicht unbedingt ein schlechter Mensch, sondern jemand, der es aufgegeben hat, alle Gebote zu befolgen.

Alle Gebote zu jeder Zeit und an jedem Ort einzuhalten, ist genau das, was das mosaische Gesetz verlangt. Das Volk Israel hat beim Bundesschluss am Sinai (Exodus 19,5; 24,3) eingewilligt, das Gesetz zu befolgen, wobei ihm bewusst war, dass Gott es verfluchen würde, wenn man es nicht befolgen würde (Deuteronomium 27,26). Für das unbeabsichtigte Brechen der Gebote gab es bestimmte Regelungen (die Sühneopfer in Levitikus 4 und 5), nicht aber für willentlichen und absichtlichen Ungehorsam. Es gab schwere Strafen, die vom Verlust des Landes

Gerechtigkeit

und des Schutzes für das ganze Volk bis hin zur Todesstrafe für den Einzelnen reichten. Letztere wurde bei mindestens fünfzehn Arten von Verbrechen verhängt.

Das heutige Judentum hat das Problem, dass es keinen Tempel, keine Priesterschaft und kein Opfersystem mehr besitzt. Das hat zur Folge, dass es auch für unabsichtliche Sünden kein Heilmittel mehr gibt. Seine Theologie musste sich daher anpassen, und so wird heute mit dem Thema Gerechtigkeit eher wie im Islam umgegangen und nicht so wie im Christentum. Gott kann auch ohne Sühneopfer die Sünden vergeben. Es ist ein Akt ohne Blutvergießen und erfordert von Seiten des Menschen lediglich Buße. Der jährliche „Versöhnungstag" (Jom Kippur) mit seinem „Sündenbock" und dem Blut von Stieren und Ziegen in Levitikus 16) wurde zu einem Tag der Buße. An diesem Tag zählt der Oberrabbiner die Sünden der vergangenen zwölf Monate auf, wozu auch immer das rücksichtslose Fahren im Straßenverkehr eines Volkes, das an das Fahren von Panzern gewöhnt ist, gehört!

Praktisch gesehen, versucht man, so gut wie möglich zu sein und hofft, dass die Barmherzigkeit Gottes mit dem Rest zurechtkommt. Es ähnelt dem Denkansatz, dass das Gute das Böse überwiegen soll. Selbstverständlich gibt es auch einige Juden, die darin größere Anstrengungen unternehmen, aber die meisten Juden begnügen sich damit, dass sie ihr Gewissen nicht überstrapazieren. Für viele wurde die Torah mit Beschneidung, Sabbat und koscherem Essen zu einer kulturellen Angelegenheit, um ihre Identität zu bewahren; es geht ihnen nicht mehr so sehr darum, moralisch zu handeln und Gott zu gefallen. Aber dennoch bleibt der Bund mit Gott weiterhin gültig. Ebenso bleibt selbst für den gottesfürchtigsten Juden die schiere Unmöglichkeit bestehen, alle mosaischen Gesetze zu befolgen, ein Dilemma, das ganz tief in ihrer Religion verwurzelt ist.

Das Christentum ist in dieser Hinsicht die härteste von allen Religionen. Jesus ist überall als ein großer, wenn nicht sogar der größte Sittenlehrer anerkannt. Man ist sich darüber einig, dass die Welt sehr schnell ein besserer und sicherer Ort zum Leben wäre, wenn man nach seinen Prinzipien leben würde. Seine „Bergpredigt" (Matthäus 5 bis 7) wird als die höchste ethische Regel für die Gesellschaft betrachtet, selbst von einem Nichtchristen wie dem Inder Gandhi oder auch vom Russen Dostojewski.

Gleichzeitig lehnt man jedoch die Lehre Jesu ab, weil sie nur in einer idealen Welt, die die unsere sicherlich nicht ist, praktizierbar ist. Man sagt von ihr, dass sie unseren natürlichen Instinkten, z.B. dem Selbsterhaltungstrieb entgegengesetzt ist, und dass sie keine Auswirkungen auf uns hat, außer dass sie den Schuldkomplex vergrößert, wenn man versucht, ihre Forderungen zu erfüllen.

Nehmen wir zum Beispiel die Sexualität, wegen der wir unsere Attraktivität steigern, und die in unserer heutigen Gesellschaft eine immer größere Rolle bis hin zur Obsession spielt. Jesus jedoch lehre völlige Keuschheit (kein Sex vor der Hochzeit) und völlige Treue (kein Sex außerhalb der Ehe). Er kritisierte das mosaische Gesetz wegen der Zugeständnisse an die menschliche Natur und wegen des Kompromisses mit der eigentlichen Absicht Gottes, indem er auf der Monogamie bestand (eine Ehe mit einer Person während des ganzen Lebens, bis dass der Tod sie scheidet) und so jede Form von Polygamie – ob nacheinander oder gleichzeitig – verdammte, und indem er jede Wiederheirat nach einer Scheidung zum Ehebruch erklärte (Lukas 16,18).

Vor allem aber weitete er die moralischen Anforderungen von äußeren Taten auf die inneren Absichten des Menschen aus. Die Sünde des Ehebruchs schließt lüsterne Blicke und Phantasien mit ein, die ja den lüsternen Begierden entspringen. Die Sünde des Mordes schließt Worte der Verachtung und Gedanken des Hasses mit ein. Diese Grundsätze begründete er mit der Tatsache, dass Gott alles richten wird, was er sieht. Wir können zwar unsere innersten Gedanken und Gefühle vor anderen Menschen verstecken, nicht aber vor Gott, für den unser inneres Tun in

Gerechtigkeit

unserer Vorstellung genauso real ist wie unser äußeres Tun, für den unser seelisches und emotionales Wesen genauso real ist wie unser physisches.

Dahinter verbirgt sich aber noch ein tiefgreifenderes Prinzip. Der Schöpfer erwartet von seinen Geschöpfen dieselbe Tugendhaftigkeit, die auch er besitzt. Wir sind nach seinem Bilde geschaffen worden, damit wir auch entsprechend diesem Bilde leben. Wenn wir unsere Moral an anderen Menschen, insbesondere an solchen, die wir für weniger moralisch einschätzen, messen, dann begeben wir uns in eine gefährliche Täuschung („Ich danke dir, dass ich nicht bin wie die übrigen der Menschen, Räuber, Ehebrecher...", Lukas 18,11). Nur wenn wir uns mit Gott selbst vergleichen, werden wir uns richtig einschätzen („Geh weg von mir, Herr, denn ich bin ein sündiger Mensch!", Lukas 5,8).

Jesus verlangte von seinen Jüngern, dass sie „vollkommen, wie euer himmlischer Vater vollkommen ist" sein sollten (Matthäus 5,48). Dabei wiederholte er nur die Forderungen, die Gott schon zuvor durch seinen Propheten Mose und später durch seinen Apostel Petrus ausgesprochen hatte (Levitikus 19,2; 1. Petrus 1,16). Mit anderen Worten, Gott ist nicht nur perfekt, sondern er ist auch ein Perfektionist. Er fordert Perfektion von seiner Schöpfung und von seinen Geschöpfen, obwohl sie in ihrem gegenwärtigen Zustand dazu nicht in der Lage sind. Wie für jeden Perfektionisten stellt Mangelhaftigkeit einen tiefgreifenden Affront auf seine Person dar, insbesondere wenn andere dafür verantwortlich sind, und sie das, was er perfekt geschaffen hat, ruinieren.

Wir können uns kaum vorstellen, wie sehr sich Gott über die Sünde ärgert, und die Bibel zögert nicht, seine Reaktion auf die moralische und physische Verschmutzung unseres Planeten mit dem Ausdruck „Zorn" zu beschreiben.

Wie geht Gott also mit dieser Situation um? Die Antwort kann einem die Sprache verschlagen! Er beginnt alles noch einmal von vorne, indem er dieses gegenwärtige Universum zur selben Energie auflöst, aus der sie erschaffen wurde (in Feuer; 2. Petrus 3,10), und indem er einen brandneuen Weltraum und einen brandneuen Planeten Erde schafft (das ist die Bedeutung „eines neuen Himmels und einer neuen Erde" in Offenbarung 21,1; in Kontrast zur den „ersten" in Genesis 1,1). In diesen wird „Gerechtigkeit wohnen" (2. Petrus 3,13), und sie werden auf keinerlei Weise mehr verschmutzt werden. Nichts Unreines und kein Unreiner wird sie mehr betreten (Offenbarung 21,27).

Welche Hoffnung bleibt da noch für uns? Selbst wenn wir als Sünder, denen vergeben ist, dort hineinkämen, würden wir sie wieder sehr bald für uns selbst, für andere und vor allem für Gott verderben. Wenn der vorrangige Sinn des Jüngsten Gerichts darin besteht, eine Bevölkerung auszuwählen, die geeignet ist, solch einen perfekten Ort zu bewohnen, und wenn die Qualifikation in vollkommener Gerechtigkeit besteht (die Mindestanforderung beträgt 100 Prozent und kein Prozent weniger), dann kann kein Jude, Muslim, Christ oder sonst ein Mensch diesem Tag zuversichtlich, ja nicht einmal mit einem Funken von Hoffnung entgegensehen. Warum soll man dann noch versuchen, gut zu sein? Eigentlich hat es überhaupt keinen Zweck, sich in dieser Hinsicht anzustrengen!

Nur wer diesen Grad von eigener moralischer Verzweiflung erreicht hat, wird den qualitativen und quantitativen Unterschied zwischen dem Christentum auf der einen Seite und dem Judentum, dem Islam und tatsächlich aller anderen Weltreligionen auf der anderen Seite wertschätzen können. Aber nicht nur der Maßstab, sondern auch die Quelle der Gerechtigkeit unterscheiden sich grundlegend.

QUELLE DER GERECHTIGKEIT

Ganz unabhängig von der Basis und von der Zielsetzung einer jeden Religion gibt es in jeder Religion eine Lehre mit der Überschrift: „Was du *tun* musst", die dann fortfährt mit: „Was du *sein* musst". So besteht ein grundlegender Aufruf zum eigenen Bemühen und zur eigenen Disziplin in der Annahme, dass die menschliche Natur befähigt ist, die Höhen der Spiritualität zu erklimmen und dieses Ziel auch zu erreichen. Deshalb sei der Mensch auch selbst für Erfolg oder Misserfolg verantwortlich. Dabei kann man göttliche oder übernatürliche Hilfe in Anspruch nehmen, wobei diese Art von Hilfe nur eine Ergänzung der eigenen Kraftanstrengung und Zielsetzung darstellt.

All das stellt eine „do-it-yourself" Religion, eine „Selbsthilfespiritualität" dar, oder theologisch ausgedrückt: eine Rettung durch eigene Werke. In diese Kategorie fällt sogar der mosaische Bund im Alten Testament, wenn man die Aufforderung „Tu dies, und du wirst leben" von der erlösenden Befreiung aus der Sklaverei in Ägypten trennt. Auch der Islam gehört ganz eindeutig in diese Kategorie: Gerechtigkeit kann man selbst erlangen. Der Mensch ist von sich aus zur Heiligkeit fähig.

Aber dieser Denkansatz weist zwei schwerwiegende Fehler auf. Der erste Fehler ist, dass Selbsthilfe zur Selbstgerechtigkeit führt; je mehr man dabei erreicht, umso schlimmer wird sie! Unweigerlich führt dies zu zwei sehr schlimmen Haltungen: Zur *Heuchelei*, weil die Betonung auf dem äußerlichen Befolgen, auf dem „Buchstaben" der religiösen Regeln liegt, während man innerlich und spirituell ungehorsam ist. Zur *Arroganz*, weil wir, je mehr wir auf diesem Weg erreichen, stolz auf uns selbst werden und diejenigen, die es nicht so weit gebracht haben oder die es noch nicht einmal versuchen, verachten. Jesus begegnete dieser Heuchelei und dieser Arroganz bei den Pharisäern, die in seinen Tagen das beste Beispiel für diese Selbstgerechtigkeit abgaben. Daher rührt auch die Aufforderung an seine Nachfolger, dass ihre Gerechtigkeit die Gerechtigkeit der Pharisäer *bei Weitem übertreffen* solle (Matthäus 5,20). Paulus, der ein solcher Pharisäer gewesen war, der alle religiösen Gebote Moses eingehalten hatte, schaute darauf mit äußerster Abscheu zurück.

Selbstgerechtigkeit wird von den Leuten instinktiv abgelehnt, aber sie stellt auch einen Affront gegen Gott dar, in dessen Natur es liegt, sich selbst zu demütigen, und der es sogar zugelassen hat, in aller Öffentlichkeit gedemütigt zu werden. Diese Haltung wird vor allem in seinem Sohn ersichtlich, der Fleisch wurde und gekreuzigt wurde, und diese Haltung erwartet er von uns allen (Philipper 2,5-11). Diese Eigenschaft Gottes demütigt den Stolzen und erhöht den Demütigen. Er wird garantieren, dass die „Armen im Geist" das Königreich der Himmel besitzen werden, und dass die Sanftmütigen die Erde erben werden, was die radikalste Revolution sein wird, die die Weltgeschichte jemals erfahren wird.

Es ist keine Übertreibung, wenn man sagt, dass Selbstgerechtigkeit, insbesondere in ihrer religiösen Verkleidung, den Gott der Bibel mehr beleidigt als offene Sünde. Zum Teil weil sie zur Selbstgefälligkeit, zur Selbstbeweihräucherung und sogar zur Selbst-Anbetung führt, aber auch, weil sie für ihn so schwer zu kurieren ist. Menschen, die wissen, dass sie schlecht sind, nehmen viel eher Hilfe in Anspruch als Menschen, die meinen, dass sie gut sind. So haben Prostituierte die Einladung Jesu ins Königreich einfach angenommen, während die Pharisäer sie abgelehnt haben, was Jesus zu dem Ausspruch veranlasste: „Nicht die Gesunden brauchen den Arzt, sondern die Kranken... Ich bin nicht gekommen, Gerechte zu rufen, sondern Sünder" (Matthäus 9,12.13; wobei er die Pharisäer so nahm, wie sie sich selbst einschätzten, obgleich er sie als „weißgetünchte Gräber" ansah, die ein makelloses Äußeres haben, welches ein verrottetes Inneres verdeckt).

Der weitere, sogar noch schwerwiegendere Fehler der Selbstgerechtigkeit (Römer 10,3; Paulus wendet den Ausdruck auf die jüdische Religion an) besteht darin, dass sie niemals ihre Zielvorgaben erreichen kann. Wenn der einzig wahre Gott der Gott der Bibel ist, und er von uns erwartet, so gut wie er selbst zu sein, dann kann es nur bedeuten, dass es immer schwerer wird, und sich dieses Ziel immer weiter von uns entfernt, je mehr wir

Gerechtigkeit

erreichen. Nur diejenigen, die es wirklich mit aller Anstrengung versucht haben, wie beispielsweise der Apostel Paulus oder der Mönch Luther, wurden von der Hoffnungslosigkeit ihres Unterfangens überwältigt. Früher oder später wird der Esel, der die vor ihm aufgespannte Karotte nicht erreicht, verzweifelt aufgeben!

Die Bibel wendet den Begriff der Schlechtigkeit nicht nur auf Perverse, Kriminelle und Tyrannen an, wie wir es gerne tun. Schlecht zu sein, bedeutet, ungöttlich und ungerecht zu sein – mit biblischen Worten ausgedrückt – „nicht die Herrlichkeit Gottes zu erlangen" (Römer 3,23). Es bedeutet, nicht die vollkommene Gerechtigkeit Gottes widerzuspiegeln, in dessen Bild wir geschaffen wurden. Dabei macht es „keinen Unterschied" (Römer 3,22), ob wir sie nur ein paar Meter oder viele Kilometer weit verfehlen, was man am Beispiel eines Menschen verdeutlichen kann, der versucht, von einem vom Meer umspülten Felsen an das rettende Ufer zu springen und dieses knapp verfehlt. Nach den Maßstäben Gottes sind wir alle ungerecht und für sein geplantes neues Universum untauglich.

Eine Sache sollte klar sein. Die Quelle solcher Gerechtigkeit kann nicht in der menschlichen Natur gefunden werden. Kein Mensch ist vollkommen – das weiß jeder – und keiner wird es je sein. Diese Erkenntnis mag vielleicht unser Gewissen beruhigen, sie stellt aber Gott nicht zufrieden. Die Lage ist hoffnungslos, es sei denn… wir würden eine andere, eine geeignete und außerhalb von uns liegende Quelle finden.

Das christliche Evangelium (die gute Nachricht) begegnet dieser großen Notlage. Im Evangelium können wir diese Quelle, die allerdings nicht in der menschlichen, sondern in der göttlichen Natur liegt, entdecken. So unglaublich es klingen mag, wir können tatsächlich die Quelle *seiner* Gerechtigkeit anzapfen! Deshalb schämt sich Paulus des Evangeliums nicht; er ist davon überzeugt, dass es uns von aller Ungerechtigkeit befreien kann, und zwar genau deswegen, weil in ihm die „Gerechtigkeit Gottes offenbart wird" (Römer 1,16.17). Man bemerke auch, dass Paulus nicht mit der Liebe Gottes beginnt, sie kommt immer erst später zur Sprache.

In seinen weiteren Ausführungen kommt Paulus, so überraschend und paradox es klingen mag, sehr zielstrebig auf Gottes unerbittlichen Hass und seinen heiligen Zorn auf die Ungerechtigkeit zu sprechen. Der Missionar, Politiker und Bischof Stephen Neill brachte es mit folgenden Worten auf den Punkt: „Das Evangelium muss zuerst schlechte Nachricht sein, bevor es gute Nachricht wird." Genauso wie Juwelen auf einem schwarzen samtenen Tuch am besten zur Geltung kommen, ist der Zorn Gottes auf alles Schlechte in uns die Kehrseite seiner Güte und der Beweis dafür, dass er gerecht ist.

Sein Zorn („vom Himmel her") offenbart sich uns in zwei Phasen. Zuerst kommt der siedende Zorn, der wie ein Topf heißer Milch auf dem Ofen siedet und leichte Blasen gibt. Doch dann, wenn man nicht aufpasst, kocht die Milch im Topf plötzlich über, und dann hat man die Bescherung. Derzeit können wir seinen siedenden Zorn in solchen Dingen wie der zunehmenden Homosexualität und sonstigem sozialschädlichen Verhalten wie der Zerstörung von Ehe und Familie beobachten (eine ausführliche Auflistung dieser Dinge steht in Römer 1,18-32, es liest sich wie das Titelblatt einer Boulevardzeitung). Eines Tages wird sein Zorn überkochen. Dieser Tag wird im Neuen Testament „Tag des Zorns" genannt. Mit aller Ungerechtigkeit wird dann auf sehr drastische Weise verfahren werden. Weil Ungerechtigkeit aber keine abstrakte von Menschen losgelöste Angelegenheit ist, sondern nur von Menschen ausgeübt werden kann, so kann das nur bedeuten, dass dieser Tag für viele Menschen schrecklich und entsetzlich sein wird.

Bis zu diesem Punkt gelangte der asketische Mönch Martin Luther mit Gebet, Fasten und sogar Selbstgeißelung in seinen verzweifelten Versuchen, gerecht zu werden. Voller Schrecken dachte er an den gerechten Zorn Gottes. Als er aber den

Römerbrief des Paulus las und studierte, wurde er von der Wahrheit überwältigt, dass Gott seine Gerechtigkeit für uns auf ganz andere wunderbare Weise offenbart, die uns mit Freude und Dankbarkeit erfüllt.

Kurzum, Gott fordert nicht *unsere* Gerechtigkeit von *uns*, sondern bietet *uns seine* Gerechtigkeit an, wobei er nur zu gut weiß, wie unfähig wir sind, seine Anforderungen zu erfüllen. Deshalb erfüllt er diese Anforderungen selbst – sowohl für uns als auch in uns – aber nicht, indem er den Maßstab herabsetzt, sondern indem er uns emporhebt, nicht indem er selbst weniger gut wird, sondern indem er uns so gut macht wie er selbst ist. Das Evangelium sagt nicht: „Du musst heilig werden", sondern es sagt: „Du bekommst die Möglichkeit, heilig zu werden". Das ist nicht nur eine gute, sondern eine großartige Nachricht. Die meisten Menschen haben ja das Verlangen, gute Menschen zu werden. Und jetzt kann man ihnen sagen, dass sie die Möglichkeit haben, gute Menschen zu werden, und zwar nicht durch Anstrengung, sondern durch Vertrauen. Ich habe diese verändernde Kraft in Hochsicherheitsgefängnissen und in Zigeunerlagern erlebt. Dass Gott seine Gerechtigkeit mit uns teilen und uns von dem aussichtslosen Kampf, aus eigener Anstrengung bessere Menschen zu werden, befreien will, ist wirklich die beste Botschaft, die Menschen nur hören können. Diese Botschaft der Gerechtigkeit ist deshalb für diejenigen, die schlecht sein wollen, eine schlechte, und für diejenigen, die gut werden wollen, eine gute Botschaft. Es wird ein Tag kommen, an dem diese beiden Haltungen unwiderruflich an zwei verschiedenen Orten festgezurrt werden (Offenbarung 22,11).

Auf welche Weise aber bringt Gott seine Gerechtigkeit zu den Ungerechten? Wie schafft er es, schlechte Menschen gut zu machen? Wie macht er aus Sündern Heilige? Die Antwort darauf ist zweifach, und es ist absolut notwendig, dass beide Teile der Antwort zusammenbleiben und auch zusammen kommuniziert werden, damit das „volle Evangelium" seinen Zweck erreicht.

Gott teilt uns seine Gerechtigkeit mit, indem er sie uns zuerst anrechnet und sie uns danach mitteilt, wobei das Erstere das Letztere erst ermöglicht. Die theologischen Fachausdrücke dafür sind „Rechtfertigung" und „Heiligung". In einfachen Worten, zuerst behandelt er uns, als ob wir gut wären, und dann macht er uns so gut, wie er uns bereits behandelt! Das will ich nun näher ausführen.

ANGERECHNETE GERECHTIGKEIT

Wir befinden uns in einem Teufelskreis. Gott kann seine Gerechtigkeit nicht mit uns teilen, wenn wir keine aufrichtige Beziehung zu ihm haben, andererseits kann er keine aufrichtige Beziehung zu ungerechten Menschen haben. Zwischen vollkommen gerechten und offensichtlich ungerechten Personen kann es keine echte Beziehung geben.

Gott hat dieses Dilemma dadurch gelöst, dass er selbst die Beziehung angebahnt hat, indem er den Ungerechten wie einen Gerechten behandelt, sie zu Menschen erklärt, die „im Recht sind" (dies entspricht der Bedeutung des Wortes „gerechtfertigt"; wenn wir uns zum Beispiel „rechtfertigen", weil wir Geld verschleudert haben, oder viel zu spät nach Hause gekommen sind). Es handelt sich um einen Begriff der Gerichtssprache, der auf einen Angeklagten angewendet wird, der vom Gericht freigesprochen wird und der aus dem Gefängnis wieder nach Hause gehen darf. Man könnte sagen: Gott nimmt mich an, so als ob ich nie gesündigt hätte. Am besten gefällt mir die Ausdrucksweise des Pidgin-Englisch, das in Neu Guinea gesprochen wird: „Gott sagt, ich bin OK." Es bedeutet ganz einfach Vergebung, die ja immer der wesentliche Schritt bei der Wiederherstellung einer kaputten Beziehung darstellt.

Aber wäre dies nicht eine juristische Fiktion oder ein falsches Spiel? Wie kann ein Gott, der ganz genau weiß, dass wir schuldig sind, uns als unschuldig erklären? Wäre das nicht unmoralisch, wenn man Missetäter so behandeln würde? Was wäre los, wenn

Eltern und Polizisten diesem göttlichen Vorbild folgen würden? Wen nimmt er eigentlich auf den Arm, uns oder sich selbst? Wenn Gott uns einfach so davonkommen ließe – und so schätzen viele Menschen die Vergebung Gottes ein – dann wäre er sich selbst nicht treu, es würde nicht seinem Charakter entsprechen.

Beides ist unzutreffend. Er kann nur deshalb so handeln, weil die Strafe bereits bezahlt worden ist. Die Gerechtigkeit wurde bereits zufriedengestellt. Eine Sühnung hat bereits stattgefunden. Ein unschuldiges Leben wurde freiwillig hingegeben und wurde als hinreichendes Opfer für die Sünden der ganzen Welt akzeptiert. Ein wirklich guter Gott konnte den Schuldigen nicht als Unschuldigen akzeptieren, bis nicht ein Unschuldiger als Schuldiger akzeptiert wurde.

Gott ist nicht unglaubwürdig geworden und er hat sich nicht selbst widersprochen. Durch das Werk seines Sohnes, kann uns der Vater wieder in seine Familie aufnehmen. Indem er sich ausgesucht hat, ein Mensch zu werden, anderen in ihrer tiefsten Not zu dienen und jung zu sterben anstatt alt zu werden, hat Jesus als vollkommener Mensch, der ebenso göttlich war, die Anforderungen erfüllt. Nur aufgrund seiner Kreuzigung ist es Gott möglich, „gerecht zu sein und den zu rechtfertigen, der des Glaubens an Jesus ist" (Römer 3,26). Dieser Glaube bedeutet, ihm voll und ganz zu vertrauen, dass er derjenige ist, der zu sein er behauptete, und dass er alles Notwendige getan hat, damit man jetzt und in Zukunft vor Gott bestehen kann.

Es gibt aber noch eine andere Bedingung, die wir unsererseits erfüllen müssen, bevor uns vergeben werden kann, bevor wir gerechtfertigt und mit Gott versöhnt werden können, nämlich die Buße. Sie ist eine Umkehr von unserem selbstsüchtigen und sündigen Ego hin zu dem heiligen Gott, die mit der Bereitschaft von Wiedergutmachung unter Gottes Anleitung einhergeht.

Wer dies getan hat, ist „in" Christus, soweit es Gott betrifft. Unsere sündige Vergangenheit ist verschwunden, sie ist bedeckt von seinem gerechten Leben und von seinem Tod. „Mutig kommen wir vor den Thron, freigesprochen durch den Sohn..." wie es der Kirchenliedichter Charles Wesley ausdrückt. Seine Gerechtigkeit ist uns angerechnet worden, denn unsere Ungerechtigkeit ist ihm angerechnet worden. In unseren Augen mag dieser Tausch extrem ungerecht sein, aber in Gottes Augen ist er vollkommen gerecht. Wir können dies nur mit dankbarer Verwunderung annehmen.

Die gute Nachricht hört hier aber nicht auf, obwohl viele Christen das annehmen. Sie sind mit der angerechneten Gerechtigkeit vollauf zufrieden und erkennen nicht, dass Gott damit noch nicht zufrieden ist. Er will uns seine Gerechtigkeit auch weitergeben und ganz praktisch mitteilen, damit wir tauglich werden, in seinem neuen Universum, das er geplant hat, zu leben. Heiligkeit ist genauso notwendig wie Vergebung (Hebräer 12,14). Theologisch ausgedrückt: Heiligung ist genauso notwendig wie Rechtfertigung für die Verherrlichung (die Teilnahme an Gottes Herrlichkeit in einer herrlichen Zukunft; Hebräer 2,10), ebenso wie der Schreiber des Kirchenliedes „Es liegt ein Hügel in der Fern" zutreffend sagte:

„Er starb, damit uns sei vergeben – Er starb, *um uns zu machen gut*." (Der Text in Kursivdruck stammt von mir.)

Warum haben so viele Christen das Wesentliche nicht begriffen? Wahrscheinlich sind fehlgeleitete Evangelisten daran schuld, ob sie nun vor vielen Leuten oder vor einzelnen Personen sprechen, die im Gegenzug zu einem Dreißig-Sekunden-Bekehrungsgebet „Eintrittskarten" in den Himmel verteilen. Dadurch erwecken sie den Eindruck, dass Rechtfertigung mit Rettung gleichgesetzt wird, während doch das Erstere einen Moment und das Letztere ein Leben lang andauert. Man verwendet das Wort „retten" immer nur im Perfekt („Ich bin gerettet worden", „Ich wurde vor zehn Jahren gerettet", „Letzten Sonntag wurden in unserem Gottesdienst drei Menschen gerettet" usw.), obwohl das Neue Testament dieses Wort in drei verschiedenen Zeitformen verwendet: In der Vergangenheit („Wir wurden gerettet"), in der

Gegenwart („Wir werden gerettet") und in der Zukunft („Wir werden gerettet werden"). Damit wird klar angezeigt, dass es sich um einen Prozess handelt, der Zeit benötigt, und nicht um ein einmaliges Ereignis.

Weitere Symptome dieses Missverständnisses sind die übertriebene Betonung des vollbrachten Werkes Christi (und hier mehr der Kreuzigung als der Auferstehung), die Deplatzierung seines gegenwärtigen Werkes (in unseren Herzen und nicht so sehr im Himmel, dort, wo er jetzt ist) und das Vorverlegen seines zukünftigen Werkes (in den Himmel zu kommen, wenn wir sterben, und weniger das Leben auf einer neuen Erde, nachdem wir gerichtet worden sind). Vor allem aber führt es zur Selbstgefälligkeit in moralischen Dingen, die sich damit abfindet, dass man fortwährend an der Überwindung der Versuchung scheitert, trotz der Zusage des Herrn, dass er nur solche Versuchungen zulässt, denen zu widerstehen wir in der Lage sind (1. Korinther 10,13). Man akzeptiert, dass zu einem christlichen Leben der fortwährende Kreislauf von Sünde, Sündenbekenntnis und Vergebung gehört. Man erachtet das Thema Heiligung als ein geistliches Extra, dessen Bonus man im Himmel empfängt, und nicht als eine Notwendigkeit, um sich einen Platz im Himmel zu sichern.

Das weitverbreitete Motto „Einmal gerettet – immer gerettet" ist in dieser Situation nicht besonders hilfreich. Selbst der erste Teil dieses Satzes ist nach neutestamentlichen Maßstäben nicht komplett haltbar, der zweite Teil noch viel weniger. Dieses Motto fasst die lange protestantische Tradition einer Lehre zusammen, die von den Reformatoren bis auf den katholischen Bischof Augustinus zurückgeht. Allerdings hat man diesem Motto – nach seinem bekanntesten Vertreter Calvin – die Überschrift „Calvinismus" verpasst. Grob gesagt, Rettung wird als fortwährende „Produktionsstraße" Gottes angesehen. Wenn man einmal dabei ist, kann man nicht mehr abspringen, bis das Produkt fertiggestellt ist. Theologisch gesprochen führt die

Rechtfertigung unausweichlich zur Heiligung und schließlich zur Verherrlichung, denn nichts und niemand kann der absoluten Macht Gottes widerstehen (manche sagen sogar, dass er uns auf diesen „Weg der Errettung" unabhängig von einer Entscheidung oder Einstellung unsererseits, gestellt hat. Seine unergründliche „Auswahl" erscheint uns dabei sehr willkürlich). Wenn wir also einmal auserwählt worden sind, sind wir von all unseren zukünftigen Sünden genauso wie von unseren vergangenen gerettet. Halleluja! Himmel, tue dich auf, hier komme ich! Wie kommt es aber, dass so viele Menschen ein christliches Leben beginnen und es dann offensichtlich nicht weiterführen, geschweige denn beenden? Die calvinistische Logik ist da ganz einfach: „Sie waren niemals wirklich gerettet", sondern sie hatten sich einfach selbst getäuscht. Ist das wirklich alles, was man dazu sagen kann?

Wer eine andere Auffassung vertritt, wird als „Arminianer" abgestempelt (nach ihrem bekanntesten Vertreter, dem Holländer Jacobus Arminius, der beim Franzosen Johannes Calvin in Genf studiert hat). Diese Auffassung gründet sich auf achtzig Passagen im Neuen Testament, die die Gläubigen davor warnen, das in Christus Erreichte wieder zu verlieren und dazu ermahnen, weiter zu drängen und „jede Anstrengung zu unternehmen... um heilig zu sein, denn ohne Heiligung wird niemand den Herrn sehen" (Hebräer 12,14). Sie glauben nicht, dass Heiligung unausweichlich die Folge von Rechtfertigung ist, oder dass Vergebung automatisch zur Heiligung führt. Beides sind Entscheidungen, die vom menschlichen Willen bzw. seiner Bereitwilligkeit abhängen.

Calvinisten neigen dazu, Arminianer zu beschuldigen, dass sie Rechtfertigung durch Glauben und Heiligung durch Werke lehren, aber das ist irreführend. Beides, sowohl Rechtfertigung als auch Heiligung geschehen „durch Glauben", Erstere durch sofortigen und momentanen Glauben, und Letztere durch fortwährenden Glauben (der häufigste Zeitgebrauch des Wortes

„glauben" im Neuen Testament ist die griechische „Verlaufsform des Präsens"; man übersetzt es am geeignetsten mit „fortwährend glauben", sogar in Johannes 3,16 steht diese Zeitform).

Jedoch sind sich beide Auffassungen darin einig, dass wir mehr als nur zugerechnete Gerechtigkeit benötigen, um der Absicht Gottes zu entsprechen. Wir benötigen mehr als nur so *behandelt* zu werden, als seien wir heilig; wir müssen „heilig *sein*, so wie er heilig ist". Die gute Neuigkeit ist, dass auch das möglich ist, und zwar im Hier und Jetzt, wie auch im Jenseits und danach.

MITGETEILTE GERECHTIGKEIT

Wenn Gott seine Gerechtigkeit mit uns teilt, dann will er uns mit ihr bedecken und füllen, indem er uns Vergebung und Heiligkeit gibt, womit er uns rechtfertigt und heiligt. Zu beidem ist er in der Lage, wenn wir dabei mitwirken. Es ist keine unerfüllbare Bitte, wie es auch das berühmte Kirchenlied „Rock of Ages" (Fels aller Zeiten) sagt: „Sei doppelt Heilung für die Sünde, reinige mich von ihrer Schuld und Macht." Diese Worte verdeutlichen die ganze Problematik der Sünde.

Vergebung und Rechtfertigung betreffen nur die Vergangenheit. Es bewahrt nicht vor zukünftiger Verunreinigung durch Sünden. Die schlechten seelischen und körperlichen Gewohnheiten unseres bisherigen Lebens (die Bibel sagt dazu: unser „alter Mensch") sind immer noch in unserer bisherigen Natur (die Bibel sagt dazu: „Fleisch") vorhanden und können uns ein Bein stellen und dem Teufel (die Bibel nennt ihn einen „brüllenden Löwen") ein Einfallstor gewähren, damit er uns wieder überwältigen kann. Aber das muss nicht sein.

Gott hat eine doppelte Stellvertretung vorgesehen. „Gott machte ihn (Jesus Christus), der keine Sünde hatte, zur Sünde für uns, so dass wir in ihm die Gerechtigkeit Gottes sein sollen" (und nicht nur von Gerechtigkeit bedeckt; 2. Korinther 5,21). Das ist ein wirklicher guter Tausch! Er nimmt unsere Schlechtigkeit und gibt uns seine Tugend. Hat man schon einmal von solch einem

Tauschgeschäft gehört? Wie traurig ist es doch, dass viele sehr froh darüber sind, ihm ihre Sünden abzugeben, aber so zögerlich, seine Gerechtigkeit dafür einzutauschen. Wie aber teilt er sie mit, und wie erhalten wir sie?

Jetzt kommt der Heilige Geist ins Spiel. Alle drei Personen der Gottheit werden benötigt und sind beteiligt an der Rettung von unserer Sünde, sowohl von ihrer Kraft als auch von ihrer Strafe. Aber die Funktionen der drei Personen der Gottheit sind unterschiedlich und dennoch ergänzen sie sich. Die Heiligung ist vor allem das Werk der dritten Person der Dreieinigkeit. Heiligkeit ist sein Metier. Tatsächlich ist er ja der Einzige der drei, der das Wort „Heilig" in seinem Namen trägt, und es ist nicht nur eine seiner Charaktereigenschaften.

Er wird als „ausführendes Organ der Gottheit" bezeichnet, denn er verwirklicht den Willen des Himmlischen Vaters hier auf der Erde. Dies tut er in der Schöpfung von Anfang an (Genesis 1,2) und in der ganzen Menschheitsgeschichte, beginnend bei den Helden Israels (mit den Propheten wie Mose, mit den Helden wie Simson, mit den Königen wie David), vor allem aber in Jesus Christus und jetzt in den Christen. Der Vater ist Gott, der über uns steht, der Sohn ist Gott, der bei uns ist, aber der Heilige Geist ist Gott, der in uns ist. Soweit ich weiß, ist das Christentum die einzige Religion auf der Welt, die glaubt, dass der Gott, den wir außerhalb von uns anbeten, tatsächlich auch innerhalb von uns Wohnung nimmt.

Christen, die den Heiligen Geist empfangen haben, können sich nun entscheiden, entweder im Fleisch (ihrer alten Natur) oder im Geist zu wandeln. Man kann also jeden Augenblick seines Lebens entweder nach der Lust des Fleisches oder unter der Führung des Geistes leben. Wenn man sich für das Letztere entscheidet, entwickelt sich etwas Wunderbares. Es wächst in einem eine Frucht heran, eine einzige Frucht mit neun Aromen – Liebe, Freude und Frieden in Gott; Geduld, Freundlichkeit und Güte für andere Menschen; Glaube, Sanftmut und Enthaltsamkeit für sich selbst (Galater 5,22.23). Alle neun Aromen waren in keinem Menschen voll ausgebildet als nur in Jesus. Derselbe Geist, dessen Kraft und Reinheit sie in ihm hervorbrachte, kann sie auch in uns hervorbringen. Möchtest du gerne wie Jesus sein? Jetzt kannst du es! Das sind doch wirklich gute Nachrichten. Das Evangelium ist weder „du musst gerecht sein", noch „du musst nicht gerecht sein", sondern „du kannst gerecht sein".

Aber es muss seine Gerechtigkeit sein und nicht deine. Damit kommen wir zum schwierigsten Teil, der unseren Stolz gewaltig angreift. Wir müssen von unserer eigenen Gerechtigkeit Abstand nehmen, damit seine Gerechtigkeit Raum bekommt. Buße bedeutet die Umkehr von unseren schlechten Taten, aber auch von unseren guten Taten. Unsere guten Taten können für andere Menschen von Vorteil sein, nicht aber für uns, wenn wir mit Gott ins Reine kommen wollen. Sie stellen sogar ein Hindernis dar, wenn wir darauf vertrauen, durch sie voranzukommen. „Tue dein Bestes, und Gott wird den Rest erledigen". Dieses Motto funktioniert einfach nicht im Hinblick auf Gott, obwohl das Christsein sehr häufig auf diese Weise missverstanden wird, und weswegen auch viele Menschen, die keine Christen sind, meinen, dass sie genauso gut wie Christen sein können. Selbst unsere besten Erfolge werden den Maßstäben Gottes nicht gerecht und stellen im Grunde genommen einen Angriff auf ihn und auch auf uns dar, wenn wir nur einmal seine Perspektive einnehmen. Die Autoren der Bibel beschreiben diese Haltung mit sehr groben Worten. Nehmen wir den Propheten Jesaja: „All unsere gerechten Taten sind wie schmutzige Lumpen" (Jesaja 64,5; im Hebräischen wird ein Wort wie „Menstruationsbinde oder Tampon" verwendet). Der Apostel Paulus erachtete all seine religiösen Fortschritte als „Dreck" (Philipper 3,8; moderne, gemäßigte Übersetzungen geben das griechische Wort mit „Dreck" wieder, ältere Übersetzungen sagen „Dung" dazu, aber eigentlich ist es ein ganz derbes Wort, was im Deutschen mit „Scheiße" übersetzt werden müsste). Wenn wir Gott unsere guten

Taten vorhalten, um seine Anerkennung zu bekommen, dann ist das so, wie wenn ein kleines Kind sein „Geschäftchen" seinem Vater zeigt und sagt: „Schau, was ich gemacht habe"!

Genauso wie wir uns von unserer eigenen Gerechtigkeit lossagen müssen, was für einen Schurken leichter sein dürfte als für einen Ehrenmann, müssen wir den Heiligen Geist empfangen, um ebenso „gesalbt" zu werden wie es Jesus war, wir müssen mit ihm „gefüllt" werden, in ihm getauft (oder eingetaucht) werden. Das Neue Testament verwendet viele Synonyme für diese herrliche und bewusste Erfahrung unserer ersten Begegnung mit ihm. Er ist keinesfalls von Natur aus im Menschen, obwohl viele das annehmen. Er kommt, wenn er eingeladen wird. Christus bat den Vater, dass er ihn zu uns senden möge (Johannes 14,16), und auch wir müssen darum bitten (Lukas 11,13), nachdem wir zum Empfang dieser wunderbaren Gabe berechtigt wurden, indem wir Buße von unseren Sünden getan haben und im Wasser getauft wurden, damit uns vergeben wurde (Apostelgeschichte 2,38.39).

An die zweite Person Gottes zu glauben, darf nicht mit dem Empfang der dritten Person verwechselt werden. Auch im Neuen Testament kam es vor, dass zwischen dem Ersteren und dem Letzteren einige Zeit verging (Apostelgeschichte 8 und 19).

Einige Verwirrung entsteht dadurch, dass heutige Evangelisten unbiblische Ausdrücke verwenden, wenn sie mit Bekehrungswilligen Seelsorge betreiben. Sie sagen Dinge wie: „Empfange Jesus in deinem Leben", „Lade Jesus in dein Herz ein", „gib dein Leben Jesus", „empfange ihn als deinen Retter und Herrn", „gib dich ihm hin". Keine dieser Umschreibungen findet sich in der Bibel, und alle lassen den Heiligen Geist außen vor, obwohl der Heilige Geist die einzige Person der Dreieinigkeit ist, die man auf Erden „empfangen" kann bis Jesus wiederkommt. Der apostolische Ratschlag muss wieder in Gebrauch kommen: „Tue Buße zu Gott dem Vater, glaube an seinen Sohn, den Herrn Jesus Christus und empfange den Heiligen Geist." Wenn man den Leuten sagt, sie sollen ein christliches Leben führen, ohne dass man sie mit dem Heiligen Geist bekannt macht, dann ist das nicht nur frustrierend, sondern geradezu eine Qual für sie (für eine vollständige Abhandlung dieses wichtigen Punktes siehe meine Bücher: *Jesus tauft in einen Heiligen Geist*, Hodder & Stoughton, und *Die normale christliche Geburt*, desselben Verlags).

Wann wird unsere Heiligung vollendet sein? Wann werden wir so vollkommen sein wie er, so gerecht wie er? Die Antwort ist eindeutig: Wenn Jesus zur Erde zurückkehren und uns unsere neuen Körper geben wird, so wie er jetzt schon seinen verherrlichten Körper besitzt (der immer noch in seiner Blüte von dreiunddreißig Jahren ist; Auferstehungskörper werden nicht alt und schwach).

Es wäre ja wirklich töricht, wenn man einen unvollkommenen Geist in einen vollkommenen Körper stecken würde. Aber das wird nicht passieren, denn „wenn wir ihn sehen werden, werden wir ihm gleich sein, denn wir werden ihn sehen wie er ist" (1. Johannesbrief 3,2). Wir werden ihn widerspiegeln, wenn unsere Augen nur noch auf ihn gerichtet sein werden.

Meine Frau hat einen starken Glauben, aber es gibt eine Sache, die ich lehre, und die sie fast nicht glauben kann. Wenn ich ihr erkläre, dass ihr Ehemann eines Tages perfekt sein wird! Sie antwortet dann, dass sie dies unmöglich glauben könne, wenn ihr Glauben auf Erfahrung gegründet wäre (wie es bei Vielen der Fall ist). Aber sie gründet ihren Glauben auf die Bibel und hängt sich an die Verheißungen des Herrn. Ich antworte dann immer, dass auch ich glauben muss, dass meine Frau eines Tages vollkommen sein wird. Jedoch muss ich zugeben, dass es für sie schwerer als für mich ist, das zu glauben. Es gibt aber noch einen weiteren Aspekt für diesen Kampf:

Gleich im nächsten Vers (1. Johannesbrief 3,3) heißt es: „Und jeder, der diese Hoffnung auf ihn hat, reinigt sich selbst, wie auch jener rein ist." Wenn wir *wirklich* davon überzeugt sind, dass wir eines Tages vollkommen heilig, gerecht und rein sein werden, dann zeigt sich das in dem Eifer, dies so bald wie möglich sein zu wollen. Wenn die göttliche Unterstützung dafür tatsächlich zur Verfügung steht, dann besteht jetzt schon die Möglichkeit dazu. Das Problem besteht darin, dass jeder Christ nur so heilig ist, wie er tatsächlich heilig sein will! Wenn wir jetzt noch nicht gerecht sind, dann kann es nur daran liegen, dass wir noch Freude daran haben, ungerecht zu sein, oder weil wir die Reaktionen einer unheiligen Gesellschaft fürchten, wenn wir heilig und gerecht in ihr leben wollen (2. Timotheus 3,12).

Man kann es mit einem Multimillionär vergleichen, der dich als Erben eingesetzt hat und der dir zugesteht, dass du jetzt schon so viel von seinem Reichtum haben kannst, wie du willst oder benötigst. Deine Freunde würden es dir nicht abnehmen, wenn du bereits jetzt schon nicht gehörig von diesem Reichtum in Anspruch nehmen würdest. Oder welcher junge Mann würde mit seiner Verlobten vor der Hochzeit nicht so viel Zeit wie möglich verbringen wollen, weil er ja nach der Hochzeit das ganze Leben mit ihr zusammen sein wird? Genauso einfach ist es. Die meisten Christen würden sagen, dass sie sich darauf freuen, im nächsten Leben gerecht zu sein. Aber der Beweis ihrer Behauptung wäre, wenn sie jetzt schon alles dafür einsetzen würden. Es ist Gottes Wille, dass wir hier und jetzt heilig werden, und dass wir später glücklich sind. Folgendes Gebet wäre zumindest ehrlich: „Herr, bitte mach mich heilig, aber bitte noch nicht jetzt".

So schaut es also aus. Gott, der Vater ist fest entschlossen, eine größere Familie von gerechten Kindern zu bekommen, und er hat es auch ermöglicht. Gott, der Sohn, hat durch seine Fleischwerdung, Kreuzigung, Auferstehung, Himmelfahrt und Fürbitte Sünder in eine echte Beziehung mit seinem Vater gebracht, der jetzt ihr Vater ebenso wie seiner ist. Gott, der Heilige Geist wirkt in ihnen, um sie umzugestalten nach dem Vorbild des Vaters und des Sohnes, die sich ja so ähnlich sind. Sünder können also zu Heiligen werden, und zwar nicht nur dem Namen, sondern auch dem Charakter nach. Wenn das vollbracht ist, dann wird es ein vollkommen neues Universum geben, in dem die ganze neue Familie in alle Ewigkeit leben kann.

Welch große Hoffnung! Ungläubige mögen dafür nur Spott und Zynismus übrighaben, aber für Gläubige ist es freudige Gewissheit. Und der Beweis dafür – mehr für andere als für sie selbst – ist das Zurschaustellen einer Rechtschaffenheit, die nicht mit menschlicher Anstrengung zu erreichen ist. Genau das ist die große Herausforderung, mit der Jesus uns in seiner Bergpredigt konfrontiert (Matthäus 5,16; 20, 48 usw.), und mit der wir angesichts des Islam konfrontiert sind.

11
VERSÖHNUNG?

Die Welt rückt immer schneller zusammen und ist mittlerweile zu einem „globalen Dorf" geworden. Die zunehmende Mobilität und Informationstechnologie haben unsere Wahrnehmung für und die Informationsmöglichkeiten über andere Kulturen und Religionen gesteigert wie nie zuvor. Die Großstädte in jedem Land sind weltoffen, was sich nicht zuletzt an der Vielfalt der Restaurants und ihrer internationalen Küche zeigt.

Diesen neu entstandenen Mix sehen viele positiv, weil sich neue Möglichkeiten eröffnen, und heißen die vielfältigen Auswahlmöglichkeiten in Geschmack und Vorlieben willkommen. Gleichzeitig kann dieses verstörende Überangebot dazu führen, dass man immer auf der Jagd nach der neuesten Mode ist und alles Altbewährte verachtet.

Es führt auch unweigerlich zu Spannungen, weil Alt und Neu oftmals unvereinbar sind und sich gegenseitig ausschließen. Man müsste sich eigentlich auf eine Richtung festlegen, aber die moderne Gesellschaft ist da sehr zögerlich, weil sie Angst hat, etwas zu verpassen. Diese Spannungen nehmen besonders auf dem Gebiet der Religion zu. Die moderne Gesellschaft bewundert ein leidenschaftliches Festhalten an Überzeugungen, für die man sogar sein Leben einzusetzen bereit ist, keinesfalls, sondern betrachtet es vielmehr als Fanatismus. Der Begriff „Fundamentalist" hatte ursprünglich eine positive Bedeutung – jemand der den fundamentalen Glaubenslehren treu war – ist jetzt allerdings zu einem Schimpfwort geworden: Jemand, der andere Glaubensrichtungen oder andere Lehrmeinungen innerhalb der eigenen Glaubensrichtung bekämpft.

Es ist nicht verwunderlich, dass in einer Gesellschaft, in der verschiedene Kulturen und Religionen eng beieinander leben, Taktgefühl und Toleranz zu den wichtigsten Tugenden zählen. Sie sind der Schlüssel für ein harmonisches Zusammenleben in einer multikulturellen Gesellschaft. Tatsächlich sind sie für ihr Überleben absolut notwendig, denn sie halten mögliche Brandherde von Konflikten, die unter der Oberfläche schwelen, unter Kontrolle.

Der Relativismus gehört mittlerweile zur politischen Korrektheit und zum guten Sozialverhalten; er hat die gemeinsamen moralischen Werte ersetzt, die früher der „Zement" unserer Gesellschaft waren. Jeder und alles, was in Verdacht steht, Uneinigkeit oder Spaltung zwischen den kulturellen Elementen unserer heutigen Gesellschaft hervorzurufen, greift diesen neuen Verhaltenskodex an. Ein typisches Beispiel ist das Gesetz gegen den Aufruf zum religiösen Hass. Da man den Straftatbestand nicht klar definiert hat, reicht sein Einsatzspektrum von verbaler Herabwürdigung anderer Religionen bis hin zum Missionierungsversuch.

Auch wenn man behauptet, dass irgendeine Kultur oder Religion überlegen sind – womit man sagt, dass andere unterlegen sind – begeht man einen Frontalangriff auf diesen Verhaltenskodex. Ein Dialog kann nur unter der Voraussetzung stattfinden, dass beide Seiten die gleiche Gültigkeit, Wertigkeit und den gleichen Wahrheitsgehalt für seine Anhänger haben; das Ziel eines Dialoges kann nur in gegenseitiger Aufklärung und Annahme bestehen.

Die schlimmsten Fehltritte in solch einem Milieu bezeichnet man als „Dämonisieren". In seinem nicht-religiösen Sinn bedeutet es, diejenigen, mit denen man nicht übereinstimmt, mit der Quelle alles Bösen und der Ursache aller Probleme zu identifizieren. Im allgemeinen religiösen Sprachgebrauch bedeutet es, seinen Gegner mit einem direkten Vertreter von übernatürlichen Mächten des Bösen, die gegen Gott gerichtet sind, zu identifizieren. Zum Beispiel bezeichnen Muslime Israel

Versöhnung?

als „kleinen Satan" und die USA als „großen Satan". Auch ich wurde bereits auf dieselbe Weise beschuldigt, weil ich über den Islam gesprochen und geschrieben habe und damit auf Muslime ein schlechtes Licht geworfen habe. Dämonisieren ist aber ein plumper Trick, mit dem man eine Diskussion beendet, indem man den Gegner verleumdet, er habe Verachtung und Widerwillen gefördert.

Christen erinnern sich daran, dass Jesus selbst auf diese ungerechte Art und Weise behandelt wurde, als man sagte, dass er die Wunder in der Kraft von „Beelzebub", dem Fürst der Dämonen, vollbrachte (Matthäus 12,24-32). Anscheinend hat er diese Verleumdung als wesentlich schwerwiegender als andere Sünden erachtet, weil sie nicht gegen seine Person, sondern gegen die Person, die ihm die Kraft zu diesen Wundern gegeben hatte, gerichtet war. „Und wenn jemand ein Wort reden wird gegen den Sohn des Menschen, dem wird vergeben werden; wenn aber jemand gegen den Heiligen Geist reden wird, dem wird nicht vergeben werden" (Matthäus 12,32), wahrscheinlich weil sie ihr Gewissen schon derart betäubt hatten, dass sie nicht mehr in der Lage waren, ihre Schuld zu erkennen und Buße zu tun. Es ist die einzige Sünde, die nicht vergeben werden kann, obwohl das für jede Sünde zutrifft, von der man nicht aufrichtig umkehrt. Selbst als Jesus seinen Jüngern sagte, dass sie die Sünden, mit denen ihre Brüder gegen sie sündigen, mindestens sieben Mal am Tag vergeben sollten, fügte er die entscheidende Bedingung hinzu: „wenn er umkehrt" (Lukas 17,3.4). Christen müssen also besonders vorsichtig sein, damit sie diese Sünde, die Jesus so sehr ernst genommen hat, nicht begehen.

Während das „Dämonisieren" eines der schlimmsten Verbrechen in einer multikulturellen Gesellschaft ist, so ist die Pflicht zur Versöhnung zu höchstem Ansehen gelangt. Die Gesellschaft spendet denjenigen großen Beifall, die verfeindete Gruppen wieder zusammenbringen, was oftmals lange Verhandlungen benötigt.

Christen betrachten solch einen „Versöhnungsdienst" als ihre ureigenste Aufgabe in der Umsetzung ihrer Errettung (Philipper 2,12.13). Sie erinnern sich an die Seligpreisungen Jesu in der Bergpredigt: „Glückselig sind die Friedensstifter, denn sie werden Söhne Gottes heißen" (Matthäus 5,9). Die ökumenische Bewegung entspringt einem Schuldkomplex über die tiefen Spaltungen in der Christenheit (Orthodoxe, katholische und protestantische Kirchen mit vielen Tausenden von Splittergruppen). Christen sind über ihr eigenes Versagen erschüttert, dass das Gebet Jesu für ihre Einheit sich in ihnen nicht erfüllt hat, obwohl er es als den schlagenden sichtbaren Beweis für die Welt ansah, dass sie ihn gefunden haben und ihm nachfolgen (Johannes 17,20-23). Haben Christen überhaupt ein Recht, andere versöhnen zu wollen, wenn sie es untereinander nicht schaffen?

Nichtsdestotrotz spüren die Christen, dass sie nicht warten dürfen, bis ihre Einheitsbestrebungen innerhalb der Kirche erfolgreich sind, dieselben Anstrengungen außerhalb zu unternehmen; beides sollte gleichzeitig geschehen.

Wie kann man diesen „Dienst der Versöhnung" in einem weiteren Wirkungskreis, insbesondere hinsichtlich der wachsenden Spannungen zwischen Christentum und Islam, umsetzen? Den Christen eröffnen sich drei mögliche Herangehensweisen beim Versuch, die gegenwärtigen Differenzen zu schlichten.

ISLAM UND CHRISTENTUM

Die richtige Bedeutung des Wortes „ökumenisch", wie auch die des Wortes „katholisch" ist: „allgemein" bzw. „weltweit". Ursprünglich wurde es verwendet, um die Einheit innerhalb der Kirche zu beschreiben, aber durch den zunehmenden Kontakt mit anderen Religionen hat es eine weitergefasste Bedeutung erhalten. Der Druck auf die Weltreligionen, sich zum Wohle der Menschheit und der Umwelt zu vereinen, nimmt immer mehr

Versöhnung?

zu. Das harmonische Miteinander der Religionen wird als ein wichtiger Faktor zur Erlangung von Frieden und im Kampf gegen die Umweltverschmutzung angesehen. Am dringendsten sind das Ausräumen von Differenzen, gegenseitiger Respekt und Vertrauen und die Ausformulierung eines gemeinsamen Glaubensbekenntnisses, damit eine einzige Weltreligion entstehen kann, die fähig ist, die ganze Menschheit zu einen. Der letzte Punkt ist allerdings noch so weit entfernt, dass er in dieser Agenda noch keinen besonderen Stellenwert hat.

Die relativistische Denkweise, die wir im zweiten Kapitel behandelt haben, fördert diesen Trend. Man geht davon aus, dass keine Religion das Monopol auf die Wahrheit besitzt. Wahrheit findet man eher in einer Mischung und Synthese der verschiedenen geistlichen Einsichten, und nicht in einer exklusiven Religion.

In den Medien wird bereits von einer „Glaubensfamilie" gesprochen, die alle Religionen abdeckt. Im Sonntagsprogramm der BBC kommen Sendungen für Christen und für Muslime in gleichen Sendezeitanteilen. Wie schon erwähnt, beabsichtigt Prince Charles, den Titel „Defender of faith" (also des Glaubens im Allgemeinen) statt des Titels „Defender of the faith" (also des einen Glaubens) anzunehmen. Auch seine häufigen Besuche von Moscheen und seine Lobesreden auf den Islam zeigen ganz klar, wohin die Reise geht.

Es scheint fünf Phasen in der Annäherung dieser beiden Religionen zu geben:

1. Gemeinsame Diskussionen. Ein offener und ehrlicher Dialog ist ein guter Anfang, um die gegenseitige Kenntnis zu fördern und um Verzerrungen und Missverständnisse zu vermeiden.
2. Gemeinsame Erklärungen. Übereinstimmungen in Lehre und Ethik können gemeinsam und öffentlich erklärt werden, insbesondere wenn soziale und politische Belange betroffen sind.

3. Gemeinsame Aktionen. Lobbyarbeit bei Regierungsvertretern, wenn auf Ungerechtigkeit oder Unmenschlichkeit hingewiesen werden muss, ist nur ein Beispiel von vielen. Der gemeinsame Kampf gegen einen gemeinsamen Feind kann eine große einende Kraft sein. Ich habe Prince Philip, Duke of Edinburgh, nur ein einziges Mal in einer Kirche (St. George's, Windsor) predigen hören. Es war ein Aufruf zum gemeinsamen Kampf der Weltreligionen für den Schutz der Tierwelt und der Natur.
4. Gemeinsames Gebet. Hierbei sendet man Gebete für ein gemeinsames Anliegen an unterschiedliche Götter. Das vom Papst mit großer Öffentlichkeitswirkung einberufene Gebet der Religionsoberhäupter für Frieden in Assisi, der Vaterstadt des Heiligen Franziskus, erlangte große Aufmerksamkeit.
5. Gemeinsame Anbetung. In gemeinsamen Gottesdiensten werden Lobpreis und Gebet dem „Gott" der Juden, Christen und Muslime dargebracht, es werden Schriftstellen aus dem Alten und Neuen Testament und dem Koran vorgelesen, angeleitet durch Rabbis, Pastoren und Mullahs, einem vereinten Klerus aus allen drei monotheistischen Religionen. Hierbei geht man ungeachtet aller Glaubensunterschiede davon aus, dass in allen drei Religionen derselbe Gott verehrt wird.

Ein großes Problem, worüber sich Christen uneins sind, besteht darin, wo genau die Grenzen zu ziehen sind, da es sich ja um einen Prozess mit einer gewissen Eigendynamik handelt, der das Potential besitzt, auch ernsthafte Gläubige von einer Stufe zur nächsten mitzuziehen, ohne dass sie es richtig bemerken. Wer bei diesem Prozess, der ja bereits begonnen hat, nicht mitmacht, der macht sich schnell unbeliebt, und wer sich davon zurückzieht, holt sich einen Makel. So überrascht es nicht, dass die einen Christen überhaupt nichts damit zu tun haben wollen, und dass die anderen Christen in faule Kompromisse hineingeraten, die eigentlich nicht mit ihren Überzeugungen übereinstimmen.

Versöhnung?

Auch die Kirchenführer sind sich nicht darüber einig, wo eine Grenze zu ziehen ist, was wiederum die Kirchenmitglieder verunsichert. Der ehemalige Erzbischof von Canterbury, George Carey, hat den Dialog öffentlich befürwortet, als er muslimische Leiter in den Lambert Palace für gemeinsame Beratungen einlud. Es war seine letzte Amtshandlung vor seiner Pensionierung. Der Direktor der Evangelischen Allianz befürwortet bereits den gemeinsamen Kampf gegen gemeinsame Feinde.

Solche Kooperation kann aber auch ziemlich einseitig sein. Als zu Gedächtnisgottesdiensten zu den Terroranschlägen des 9. September Mullahs eingeladen wurden, und diese sich von den Terroristen distanzierten, wurde das mit großem Applaus bedacht. Allerdings habe ich noch von keinem christlichen Leiter gehört, der zu einer Predigt in einer Moschee eingeladen worden ist. Dies zeigt eine große Unausgewogenheit an. Muslime werden willkommen geheißen, die Vorteile der westlichen Freiheit auszunutzen, ihre Religion zu praktizieren, ihre Moscheen zu bauen und sogar hetzerische Predigten zu halten, aber im Gegenzug gibt es solche Privilegien in islamischen Ländern nicht.

Das größte Problem besteht aber darin, wie sehr Christen bereit sind, Kompromisse in ihrem Glauben einzugehen, um sich in diesen weitgefassten ökumenischen Aktivitäten einzubringen. Dabei verleugnen sie zwar nicht die christlichen Glaubensgrundsätze, spielen sie aber sehr weit herunter, nur um mit dem Islam eine gemeinsame Front bilden zu können. Die Bibel fordert uns auf: „Und alles, was ihr tut, im Wort oder im Werk, alles tut im Namen des Herrn Jesus, und sagt Gott, dem Vater, Dank durch ihn!" (Kolosser 3,17). Dies ist eine Aufforderung, die man unmöglich einhalten kann, wenn man mit Muslimen zusammenarbeiten will, für die Jesus nicht der Herr, und Gott nicht der Vater ist. Es ist vielmehr so, dass Christen sich nicht für gemeinsame Aktionen einsetzen dürfen, bei denen ihre Erkenntnis des Gottes, dem sie dienen, und das Evangelium, das sie predigen, kompromittiert werden.

Was nun Gott betrifft, so hofft der Autor, dass seine Leser bereits davon überzeugt sind, dass Muslime und Christen nicht denselben Gott anbeten. Dazu sind die beiden einfach zu unterschiedlich, und nur einer kann der wahre Gott sein (Johannes 17,3; 1.Thessalonicher 1,9; 1.Johannes 5,20).

Der Unterschied zwischen einem Gott, der eine einzige Person nur für sich alleine ist, und einem Gott, der drei Personen ist, die in perfekter Einheit und Harmonie zu einander stehen, ist einfach zu groß. Die Bedeutung der Dreieinigkeit in der christlichen Gotteserkenntnis kann nicht genug betont werden. Wie wir bereits erklärt haben, hängt das Konzept eines Vaters, der Liebe *ist*, direkt mit der Dreieinigkeit zusammen. Dieses Konzept ist dem Islam völlig fremd und wird im Koran sogar als gotteslästerlicher Götzendienst angesehen. Muslime können offenbar die Unterschiede zwischen ihrem und unserem Gott viel klarer erkennen als wir Christen!

Diese Unterschiede kann man nicht zusammenführen. Die beiden Konzepte widersprechen sich auf höchster Ebene. Sie sind inkompatibel. Aus dreien kann man nicht einen machen, weder mathematisch noch theologisch! Was auch immer die „Einheit" Gottes für die Christen bedeutet, nie kann man sie auf die Persönlichkeit Gottes beziehen. Die Dreieinigkeit ist nicht verhandelbar. Und es gibt auch handfeste Gründe, von dieser klaren Haltung nicht abzulassen.

Was das Evangelium betrifft, so steht und fällt es mit dem Glauben an die Dreieinigkeit. Ohne das persönliche Werk des Vaters, des Sohnes und des Heiligen Geistes gibt es keine Rettung aus der Sünde, weder aus ihrer Schuld noch aus ihrer Kraft. Vergebung wäre nichts weiter als eine juristische Erfindung, die der göttlichen Gerechtigkeit schweren Schaden zufügen würde. Die menschliche Natur bliebe weiterhin unverändert, und ein wiederhergestelltes Universum bliebe unerreichbar. Ohne die Dreieinigkeit gäbe es nur schlechte Nachrichten aber keine gute Botschaft.

Versöhnung?

Die einzig gute Nachricht, die der Islam zu bieten hat, ist, dass jeder, der im Kampf für Allah stirbt, uneingeschränkten und sofortigen Zugang zu einem ziemlich lustbetonten Paradies erhält. Für alle anderen ist die Zukunft bis zum jüngsten Gericht ziemlich ungewiss.

Nur das Christentum kennt diesen Begriff „Evangelium". Er kommt in keiner anderen Religion, nicht einmal im Judentum, vor. Die Verkündung dieser Neuigkeit (das Neue Testament sagt dazu „predigen") führte dazu, dass sich dieser neue Glaube sehr schnell und großflächig im Römischen Reich verbreitete. Auch heute noch geschieht dies insbesondere in der dritten Welt. Paulus nannte es: „das Evangelium der Herrlichkeit des seligen Gottes, das mir anvertraut worden ist" (1.Timotheus 1,11). Dieses Evangelium ist jetzt uns anvertraut worden, und wir sollten nicht riskieren, dieses Vertrauen zu verspielen. Die beiden Religionen, Islam und Christentum können nicht miteinander versöhnt werden. Wir sollten solch einen aussichtslosen Versuch gar nicht erst starten und auch nicht den Eindruck erwecken wollen, dass so etwas möglich oder auch nur erstrebenswert wäre. Aber wie schaut es mit dem Versuch aus, die Menschen, also Muslime und Christen zu versöhnen?

MUSLIME UND CHRISTEN

Zur Zeit Mohammeds gab es auf der arabischen Halbinsel jüdische und christliche Gemeinschaften, die er teilweise persönlich kannte. Die älteren Teile des Korans spiegeln seinen Respekt wider, den er vor ihnen hatte, wenn er sie als „Leute des Buches" bezeichnet, als Menschen, deren Glaube und Verhalten auf die von seinen Boten aufgezeichneten Offenbarungen Gottes beruhen. Mohammed betrachtete sich selbst als den letzten und endgültigen Propheten einer Reihe von über zwei Dutzend Propheten, angefangen von Adam, über Mose bis hin zu Jesus. Er hatte die Hoffnung, dass die Juden ihn als ihren „Propheten", und dass die Christen ihn als ihren „Apostel" akzeptieren würden.

DER ISLAM - EINE HERAUSFORDERUNG FÜR DIE CHRISTEN

Ihm war wohl nicht bewusst, dass einige seiner „Offenbarungen" im Widerspruch zu ihren Schriften standen, weil damals weder das Alte noch das Neue Testament ins Arabische übersetzt waren, außerdem konnte er nicht lesen.

Als sie ihn nicht als den Boten, der ihre eigene Offenbarung vollendete, anerkannten, wurde er ihnen gegenüber zunehmend feindseliger eingestellt und schlachtete sogar einige von ihnen bei seinen Scharmützeln ab. Diese jüdischen und christlichen Glaubensgemeinschaften sind von der arabischen Halbinsel komplett verschwunden, während sie in Ägypten (die koptische Kirche) und in anderen muslimischen Ländern noch überlebt haben. Als die Unterschiede zur Bibel offenbar wurden, sagte man einfach, dass diese mutwillig verfälscht worden sei, um zu verhindern, dass sie als wahre Aufzeichnung der Botschaften der eigentlich „muslimischen" Propheten erkannt würde. Spätere Teile des Korans betrachten die Juden und die Christen als „Ungläubige", mit denen man keine Freundschaft pflegen dürfe.

In den darauffolgenden Jahrhunderten, als die neue Religion durch Gewalt expandierte, waren die muslimisch-christlichen Beziehungen von kriegerischen Auseinandersetzungen geprägt. Aber auch die Christen zahlten mit gleicher Münze zurück. Am bekanntesten sind wohl die Kreuzzüge, die 400 Jahre nach Mohammed ihren Anfang nahmen. Der Aufruf des Papstes, die Pilgerstätten im „Heiligen Land" zu befreien, führte zu Massenmorden an Juden, Muslimen und sogar an ostkirchlichen Christen (die Einnahme Konstantinopels, damals Hauptstadt des christlichen byzantinischen Reiches wurde als Sieg deklariert), welche in Jerusalem ihren Höhepunkt erreichten. Generationen von Juden und Muslimen haben diese schreckliche Episode immer noch lebhaft in Erinnerung, und sie zögern nicht, diese Grausamkeiten, die im Namen Christi begangen wurden, den Christen vorzuhalten, wobei sie ihre eigenen Untaten an den Christen geflissentlich verschweigen.

Die Beziehungen zwischen Muslimen und Christen

Versöhnung?

waren noch nie gut. Selbstverständlich prallen auch die sehr unterschiedlichen Kulturen aufeinander, und in der Vergangenheit kamen immer mehr Ängste, Verdächtigungen und Vorurteile hinzu, alles in allem eine verhängnisvolle Mischung. Es fehlt einfach an gegenseitigem Vertrauen.

Ein Schwerpunkt des christlichen Bekenntnisses ist ganz sicherlich das Streben nach Frieden und Harmonie. Es ist die Folge davon, dass Christen mit Gott versöhnt worden sind. Jesus sagte, dass die Friedenstifter glückselig sind und Paulus ermahnte die Bekehrten: „Wenn möglich, soviel an euch ist, lebt mit allen Menschen in Frieden! Rächt euch nicht selbst" (Römer 12,18-19). Die andere Backe hinzuhalten, verhindert zwar nicht die Gewalt, ist aber erfolgsversprechender als zurückzuschlagen. Jesus selbst war ein Beispiel für Gewaltlosigkeit, und dennoch töteten sie ihn.

Sicherlich gibt es noch viel Raum für eine Verbesserung der Beziehungen zwischen Muslimen und Christen, und sei es auch nur aufgrund der Tatsache, dass wir alle Menschen sind. Die Christen müssen das „Bild Gottes" erkennen und respektieren, in dem die Muslime genauso wie sie selbst geschaffen sind. Sie müssen auch bereit sein, Risiken auf sich zu nehmen, um dies zu demonstrieren. Ich denke da an zwei Männer, die ich persönlich kenne, die gute Beispiele für diese Art von Versöhnung abgeben, wobei sie ganz unterschiedlich sind:

Lynn Green, ein bekannter Leiter von „Jugend mit einer Mission", organisierte einen Marsch nach Jerusalem, und zwar auf der ungefähren Route durch muslimische Länder, die damals die Kreuzritter genommen hatten. Er wollte damit die Buße von den damaligen Grausamkeiten ausdrücken, um Vergebung bitten und demonstrieren, dass es Christen gibt, die sich davon distanzieren und der Lehre Christi folgen, die besagt: „Mein Königreich ist nicht von dieser Welt. Wenn es von dieser Welt wäre, dann hätten meine Jünger gekämpft" (Johannes 18,36; einige Stunden zuvor hatte er Petrus zurechtweisen müssen, weil er genau aus diesem Grunde zum Schwert gegriffen hatte).

Andrew White, Chorherr der Coventry Cathedral, wurde von beiden Konfliktparteien während der Belagerung der Geburtskirche in Bethlehem als Vermittler angerufen, weil sowohl die israelische als auch die palästinensische Regierung ihm vertrauten. Zwischen der Front der belagernden Soldaten und der Terroristen riskierte er sein Leben als er eine Vereinbarung zur Beendigung des Abschlachtens und des Aushungerns aushandelte. Seine Motivation war der einzige Vermittler zwischen ihm selbst und Gott, der Mensch Jesus Christus (1.Timotheus 2,5).

Diese beiden Personen versuchten auf unterschiedliche Weise, die Beziehung zwischen Menschen und Völkern zu verbessern und sie von Schlimmerem abzuhalten. Wir Christen sollten immer darum bemüht sein, der Entfremdung entgegenzuwirken, indem wir versuchen, Unkenntnis, Missverständnisse, Vorurteile, Bitterkeit, Hass und alle trennenden Dinge zwischen den Menschen auszuräumen.

Feinde zu Freunden zu machen ist an sich schon ein lohnendes Ziel, aber es dient noch einem viel höheren Zweck, nämlich den „Dienst der Versöhnung", den Jesus seinen Jüngern in seinen letzten Worten bevor er diese Welt verließ aufgetragen hatte, zu erfüllen.

MUSLIME UND GOTT

Die vorrangige Berufung der Christen ist, die vertikale und nicht die horizontale Versöhnung voranzutreiben. Unser Retter und Herr „hat uns den Dienst der Versöhnung gegeben... So sind wir nun Gesandte an Christi statt, indem Gott gleichsam durch uns ermahnt; wir bitten für Christus: Lasst euch versöhnen mit Gott!" (2.Korinther 5,19.20).

Diese wichtige Aufgabe muss oberste Priorität haben.
Natürlich gibt es auch die horizontale Versöhnung, in vielen

Versöhnung?

Fällen muss sie der vertikalen vorangehen. Gute Beziehungen zu den Menschen eröffnen meistens erst die Möglichkeit, sie zur Versöhnung mit dem Vater zu bitten. Mein Vater führte in seiner Freizeit über 12.000 Menschen zu Christus. Denjenigen, die seinem Beispiel folgen wollten, trug er immer auf: „Versuche nicht, eine Menschenseele an Bord zu holen, wenn du nicht vorher dein Schiff längsseits angelegt hast." (Er meinte damit, dass man sich zuerst auf der menschlichen Ebene begegnen soll.) Genau das hat auch Jesus getan, der zuerst als „Freund der Sünder" bekannt wurde, bevor er ihr Retter wurde.

Dennoch muss die vertikale Versöhnung immer im Mittelpunkt stehen. Als Christ ist man versucht, die vertikale Versöhnung aus den Augen zu verlieren, weil sie auf weit größeren Widerstand trifft, als wenn man verfeindete Menschen wieder versöhnt. Die Hauptursache dieses Versäumnisses liegt aber darin, dass man den zeitlichen und diesseitigen Nöten dieser Welt höheren Wert beimisst als den viel wichtigeren ewigen Nöten in der nächsten Welt. Man vergisst nur zu leicht, dass den Menschen die wirkliche Hölle nicht jetzt, sondern erst viel später bevorsteht. Ein Sünder mag einsam und unglücklich sein und Freundschaft und Trost benötigen. Viel wichtiger ist aber ist die Tatsache, dass ein Sünder verloren ist und Rettung braucht. Das übersieht man leider allzu oft. Wenn die Kirche ihrem Ruf gerecht werden will, muss sie mehr als nur Sozialarbeit in religiöser Form anbieten.

Im Islam ist Versöhnung mit Gott kein großes Thema. Der Islam ruft zur Unterordnung (ein Muslim ist ein „sich Unterwerfender") und nicht zur Rettung auf (ein Christ ist ein „Geretteter"). Ein Grund dafür ist, dass der Koran nicht davon ausgeht, dass sich die gesamte Menschheit in einem Status der Entfremdung von Gott befindet – und zwar seitdem Adam die „Ursünde" begangen hat, bis hin zu den Sünden all seiner Nachkommen. „Wir sind *von Natur* Kinder des Zorns" (Epheser 2,3; den Kursivdruck habe ich vorgenommen), die Gottes Zorn verdient haben. Ob man es nun einsehen will oder nicht, unsere größte Not besteht darin, wieder mit Gott versöhnt zu werden.

Das betrifft auch alle Muslime. Ihre eigene Religion kann ihnen das nicht bieten. Bei einer interreligiösen Konferenz in Indien wurde jeder Repräsentant reihum gefragt, was seine Religion zu bieten habe, das keine andere Religion besitzt. Der Christ sagte ganz einfach nur: „Vergebung." Niemand stellte das in Abrede! Andere Religionen stellen Anforderungen, das Christentum bietet ein Geschenk an, ein einzigartiges Geschenk!

Als Christ muss man sich zunächst vollkommen darüber im Klaren sein, dass Muslime Errettung brauchen und Errettung erlangen können, bevor man etwas in Angriff nimmt, was sich durchaus zu einer schwierigen und gefährlichen Mission entwickeln kann, die nur dann erfüllt werden kann, wenn einen „die Liebe Christi dazu drängt" (2.Korinther 5,14). Dabei sollte man keinen Gedanken daran verschwenden, einen Muslim von seiner Religion zu der unsrigen zu bekehren. Vielmehr sollte unser Ziel sein, sie zur Rettung von ihren Sünden und zur Versöhnung mit Gott, der sie geschaffen und sie geliebt hat, zu begleiten, damit sie in erster Linie Mitglieder seiner Familie und nicht Mitglieder unserer Kirche werden. Es geht nur um sie und nicht um uns.

Früher musste man sich von seinen Lieben verabschieden, in ferne Länder reisen und in fremden Kulturen leben, um die gute Nachricht den Muslimen bringen zu können. Heute müssen wir nicht mehr weite Reisen unternehmen, sie sind zu uns gekommen, und zwar in großer Zahl. Sie leben bei uns in derselben Stadt, in derselben Straße, Tür an Tür. Dies erweist sich nun als Nagelprobe für die Christen, wie ernst ihr missionarisches Interesse gewesen war, als sie Geld gespendet hatten, um andere nach Übersee zu senden, damit sie an ihrer Stelle das Evangelium verkünden. Jetzt können sie es selbst tun, sogar ohne dafür Geld in die Hand zu nehmen.

Viele Muslime, die nach Großbritannien gekommen sind, sind jetzt viel offener für das Evangelium, als zu der Zeit, in der sie noch in ihrer muslimischen Heimat waren. Manche sind sogar aus ihren vom Islam beherrschten Ländern geradezu geflohen. Wahrscheinlich sind die meisten aus wirtschaftlichen Gründen gekommen, allerdings sind sie zu Orten gekommen, wo das Recht auf freie Meinungsäußerung garantiert ist, was auch die Freiheit des Hörens beinhaltet. Aber sie müssen die gute Botschaft nicht nur hören, sie müssen sie auch sehen, und zwar in Zeichen und Taten. Einer meiner Freunde hat viele Muslime zu Christus geführt. Seine Methode war diese: Wenn immer ihm Krankheitsfälle bei Muslimen zu Ohren gekommen waren, besuchte er sie und fragte, ob er Jesus bitten dürfe, sie zu heilen. Er wurde niemals abgewiesen. Keine Predigt, keine Traktate oder Bibeln, keine Einladungen zu christlichen Veranstaltungen, sondern nur die ganz kleinen wundergewirkten Heilungen waren es, die ihren Appetit erweckten, sich nach mehr auszustrecken.

Es kann nicht meine Aufgabe sein, den Lesern eine Gebrauchsanweisung nach dem Motto „Wie gewinne ich Muslime für Christus" zu geben. Andere Autoren mit mehr Weisheit und Erfahrung als ich haben Bücher darüber geschrieben, die uns eine gute Anleitung geben. In diesen warnen sie uns insbesondere vor dem Fehler, die Menschen mit plumpen, taktlosen und ignoranten Äußerungen zu überrumpeln, die mehr Schaden anrichten als Nutzen zu bringen. Schau einfach in deinem christlichen Bücherladen nach solchen Büchern.

Warum ergreifen die Christen nicht einfach diese günstige Gelegenheit? Ich fürchte, es liegt daran, dass die Mitglieder anderer Religionsgemeinschaften – einschließlich des Islams – oftmals viel hingegebener und bereitwilliger sind, ihren Glauben in der Öffentlichkeit zu zeigen als die meisten Kirchgänger. Nicht zuletzt spielt auch die englische Tradition eine Rolle, religiöse Themen in einer höflichen Unterhaltung nicht anzusprechen. Ihre Hingabe kann uns ganz gehörig zusetzen. Ich betone nochmals: Es geht um die Herausforderung des Islams für die Christen. Ich wünschte, das Gegenteil wäre der Fall.

Fußnote des Autors:
Ich hatte bereits einen Anhang geschrieben, um die heikle Frage zu diskutieren, ob Christen das Wort „Allah" benutzen sollten, wenn sie insbesondere bei evangelistischen Gesprächen mit Muslimen auf den Gott der Bibel zu sprechen kommen. Ich habe mich dazu entschlossen, ihn in diesem Buch nicht zu veröffentlichen, weil es ein sehr kontroverses Thema ist, worüber sich sogar evangelikale Christen uneins sind. Es hätte die Aufmerksamkeit von der zentralen Botschaft dieses Buches abgelenkt, die sich an beide Seiten der Namensdebatte richtet. Ich habe jedoch vor, nachdem man bereits bei mir angefragt hat, dieses Thema umfassend und detailliert in einer Audiobotschaft zu behandeln, welche beim Anchor Recordings Verlag unter dem Titel „Es gibt keinen Gott außer Abba" (There is no god but Abba) erhältlich sein wird.

12
VERGELTUNG?

Wie steht es um die Zukunft des Islam? Er ist bereits die zweitgrößte Weltreligion, dem bereits ein Fünftel der gegenwärtigen Weltbevölkerung angehört, obwohl das Christentum immer noch die größte Religion ist, der ein Drittel der Weltbevölkerung angehört. Aber er ist die am schnellsten wachsende Religion, viermal schneller als das Christentum, und deshalb ist es gut möglich, dass er das Christentum einholt und in nicht allzu ferner Zukunft sogar überholt, und somit die dominante Religion auf unserem Planeten mit dem größten Einfluss auf das Weltgeschehen sein wird. Was derzeit in Großbritannien geschieht, spiegelt die Lage in der ganzen Welt wider.

Wie lange wird dieses Szenario noch anhalten. Für die nächsten paar Jahrzehnte? Für den Rest des 21. Jahrhunderts? Bis zum Ende der Weltgeschichte?

Wird das Christentum überleben oder weggespült werden? Wird die gegenwärtige Wachstumsrate zunehmen oder abnehmen? Wird irgendeine andere Religion auf ähnliche Weise wie der Islam wiederaufleben und um eine Führungsrolle ringen?

Hat die Bibel zu alledem irgendetwas zu sagen? Die Antwort ist, dass unsere Schriften uns lehren, die Zukunft rückwärts zu lesen. Die christliche Hoffnung beginnt immer mit der letztendlichen Situation, die uns von Gott versprochen wurde, und betrachtet dann den unmittelbaren und den dazwischenliegenden Stand der Dinge im Licht dieses Endergebnisses. Diese Vorgehensweise kuriert uns von Depression und Verzweiflung.

Es gab viele Versuche, ein Muster oder einen Sinn in den Ereignissen der Weltgeschichte zu erkennen. Einundzwanzig große Zivilisationen sind während der Weltgeschichte gekommen und wieder gegangen. Viele „Weltsichten" haben sich herauskristallisiert und vor allem fünf von ihnen stehen im Wettstreit:

1. Die *zyklische:* Sie ist griechischen Ursprungs und hat einen eher skeptischen Charakter. Sie geht davon aus, dass sich die Geschichte immer im Kreis dreht, sich endlos wiederholt und nirgendwohin führt.
2. Die *epische:* Die Geschichte nimmt ihren Lauf, sie wiederholt sich nicht, sondern gleitet wie auf einer Achterbahn mit ihrem Auf und Nieder, Friede und Krieg, Aufschwung und Pleite immer so weiter. Ob sie ihr Ende mit einem Hoch oder einem Tief erreicht ist völlig offen.
3. Die *optimistische:* Die Welt wird immer besser. Die Geschichte ist wie eine Rolltreppe, die nur eine Richtung kennt: Nach oben. Der Fortschritt ist unvermeidlich. So begann das 20. Jahrhundert, aber eine Serie von Katastrophen, angefangen mit dem Untergang der *Titanic* bis hin zu zwei schrecklichen Weltkriegen und dem kalten Krieg, hat diese Sicht stark erschüttert.
4. Die *pessimistische:* Die Welt wird immer schlechter, mit geringer oder gar keiner Hoffnung auf Besserung. Das 21. Jahrhundert ist davon gekennzeichnet, es ist mehr mit dem Überleben als mit dem Fortschritt beschäftigt, und die ersten Jahre haben der Welt bereits schwere Schläge gegen Frieden und Wohlstand beschert.
5. Die *apokalyptische:* Um die Welt wird es immer schlechter bestellt sein, bis dann plötzlich alles besser wird und es auch so bleibt. Diese Weltsicht wird von Juden, Kommunisten und Christen geteilt, die sie alle von derselben Quelle haben, nämlich von den hebräischen Propheten. Aber sie unterscheiden sich grundlegend darin, was diese Trendwende ausmacht: Kommunisten vertrauen auf Menschen, Juden auf Gott und einen Mann (den Messias) und die Christen auf einen Mann, der Gott ist (Jesus).

Vergeltung?

Wenn die Bibel die endgültige Zukunft betrachtet, z.B. im Buch Daniel und in der Offenbarung, dann nimmt sie immer die „apokalyptische" Weltsicht ein (das griechische Wort bedeutet ein Aufdecken von Dingen, die bis jetzt verborgen waren – siehe Punkt 5 der oben aufgeführten Liste). Beide Testamente lehren uns, in einer zunehmend düstereren Gegenwart nach einer unbeschreiblich herrlichen Zukunft Ausschau zu halten. In seiner unumschränkten Vollmacht kann Gott sogar böse Mächte dazu gebrauchen, seinen guten Absichten zu dienen, wobei sie allerdings nach strengen Maßstäben gerichtet werden, wenn ihr Tag gekommen ist und der „Tag des Herrn" anbricht. Gericht ist ein wesentlicher Bestandteil der apokalyptischen Weltsicht, und dieses Gericht wird vollkommen unparteiisch sein.

Betrachten wir beispielsweise den Propheten Habakuk. Wir haben uns bereits den Dialog, den er mit Gott geführt hat und seinen Pessimismus angeschaut, als Gott ihm sagte, dass er die babylonischen Mächte dazu verwenden wird, um mit seinem Volk, das sich in einem bedauernswerten Zustand befand, zu verfahren. Der Prophet war sich darüber im Klaren, dass das die völlige Vernichtung Israels bedeuten würde, und er wollte Gott klarmachen, dass ihm dann nichts mehr bleiben würde. Er hielt Gott vor, dass er doch viel zu gut sei, um mit anzuschauen, wie ein so schreckliches Volk wie die Babylonier sein eigenes Volk auslöschen würde (Habakuk 1,13).

Der Prophet übersah jedoch Gottes Gerechtigkeit bzw. er meinte, dass er sie besser verstehen würde als Gott! Gott musste ihn daran erinnern, dass seine Gerechtigkeit zukünftig noch zwei weitere Dinge ausführen würde. Erstens würde er sicherstellen, dass der Gerechte aus Glauben überleben würde. Zweitens würde er sich mit der Ungerechtigkeit der Babylonier befassen – in ihrem Fall Götzendienst, Unmoral und Unmenschlichkeit – nachdem er sie als Werkzeug gebraucht haben würde. Sie waren zwar ein Instrument in seinen Händen, aber er machte sich über sie keine Illusionen. Diese beiden Erinnerungen beruhigten Habakuk, sodass er sogar vor Freude zu singen und tanzen begann, noch bevor diese schreckliche Invasion stattfand. Das Endergebnis überwog die schrecklichen Aussichten der unmittelbaren Zukunft.

Die Ruinen von Babylon südlich von Bagdad im heutigen Irak sind stumme Zeugen davon, dass Gott sein Wort gehalten hat. Im 19. Jahrhundert wurden sie von hauptsächlich britischen Archäologen wiederentdeckt. Saddam Hussein ließ im 20. Jahrhundert einige Ruinen wieder aufbauen, wobei er auf großen Leinwänden und Wandmalereien sein eigenes und Nebukadnezars Portrait nebst Namen abbilden ließ. Was einst die größte Stadt der Welt gewesen war, mit ihrem Turm von Babel und mit einem der sieben Weltwunder – den Hängenden Gärten – ist heute immer noch unbewohnt und einer der trostlosesten Orte auf der Erde. Man vergleiche diese Ruinen nur mit dem florierenden und prosperierenden heutigen Israel, dem Land, das Gott den Juden vor 4000 Jahren verheißen hatte und von dem sie 2000 Jahre getrennt gewesen waren. Habakuk hätte sich keine Sorgen machen brauchen, wie ein deutscher Dichter einmal treffend sagte:

Gottes Mühlen mahlen langsam,
mahlen aber trefflich klein,
Ob aus Langmut er sich säumet, bringt mit Schärf' er alles ein.

War es Zufall, Vorsehung, Intuition oder Inspiration, die mich immer wieder veranlasste, im Buch Habakuk zu lesen und nachzuschlagen, während ich über das Eindringen des Islam in das Vereinigte Königreich nachdachte. Selbstverständlich kam ich zu dem Schluss, dass Gott diese Situation gebrauchen würde, um sein Volk in Großbritannien zu reinigen, und die Gerechten im Glauben zu bewahren. Bedeutete diese Analogie etwa, dass Gott Vergeltung über und Veredelung für sein eigenes Volk (sein eigenes Haus), bei dem ja das Gericht bekanntermaßen beginnt –

sowohl für Christen als auch für Juden (1.Petrus 4,17) – bringen würde, und dass er dann bei den übrigen Menschen weitermachen würde, die er für dieses Gericht verwendet hätte?

Das Neue Testament enthält noch eine viel direktere Begründung dafür, dass der Islam nicht das letzte Wort haben wird, und die Geschichtsschreibung der Menschheit nicht mit dem Islam beendet werden wird. Analogien aus der Geschichte Israels müssen nicht zwangsläufig auf die Gemeinde zutreffen.

Natürlich ist der Islam nicht namentlich in der Schrift genannt, ist er ja erst einige Jahrhunderte nach Abfassung des Neuen Testaments entstanden. Aber es gibt klare und zahlreiche Vorhersagen über die Ereignisse „am Ende des Zeitalters", anhand derer wir uns zumindest die Frage stellen können, wie sich der Islam entwickeln wird. Überraschenderweise sagt auch der Koran vieles über die letzte Zeit voraus, kommt dabei allerdings auf ganz andere Ergebnisse.

Zusammenfassend kann man sagen, dass die Weltgeschichte ihren Höhepunkt mit zwei aufeinanderfolgenden Alleinherrschern erreichen wird. Der erste wird extrem böse und der zweite wird äußerst wohlwollend sein; die Regierungszeit des ersten wird sehr kurz und die des zweiten wird sehr lange sein – in einem Zahlenverhältnis von sieben zu tausend. Die erste kurze Zeitperiode wird mit dem Auftreten des Antichristen eingeleitet, die zweite lange Zeitperiode wird mit dem zweiten Kommen des Christus beginnen.

DAS KOMMEN DES ANTICHRISTEN

Sowohl der Islam als auch das Christentum erwarten eine menschliche Marionette des Teufels, die auf der Erde erscheint. Sowohl die Muslime als auch die Christen neigen dazu, ihn und die Art seines Auftretens im jeweils anderen Lager ausfindig zu machen, als jemanden, der der anderen Religion zugehörig ist, wobei er manchmal auch in der eigenen Religion auftritt (sowohl Luther als auch der Papst haben sich gegenseitig beschuldigt, der

Antichrist zu sein). Sicherlich ließen auch einige Despoten der Weltgeschichte diesen Charakter erahnen, aber bis jetzt hat keiner die Rolle dieses bereits lange angekündigten Monsters – des Tieres, um in biblischer Sprache zu reden – vollständig erfüllt. Der Apostel Johannes schreibt: „...und wie ihr gehört habt, dass der Antichrist kommt, so sind auch jetzt viele Antichristen aufgetreten" (1.Joh.2,18).

Man muss dabei wissen, dass die Vorsilbe „anti" nicht „gegen", sondern „anstelle/anstatt" bedeutet. Das heißt, dass er in einer messianischen Rolle, als gütiger Heilsbringer auftreten wird. Er wird zunächst dieser Welt, die sich doch so nach Frieden und Sicherheit sehnt, ein gewisses Maß an Frieden und Sicherheit bescheren (Diktaturen haben ja meistens dann Erfolg, wenn die Demokratie versagt hat).

Allerdings werden sich die positiven Auswirkungen, die eine solche Machtfülle mit sich bringen kann, sehr bald in totalitäre Ausbeutung und Unterdrückung verkehren. Ein anschauliches Beispiel für diese beiden aufeinanderfolgenden Phasen bietet die Herrschaft Hitlers im dritten Reich in Deutschland. Nachdem er die Inflation, die Arbeitslosigkeit und die zivilen Unruhen erfolgreich bekämpft hatte, wurde er im In- und Ausland zu einem Massenmörder.

Die zweite Hälfte der Regierungszeit dieses „Tieres" wird als „Die Große Trübsal" bezeichnet. Jesus sagte darüber: „Denn es wird große Bedrängnis sein, wie sie von Anfang der Welt bis jetzt nicht gewesen ist und auch nie wieder sein wird" (Matthäus 24,21), wobei er sich (Matthäus 24,15) auf eine Prophetie im Buch Daniel 9,27; 11,31; 12,11 bezieht, in der dieser schreckliche Mensch als „Gräuel der Verwüstung" bezeichnet wird. Diese Prophetie Daniels erfüllte sich zunächst im Auftreten des griechischen Machthabers Antiochus IV. Epiphanes, der Israel im 2. Jahrhundert vor Christus dreieinhalb Jahre lang auf gotteslästerliche Weise unterdrückte. Aber sie wird sich – wie es bei biblischen Prophetien oft der Fall ist – nochmals durch einen

Vergeltung?

„Mann der Gesetzlosigkeit", der vor der Wiederkunft Christi auftreten und sich über alle Gesetze hinwegsetzen wird, erfüllt werden (2.Thessalonicher 2,3).

Allerdings müssen wir den religiösen Aspekt dieses totalitären Regimes ernster als den politischen nehmen. Es wird nur eine einzige Religion gestattet sein, die von dem „falschen Propheten" angeführt werden wird. Dieser wird nach dem Antichristen auftreten. Er wird über eine dämonische Macht verfügen, die ihn in die Lage versetzt, verführerische Wunder zu tun, sodass er sogar „Feuer vom Himmel" fallen lassen kann. Er wird darauf bestehen, dass der Antichrist, der sich als Gott ausgibt und sich selbst in den Tempel Gottes setzt (2.Thessalonicher 2,4), angebetet wird. Letztgenannte Bibelstelle zusammen mit Matthäus 24, Markus 13, und Lukas 21, zeigt ganz klar, dass sein Regierungssitz sich im Nahen Osten befinden wird, und es ist anzunehmen, dass es sich um einen Juden (wie der schon verstorbene Schriftsteller A.W. Pink in *The Antichrist* behauptet) oder um einen Araber, der von sich behauptet, ein Nachkomme Abrahams zu sein, handelt. Wir kennen zwar seinen Namen noch nicht, aber die „Zahl seines Namens" (666) ist sehr bekannt, deren Bedeutung auf alle Fälle noch klar werden wird. Diese Zahl 666 könnte auch nur bedeuten, dass er in jeglicher Hinsicht den Ansprüchen Gottes nicht genügt, dessen perfekte Zahl ja die „Sieben" ist. Die Zahl Sieben kommt im Buch der Offenbarung immer wieder vor. Sie tritt auch in der menschlichen und göttlichen Zeitrechnung, in unserer „7-Tagewoche" in Erscheinung, allerdings nicht in der „natürlichen" Zeituntertielung, die vom Mond und von der Sonne beherrscht wird.

Wie werden die drei monotheistischen Religionen (Christentum, Judentum und Islam) mit dieser vom Menschen gemachten und auf einen Menschen zentrierten Weltreligion umgehen? Es gibt nur zwei Möglichkeiten: Entweder folgst du dieser Religion oder sie wird dich verfolgen. Diejenigen, die bisher nur äußerlich religiös waren, werden diese Religion annehmen, insbesondere deshalb, weil es sich um eine synkretistische Religion aus bereits existierenden Religionen handeln wird, die allerdings ein neues Zentrum der Verehrung und Ergebenheit besitzen wird. Auch das erinnert an Deutschland vor dem zweiten Weltkrieg. Der politische wurde zu einem „religiösen" Nationalsozialismus mit einem Adolf Hitler als Propheten in München, einem Priester in Nürnberg und einem König in Berlin. All das geschah in einem christlichen Land mit einem protestantischen Norden und einem katholischen Süden.

Wer sich weigert, den Antichristen anzubeten oder seine Zahl anzunehmen, um lebensnotwendige Dinge einkaufen zu können, wird mit dem Tode bedroht werden. Aber Gott hat versprochen, eine gewisse Anzahl von Juden zu bewahren, die als Stellvertreter für die zwölf Stämme Israels fungieren werden (Offenbarung 7,2-8). Es wird auch eine unzählbare Menge von christlichen Märtyrern unaufhörlich aus dieser Großen Trübsal hervorkommen (Offenbarung 7,9-17). Diese Entwicklung wird ihren Höhepunkt in einer Stadt, die bezeichnenderweise den Namen „Babylon" trägt, erreichen. Es wird eine Hafenstadt sein, die völlig dem Mammon und dem Hedonismus hingegeben sein wird, eine „Prostituierte", die „vom Blut der Heiligen betrunken sein wird" (Offenbarung 17,5.6). Es werden nur diejenigen überleben, die aus ihr hinausgehen und die bereit sein werden, auf dem Land oder sogar in der Wüste zu leben und die darauf vertrauen, dass Gott sie während der 1.260 Tage der Schreckensherrschaft versorgen wird (Offenbarung 12,6, wobei die hier erwähnte Frau die Kirche der letzten Zeit und das Kind, das im Begriff steht, geboren zu werden, die letzten Geretteten repräsentieren, selbst wenn die „Krone der Frau aus 12 Sternen" momentan das Banner der Europäischen Union ziert).

Uns wird nicht gesagt, wie es den Muslimen ergehen wird. Wenn sie weiterhin Mohammed als ihren endgültigen Propheten betrachten, und die Anbetung eines Menschen für sie schlimmste Gotteslästerung darstellt, dann werden sie zusammen mit den

Vergeltung?

Juden und den Christen leiden. Wenn jedoch der Antichrist und der falsche Prophet aus einem arabischen Land kommen, könnten sie sogar zur Annahme verführt werden, diese Entwicklung sei mit ihrem althergebrachten Glauben nicht nur vereinbar, sondern sogar seine Erfüllung. Wir müssen abwarten und sehen.

DAS ZWEITE KOMMEN CHRISTI

Mancher Christ ist erstaunt, wenn man ihm sagt, dass der Koran die Wiederkunft Jesu (Isa) auf die Erde lehrt, und dass von Mohammed nichts dergleichen gesagt ist. Das bedeutet, dass die Muslime glauben, dass er noch immer lebt; eigentlich glauben sie, dass er nie gestorben ist, schon gar nicht an einem Kreuz, sondern, dass er zum Himmel aufgestiegen ist, während er noch am Leben war.

Aber hier, wo die Gemeinsamkeiten des Glaubens beginnen, hören sie auch schon wieder auf. Wenn man die einfache Frage stellt: „Warum kommt er wieder?" und „Was wird er tun, wenn er wieder zurückkommt?" werden die großen Unterschiede zwischen den muslimischen und den christlichen Erwartungen offensichtlich, je nachdem ob man den Koran oder die Bibel als die wahre Quelle der Offenbarung seiner Absichten ansieht.

Muslime glauben, dass er wiederkommt, um der Welt zu zeigen, dass er selbst schon immer ein hingegebener Muslim war und um die Menschheit zurück zur Wahrheit des Islam zu führen. „Ungläubige", die diese letzte Gelegenheit nicht wahrnehmen, werden getötet werden. Einige Extremisten gehen sogar noch weiter und sagen, dass er alle Juden abschlachten wird, dabei vergessen sie offensichtlich, dass das seinen eigenen Selbstmord bedeuten würde! Nachdem er all dies vollbracht hat, wird er schließlich eines natürlichen Todes sterben.

Die Christen glauben, dass er wiederkommen wird,
- um Israel insgesamt zu retten,
- um den Antichristen, den falschen Propheten und ihre Streitkräfte zu besiegen (und zwar am Hügel Megido, auf

Hebräisch Har Megido, auch bekannt als Harmagedon),
- um den Teufel von der Erde zu verbannen,
- um ihn später zu seinen beiden Gehilfen, dem Antichristen und dem falschen Propheten, in das Feuer der Hölle zu werfen,
- um über die Erde zusammen mit seinen auferstandenen Nachfolgern und vor allem mit seinen Heiligen, die für ihn den Märtyrertod erlitten hatten, für eine lange, aber begrenzte Zeit zu herrschen,
- um die ganze menschliche Rasse, die Lebendigen und die Toten zu seinem Thron des Gerichts zu rufen,
- und um letztendlich zusammen mit seinem Vater ein neues Universum zu schaffen, in dem diejenigen, die das Gericht überstehen, für immer leben können.

Das sagt zumindest das Buch der Offenbarung aus, und genau das glaubte und lehrte die Urgemeinde in ihren Anfängen. Erst im 5. Jahrhundert änderte Augustinus seine Ansichten darüber, nachdem er schon geraume Zeit seinen Lehrdienst innegehabt hatte. Dieser Gesinnungswandel des Augustinus war eine Reaktion auf die – wie er sie nannte – „fleischlichen" Vorstellungen und Predigten über das Millennium und seinen irdischen Freuden (ähnlich der muslimischen Beschreibung des Paradises), wie es von manchen übereifrigen Predigern verkündet wurde. Aber auch sein eigener promiskuitiver Lebenswandel in seiner Jugendzeit und seine neoplatonische Bildung mögen Gründe für die ablehnende Haltung gegenüber der Erwartung eines irdischen 1.000-jährigen Reiches gewesen sein.

Augustinus verlegte die Regierungszeit Christi mit seinen Heiligen von der Zeit nach seiner Wiederkunft auf die Zeit vorher, und von der Erde in den Himmel. In theologischen Begriffen ausgedrückt: Er änderte seine Position von der prämillenaristischen zur postmillenaristischen Sichtweise. Das erfordert einiges Herumjonglieren mit gewissen Bibelstellen. Die letzte „Siebener-Serie" im Buch der Offenbarung – nach den Serien der sieben Briefe an die sieben Gemeinden (jeder mit sieben Teilen), der sieben Siegel, der sieben Posaunen und der sieben Zornschalen – kommt am Ende des Buches eine Serie von sieben Visionen (jede von ihnen beginnt mit: „Dann sah ich"), mit der die Weltgeschichte beendet und etwas komplett Neues begonnen wird. Viele übersehen diese letzte „Siebener-Serie", weil sie sich über drei Kapitel erstreckt: Offenbarung 19, 20 und 21. Wenn man diese Kapitelunterteilungen ignoriert, dann wird es ganz offensichtlich, dass diese Visionen eine Folge von finalen Ereignissen darstellen, wobei eines auf das andere folgt. (Das „Dann" in „Dann sah ich" bezieht sich sowohl auf die Ereignisse als auch auf die Visionen). Die Neu-Anordnung von Augustinus nimmt Nummer Vier der Siebener-Serie heraus, und stellt sie vor die Nummer Eins. Das bedeutet, dass Offenbarung 20,1-6 *vor* Offenbarung 19,11-21 passieren wird!

Dies hatte folgende Auswirkungen: Man richtete bezüglich der Wiederkunft Christi die ganze Aufmerksamkeit auf sein Gericht und nicht mehr auf seine Herrschaft hier auf Erden, was sich auch in den Glaubensbekenntnissen der Kirche widerspiegelt. Aber wenn man die Schrift wortwörtlich in ihrer ganz klaren und einfachen Botschaft vernimmt, dann sagt sie, dass er wiederkommen wird, um beides zu tun, um zunächst auf der Erde und über die Erde zu herrschen und erst danach, wenn diese Erde verschwunden sein wird, die Menschheit zu richten. Ich habe diese Kontroverse und alle damit zusammenhängenden Ansichtsweisen sehr detailliert in meinem Buch, *Wenn Jesus wiederkommt* (Anchor, 2023) behandelt. Dies musste ich an dieser Stelle in aller Kürze erwähnen, denn unser Verständnis von seiner Herrschaft und seinem Gericht hat großen Einfluss auf unsere Sichtweise auf die Zukunft des Islam.

Wenn Jesus, so wie ich es – ebenso wie die frühe Kirche – glaube, hier in körperlicher Anwesenheit auf dieser Erde herrschen wird (Bischof Papias von Hieropolis in Asien sagte dazu: „die leibhaftige Herrschaft auf Erden"), dann erst ergeben viele biblische Aussagen im Alten und im Neuen Testament einen Sinn, angefangen mit Jesaja: „Denn das Land wird voll von Erkenntnis des HERRN sein, wie von Wasser, das das Meer bedeckt" (Jesaja 11,9), bis hin zur Offenbarung: „Das Reich der Welt ist unseres Herrn und seines Christus geworden, und er wird herrschen von Ewigkeit zu Ewigkeit" (Offenbarung 11,15). Außerdem erwarten beide Testamente, dass das Volk des Herrn zusammen mit ihm diese Herrschaft über die Welt ausüben wird, angefangen mit Daniel: „Und das Reich und die Herrschaft und die Größe der Reiche unter dem ganzen Himmel wird dem Volk der Heiligen des Höchsten gegeben werden. Sein Reich ist ein ewiges Reich, und alle Mächte werden ihm dienen und gehorchen" (Daniel 7,27), bis hin zu Paulus: „Oder wisst ihr nicht, dass die Heiligen die Welt richten werden?" (1.Korinther 6,2).

Diese sozusagen christliche Regierung wird der Allgemeinheit sehr viele Vorteile bringen. Ein echter Friede ist ja das, was man am allermeisten ersehnt. Wenn Konflikte durch vollkommene Gerechtigkeit beigelegt werden, dann wird eine multilaterale Abrüstung folgen (Jesaja 2,4). Das wiederum wird zu Wohlstand führen. Bessere Gesundheit wird dazu führen, dass wir länger leben (Jesaja 65,20). Selbst die Natur wird nicht mehr „grausam" sein, wie Tennyson sie mit den Worten „red in tooth and claw" beschrieben hat (Jesaja 11,6-8 sind die Verse, die unmittelbar auf die Verheißung dieser vollkommenen Gerechtigkeit folgen).

Aber es wird Einschränkungen für den Freiheit geben. Die auferlegte Ordnung und die dazugehörenden Gesetze, werden nicht von allem Menschen willkommen geheißen werden. Es wird keine Demokratie geben, keine politischen Parteien, keine Debatten, keine Wahlen und keine Abstimmungen. Der König wird alle Entscheidungen treffen, und die Gesetze anwenden, so wie es in einer jeden wahren Königsherrschaft der Fall ist – ganz im Gegensatz zu einer Republik. Es wird die Herrschaft des „eisernen Stabes" (Offenbarung 2,26.27; 12,5) gelten, nicht im Sinne von grausam oder tyrannisch, sondern unbeugsam und unwiderstehlich. Deshalb ist es kein Wunder, dass der Teufel, wenn ihm eine letzte Chance gegeben wird, eine beachtliche allerletzte Revolte anführen kann (Offenbarung 20,7-10).

Aber vor allem wird es nur eine „Religion" geben. „Denn in dem Namen Jesu wird sich jedes Knie im Himmel, auf der Erde und unter der Erde beugen, und jede Zunge wird bekennen, dass Jesus Christus der Herr ist, zur Ehre Gottes des Vaters" (Philipper 2,10-11, wobei Jesaja 45,23 zitiert wird, wo es auf Jahwe, den Gott Israels angewendet wird).

Aus diesem Grund wird kein Platz mehr für den Islam oder irgendeine andere Religion sein. Muslime, für die die Anbetung des Menschen Jesus als Gott bisher die allergrößte Gotteslästerung darstellte, werden diesen Irrtum mit ihren eigenen Augen betrachten können. Der Name „Jesus" wird den Namen „Allah" auf ihren Lippen ersetzen. Ihr Glaubensbekenntnis wird sogar noch kürzer sein, als es jetzt ist: „Jesus ist Herr", welches das erste Glaubensbekenntnis der ersten Gemeinde war (1.Korinther 12,3).

Es ist traurig, aber ich bin mir durchaus darüber im Klaren, dass diese hier vorgetragene Ansicht nur wenige in Großbritannien teilen, in Amerika und anderen Ländern sieht es ganz anders aus. Die meisten britischen Gläubigen haben die Version des Augustinus angenommen und freuen sich nicht, dass Christus auf die Erde zurückkommen wird, um zu herrschen. Wenn sie das „Vaterunser" beten, welches Jesus uns gelehrt hat: „Dein Reich komme...wie im Himmel so auf Erden", denken sie in erster Linie daran, was Christus, der im Himmel ist, jetzt auf der Erde durch seine Gemeinde erreichen kann. Sie denken daran, dass er die meisten, wenn nicht sogar alle Menschen zur Bekehrung führt, oder dass er die sozialen und politischen Angelegenheiten zum Besseren verändert. Bei alledem geht man davon aus, dass dies passieren wird, *bevor* der König des Reiches zurückkommt. Deshalb können sie auch meine Sicht der Dinge, nämlich die

Ersetzung bzw. Ablösung des Islams, nicht nachvollziehen. Sie verschieben dies nämlich auf einen späteren Zeitpunkt im göttlichen Zeitplan für die Vollendung des Zeitalters.

Doch glauben alle Christen, dass Jesus, wenn er vom Himmel wiederkommt, früher oder später die ganze Menschheit richten wird. Jedes christliche Glaubensbekenntnis nimmt darauf Bezug: „…von dort wird er kommen, zu richten die Lebendigen und die Toten". Hier kommen wir noch zu einem anderen entscheidenden Unterschied zwischen dem Islam und dem Christentum. Es ist der letzte Punkt, den wir in diesem Buch behandeln.

Der Koran lehrt und Muslime glauben es, dass Gott beim jüngsten Gericht unser Richter sein wird. Jesus erhebt für sich den Anspruch, dass er derjenige sein wird, vor dem die Nationen stehen werden, um in zwei Gruppen von Schafen und Böcken geschieden zu werden (Matthäus 25,32). Entweder akzeptiert man dies als ein weiteres echtes Zeichen seiner Göttlichkeit oder man lehnt dies als Anzeichen von Größenwahn und Geisteskrankheit ab. Dann bleibt einem aber nichts anderes übrig, als auch seine sonstigen Lehren in Frage zu stellen. Muslime wählen Letzteres, obwohl sie keine objektiven Gründe dafür haben, die Glaubwürdigkeit des Evangeliums infrage zu stellen (im Gegensatz zu ihren eigenen Schriften, die voller Ungereimtheiten und Widersprüche sind).

Paulus sagt ganz eindeutig, dass alle Menschen von einem Menschen gerichtet werden, der selbst alle moralischen und sozialen Schwierigkeiten durchgemacht hat wie wir, allerdings ohne ihnen nachzugeben. Gott hat also diese Verantwortung an einen von uns weitergegeben! „Weil er einen Tag festgesetzt hat, an dem er den Erdkreis richten wird in Gerechtigkeit durch einen *Mann*, den er dazu bestimmt hat; und er hat allen dadurch den Beweis gegeben, dass er ihn auferweckt hat von den Toten" (Apostelgeschichte 17,31). Paulus sagte dies zu den Menschenmengen in Athen und schrieb später den Christen in Korinth: „Denn wir müssen alle vor dem Richterstuhl Christi

Vergeltung?

offenbar werden, damit jeder empfange, was er durch den Leib vollbracht, dementsprechend, was er getan hat, es sei Gutes oder Böses" (2.Korinther 5,10). Manche Christen vergessen all das, und nehmen an, dass derjenige, „der auf dem großen weißen Thron saß" (Offenbarung 20,11) der Vater und nicht der Sohn ist, aber die Schriftstellen, die wir zitiert haben, zeigen das Gegenteil.

Wenn das ewige Schicksal eines jeden Menschen, der jemals gelebt hat, von Jesus entschieden wird, dann schließt das auch alle Religionsgründer wie Buddha, Konfuzius und Mohammed und alle ihre Nachfolger mit ein. Aus den Evangelien ist uns bekannt, was er als gravierende Fehltritte betrachtet. Lasst uns zwei Beispiele betrachten:

Jesus war zu denjenigen, die andere entgegen der Wahrheit, und zwar der „ganzen Wahrheit und nichts als der Wahrheit" verführten, sehr streng, insbesondere wenn die Verführten körperlich und geistig unreif waren, sodass sie den Irrtum nicht erkennen konnten. „Für den wäre es besser, dass ein Mühlstein um seinen Hals gehängt und er in die Tiefen des Meeres versenkt würde" (Matthäus 18,6); denn dadurch würde er davon abgehalten werden, noch größeren Schaden anzurichten und noch mehr Schuld auf sich zu laden. Was muss Jesus darüber denken, wenn man palästinensischen Kindern auf Ferienlagern beibringt, wie man tödliche Waffen gebraucht, oder dass man Israelis und Amerikaner hassen soll, oder wie man Selbstmordattentate begeht, und dass dann die Eltern stolz auf sie sein können und Gott mit ihnen zufrieden ist? Wenn das nicht böse ist, was dann?

Er sagte auch, dass die Haltung, die man seinen Nachfolgern gegenüber einnimmt, sich ganz entscheidend auf seinen Urteilsspruch auswirken wird. Die Scheidung zwischen „Schafen und Böcken" steht in unmittelbarem Zusammenhang mit dem, was sie „seinen Brüdern" Gutes taten oder eben nicht taten (Matthäus 25,31-46). Man hat „seine Brüder" mit seinen damaligen jüdischen Nachfolgern gleichgesetzt, was zu kurz gegriffen ist. Wenn man sie mit allen Menschen gleichsetzt, geht man zu weit. Jesus selbst und die Apostel sagten übereinstimmend und oftmalig, dass damit alle Jünger Jesu zu allen Zeiten gemeint sind (Johannes 20,17; Hebräer 2,11). Ihnen zu dienen bedeutet, ihm zu dienen. Sie leiden zu lassen bedeutet, ihn leiden zu lassen. Das musste auch Paulus auf der Straße nach Damaskus erkennen (Apostelgeschichte 9,5). Auch Muslime müssen das erkennen. Die Mehrheit der Christen, die heutzutage für ihren Glauben leiden und sterben, tun das unter einer muslimischen Regierung, von Indonesien bis Pakistan und von Arabien bis in den Sudan und nach Nigeria. Mögen die Nachfolger des Islam Rettung finden, bevor es zu spät ist, und mögen sie die Wahrheit durch genau die Person finden, die sie quälen; durch denjenigen, der am Kreuz betete: „Vater, vergib ihnen, denn sie wissen nicht, was sie tun" (Lukas 23,34). Wir kennen ja die unmittelbar darauffolgende Antwort seines Henkers, des römischen Hauptmanns: „Wahrhaftig, dieser war Gottes Sohn!" (Matthäus 27,54). Einer der ersten, der von Jesu Tod profitierte – und zwar ganz buchstäblich – war ein Terrorist namens „Barabbas" (es ist bezeichnend, dass die Bedeutung seines Vornamens „Sohn des Vaters" ist. Frühe Manuskripte kennen sogar noch einen weiteren Vornamen: „Jesus", was damals ein sehr gebräuchlicher Name war, mit der Bedeutung „Retter").

Abschließend kann man sagen, dass die letztendliche Hoffnung der Christen, nämlich die Wiederkunft Christi auf diese Erde, das gegenwärtige Wiederaufleben des Islam in einem ganz anderen Licht erscheinen lässt. Obwohl es in unmittelbarer Zukunft für die Christen die größte Herausforderung darstellt (manche würden sogar sagen „Bedrohung", aber ich habe mich entschieden, dieses Wort nicht zu verwenden), so können alle, die an die Bibel als Gottes Wort der Wahrheit glauben, nur zu einer Schlussfolgerung gelangen: Die Tage des Islam sind gezählt.

NACHWORT
DAS ANLIEGEN DIESES BUCHES

Der Kern der Bürde in meinem Herzen und in dem Buch, das du in der Hand hältst, geht um den zweiten Teil, nicht um den ersten, und ganz besonders um Kapitel 8,9 und 10. Ich wage es zu behaupten, dass diese mehr „inspiriert" sind als die anderen.

Wie ich ja schon erwähnt habe, kamen diese drei Titel in einem kurzen Aufblitzen zu mir, als ich den Herrn fragte, worüber er am meisten besorgt sei, wenn er sich den momentanen Zustand der Kirche in Großbritannien ansieht. Während ich in den folgenden Monaten weiter darüber nachdachte, kamen mir diese Inhalte in den Sinn.

Ich war deshalb sehr enttäuscht, als etliche Zuhörer und Zuschauer der aufgezeichneten Sendung sich mehr für den ersten („Das Wiederaufleben des Islam"), als für den zweiten Teil („Die christliche Antwort") interessierten. Natürlich war das alles neu für sie, und das Neue hat immer eine gewisse Anziehungskraft. Und es enthielt ja auch eine sensationelle Bemerkung, auf die sich die Massenmedien, wie zu erwarten war, sofort stürzten.

Aber abgesehen von dieser Bemerkung über die zukünftige Rolle des Islam in Großbritannien und die Identifizierung seiner wahren Quelle, war das Meiste des ersten Teils einfach nur eine Sammlung von Informationen, die eigentlich jedem zur Verfügung stehen. Ich sammelte sie aus Zeitungsausschnitten bis hin zu größeren Publikationen von Autoren, die viel mehr Erfahrung haben als ich, manche stammen von Muslimen, manche von Christen. Ich bin jemand, den die Franzosen einen „vulgariser" nennen, jemand, der akademische Inhalte nimmt und sie so erklärt, dass sie für den „Normalbürger" verständlich werden. Ich bin mit dieser Rolle ganz zufrieden, denn auch von meinem Herrn Jesus Christus wurde dasselbe gesagt, nämlich dass „die einfachen Leute ihn gerne hörten". Das ehrt nicht nur ihn, sondern auch die einfachen Leute. Sie wussten, dass sie jemandem zuhörten, der wusste, wovon er sprach.

Meine Botschaft gilt nicht so sehr dem Islam, sondern viel mehr dem Christentum. Sie ist nicht an die Muslime gerichtet, obwohl ich mir vorstellen kann, dass einige beim Lesen ein echtes Verständnis vom christlichen Evangelium bekommen könnten. Meine Botschaft ist an Christen gerichtet, die ihren eigenen Glauben noch weit mehr überprüfen müssen als den Glauben anderer, und die darauf achten müssen, wie sie ihren Glauben leben. Deswegen habe ich auch die Bibelstellen angegeben, nicht aber die Suren und Verse im Koran.

Vielleicht verleiten die Titel der drei entscheidenden Kapitel manchen Christen dazu, ihnen weniger Aufmerksamkeit zu schenken oder sie sogar ganz zu überspringen. Die Worte sind im christlichen Sprachgebrauch so abgenutzt, ja geradezu abgedroschen, dass man ihre wahre Bedeutung gar nicht mehr erkennt. Aber ich habe sie gebraucht, weil ich glaube, dass sie mir von Gott gegeben wurden. Manchmal müssen wir immer wieder vor der Gefahr gewarnt werden, Dinge als selbstverständlich hinzunehmen. Ein Zuhörer der ursprünglichen Botschaft sagte zu diesen drei Teilen: „David, du hast das alles schon einmal gesagt", und in seinem Tonfall konnte man einen leichten Vorwurf heraushören. Später dachte ich darüber nach, was ich ihm hätte antworten sollen (leider bin ich oft nicht sehr schlagfertig): „Ja, und ich werde es immer wieder sagen und immer wieder und immer wieder, bis die Christen aufwachen und erkennen, wie wichtig diese drei Dinge für Gott und wie entscheidend sie für die ganze Gemeinde sind".

Ich meine, dass die Betrachtung der Dreieinigkeit, die in alle drei Kapitel eingeflossen ist, sehr ermutigend ist. Einige

Leser werden hoffentlich mehr als zuvor erkannt haben, wie wesentlich es für unseren Glauben und unser Leben ist, dass Gott sich als drei Personen in einer offenbart. Andere haben möglicherweise zum ersten Mal entdeckt, dass darin der hauptsächliche Unterschied zwischen dem Christentum und anderen Religionen, insbesondere dem Islam, besteht. Andere wiederum werden wohlwollend zugeben, dass sie nun endlich die Bedeutung und den Stellenwert der Dreieinigkeit verstehen, und zwar nicht als Dogma, sondern ihre Dynamik, die sie im gesamten Errettungsprozess spielt. Diese haben die Botschaft verstanden.

Der einzige wahre und real existierende Gott ist der Vater, der Sohn und der Heilige Geist. Die einzige wahre Beziehung zu ihm besteht in einer persönlichen und innigen Kenntnis aller drei Personen der Dreieinigkeit. Und nur das Werk von allen dreien kann eine Gerechtigkeit hervorbringen, die vor Gott Bestand hat und die uns für die neue Welt tauglich macht.

Das sind die grundlegenden Merkmale echten Christentums. Man könnte durchaus diese drei Kapitel heraustrennen und zu einer Art Gebrauchsanleitung für das Evangelium machen. Aber sie stehen hier in diesem Buch, weil sie unverzichtbar sind, wenn man das Christentum dem Islam gegenüberstellt.

Viele Christen in Großbritannien leben bereits in Gegenden, insbesondere in den Ballungsräumen, in denen diese fremdartige Religion dominiert. Sie erleben bereits die Probleme und die Zwangslagen, die damit einhergehen. Weil immer mehr von uns in denselben Umständen sein werden, kommen uns ganz spontan die Fragen in den Sinn, zu denen wir in den Kapiteln 8 bis 10 eine Antwort finden.

WERDEN WIR ÜBERLEBEN?

Die Geschichte ist nicht gerade ermutigend. Wo immer der Islam erstarkte, verschwand die christliche Kirche. Zur Zeit Mohammeds gab es in Arabien christliche Gemeinschaften.

Jetzt gibt es dort überhaupt keine mehr, obwohl es durchaus einige „geheime Gläubige" und einige abgeschottete christliche Versammlungen unter den Gastarbeitern im Öl- und Baugewerbe gibt. Die Küste Nordafrikas war einst eine christliche Hochburg. Schon seit einigen Jahrhunderten ist sie ein weißer Fleck auf der christlichen Landkarte geworden, mit Ausnahme des Überrests der koptischen Christen in Ägypten. Erst kürzlich gelang es einigen wenigen Missionswerken, wieder in einigen Gebieten Fuß zu fassen. Aber was wird mit Großbritannien passieren?

Großbritannien könnte es genauso ergehen – aber nicht zwangsläufig. Eine Kirche, die in den Dimensionen der Wahrheit, der Beziehung und der Gerechtigkeit stark ist, wird überleben, wenn sie insbesondere das Letztere bewahrt. Hat denn nicht Gott dem Habakuk versprochen, dass „der Gerechte aus Glauben überleben wird" (Habakuk 2,4)? Aber die britische Kirche wird in ihrem gegenwärtigen Zustand sicherlich nicht damit fertig werden. Wenn nicht ein radikaler Wechsel (man nennt dies auch Buße) stattfindet, wird ein Großteil der Kirche verschwinden. Allerdings glaube ich, dass ein Überrest bleiben wird, der, wenn er sich vom Namenschristentum freimachen kann, in der Lage sein wird, Gottes Willen zu tun, und den Gott für seinen Willen gebrauchen kann.

Aber sollte man als Christ sich überhaupt diese Frage stellen? Jesus lehrte ja seine Jünger, dass die Sorge um den Selbsterhalt die Auslöschung zur Folge hat (Matthäus 16,25)! Wenn dies schon für den Einzelnen Gültigkeit besitzt, wie viel mehr für ihre Gemeinschaften. Paradoxerweise haben wir bessere Chancen zu überleben, wenn wir uns um unser Überleben keine Sorgen machen!

WERDEN WIR LEIDEN?

Der Blick auf die Landkarte ist nicht gerade ermutigend. Heute gibt es mehr christliche Märtyrer als je zuvor. Wo findet die größte Christenverfolgung statt? Der Osten Indonesiens, der

Südsudan und Zentralnigeria kommen einem sofort in den Sinn, alles Gebiete, die von einer mulimischen Mehrheit kontrolliert werden. Wir haben bereits deutlich gemacht, dass die Haltung, die Muslime gegenüber Christen haben, erst dann richtig zum Vorschein kommt, wenn sie die politische, militärische und soziale Vorherrschaft erlangt haben, und nicht, wenn sie selbst als Minderheit noch damit beschäftigt sind, ihre eigenen Rechte, ihre eigene Identität und ihr eigenes Überleben sicherzustellen.

Die vorhin angesprochenen drei Dimensionen haben den gegenteiligen Effekt. Je stärker sie sind, desto mehr tragen sie zu unserem Überleben, aber auch zu unserem Leiden bei! Je sicherer wir uns sind, dass unser Gott der einzig wahre Gott ist, desto größer ist die Herausforderung für diejenigen, die das nicht glauben. Vielleicht wird irgendwann ein Muslim ein Buch mit dem Titel „Das Christentum – eine Herausforderung für den Islam" schreiben! Ich wünschte, ich hätte solch ein Buch schreiben können, aber es war mir nicht möglich. Es reicht wohl, wenn man sagt, dass ein aufkommender Islam rivalisierende Religionen nicht einfach toleriert. Es entstehen Spannungen und früher oder später brechen Gewalttätigkeiten aus.

Ist die Frage also berechtigt? Jesus sagt gerade heraus, dass auf seine Nachfolger Leiden zukommen werden, wo auch immer sie leben und welchen Glaubensrichtungen sie auch immer begegnen werden. Er hat sie aufgefordert, seinen Fußspuren zu folgen und sein Kreuz auf sich zu nehmen. Er hat ihnen vorausgesagt, dass sie in dieser Welt Trübsale erleiden werden, sogar große Trübsale. Er hat ihnen auch vorausgesagt, dass sie genauso gehasst werden würden, wie er gehasst worden ist. Der Weg zur Herrlichkeit führt durch die Leiden hindurch. Das traf auf ihn zu und es wird auch auf uns zutreffen.

Mit anderen Worten: Zu leiden, ist der normale Zustand für die Christen. Die Leiden werden sogar zunehmen, je mehr unsere Gerechtigkeit zunehmen wird. Einige Jahrhunderte vor Jesus hat ein griechischer Philosoph gesagt, dass, wenn es einen vollkommenen Menschen in dieser Welt geben sollte, dieser ermordet werden würde. „Alle aber auch, die gottesfürchtig leben wollen in Christus Jesus, werden verfolgt werden" (2. Timotheus 3,12). Das ist unsere Berufung. Das müssen wir erwarten, sei es durch den Islam oder durch etwas anderes.

WERDEN WIR ZAHLREICHER WERDEN?

Die vorigen zwei Fragen betrafen das Fleisch und nicht den Geist. Sie drückten natürliche Ängste aus und richteten sich eher auf uns selbst als auf andere. Selbst diese dritte Frage kann fleischlich motiviert sein, je nachdem, weswegen man sie stellt. Werden wir viele Bekehrungen erleben? Werden wir viele Muslime davon überzeugen können, ihren Glauben zu verlassen und sich uns anzuschließen? Wird die Kirche wachsen und wieder größer werden? Eine zahlenmäßig abnehmende Kirche kann geradezu von Prinzipien für das Kirchenwachstum besessen sein, von Methoden um die Mitgliederzahl zu steigern. Evangelisation kann von einer Sehnsucht getrieben sein, leere Kirchenbänke zu füllen.

Diese dritte Frage kann und sollte aber auf eine ganz andere Art und Weise gestellt werden: Werden wir so sehr um die Rettung anderer besorgt sein und nicht um unseren eigenen „Erfolg", dass Gott uns dazu verwenden kann, andere von ihren Sünden zu befreien, von der Macht der Sünde in diesem Leben und von der Strafe der Sünde im nächsten Leben? Wird die überlebende und leidende Kirche ein Kanal der Gnade Gottes für die Verlorenen sein? Wird unser vorrangiges Bemühen die Verbreitung des Evangeliums sein, selbst wenn die Bekehrung anderer eine Straftat wird? Werden die Muslime den Tag preisen, an dem sie von uns das Evangelium gehört haben? Werden wir alles in unserer Macht Stehende tun, sie in die Freiheit der Söhne Gottes hineinzuführen, was auch immer es uns kosten wird?

Die Antwort ist ganz banal: Wenn wir es heute nicht tun, dann werden wir es morgen auch nicht tun. Ob wir es heute oder morgen tun, hängt wiederum von den drei bereits betrachteten unverzichtbaren Dimensionen ab, insbesondere von der Gemeinschaft, an der wir uns erfreuen, und an der Gerechtigkeit, die wir ausüben. Sie sind der lebendige Beweis dafür, dass wir die Wahrheit gefunden haben, und sie sind eine Ermutigung für andere, diese zu suchen. Sagte nicht der Philosoph Nietzsche, der Mann, der die geistliche Grundlage für Hitler legte: „Ich würde gerne gerettet werden, wenn die Christen einen geretteten Eindruck machen würden"? Wenn Muslime dasselbe von uns sagen, haben wir kein Recht, unseren Glauben an sie weiterzugeben.

***

Ich habe dieses Nachwort geschrieben, um nochmals auf die Wichtigkeit der Kapitel 8, 9 und 10 hinzuweisen. Ich bin davon überzeugt, dass sie die Anleitung unseres himmlischen Vaters enthalten, wie wir uns auf die Zukunft vorbereiten können, was auch immer sie uns bringen mag. So hat er es schon immer gemacht. Er hat seinen Leuten gesagt, was geschehen wird und wie sie sich darauf vorbereiten können. Er selbst ist niemals von irgendetwas überrascht, und auch wir sollten es nicht sein.

Ich möchte nun etwas vorschlagen, was ich in keinem meiner Bücher bisher vorgeschlagen habe. Wenn du durchgehalten und dieses Buch nun zu Ende gelesen hast, dann möchte ich, dass du zurückgehst und diese drei grundlegenden Kapitel noch einmal liest, am besten auf den Knien. Bitte den Herrn, dir zu zeigen, ob du wirklich bereit bist, und, falls nicht, wie du bereit werden kannst. Ich weiß, dass der Herr dich dabei segnen wird. Ich danke ihm für die Möglichkeit, mein Herz zu teilen und ich weiß, dass es auch sein Herz ist.

ANHANG
HABAKUK 3

In Kapitel 7 habe ich erklärt, welche Gemeinsamkeiten der Dienst und die Predigt dieses „kleinen" Propheten und mein Buch über den Islam und die Christen haben, und wie seine Gemütslage sich von Angst und Schrecken zur Freude wandelte als er darüber nachdachte, welchen Einfluss die zukünftigen Ereignisse auf sein Volk haben würden. Seine letzte Predigt ist eigentlich ein Lied und er übergab es einem Musiker, damit dieser es musikalisch begleitet.

Vor einigen Jahren habe ich den Inhalt dieses Liedes in Verse in zeitgemäßer Sprache transferiert, allerdings konnte ich in keinem Gesangbuch eine geeignete Melodie dafür finden. Bei einem Besuch in Südafrika – es herrschte damals noch das Apartheidregime – dachte ich, dass ihre Nationalhymne dafür geeignet wäre. Aber aus politischen Gründen kam sie nicht in Frage. Als ich nach Simbabwe weiterreiste, sagte man mir, dass die frühere Nationalhymne von Rhodesien eine passende Melodie hätte, und dass man diese jetzt durchaus verwenden könne. Es handelte sich um Beethovens „Ode an die Freude" (wie passend!) aus seiner neunten Symphonie.

Wieder zurück in England hatte ich also nicht nur die Worte, sondern auch die passende Melodie. Ihr könnt euch nicht vorstellen, wie überrascht ich war, als ich hörte, dass eine Gemeinschaft in Nordengland durch eine Prophetie aufgefordert worden war, genau diese Melodie einzustudieren. Allerdings warteten sie noch auf einen Text. Nachdem sie einen vergeblichen Versuch unternommen hatten, einen passenden

DER ISLAM - EINE HERAUSFORDERUNG FÜR DIE CHRISTEN

Text zu dichten, waren sie es mittlerweile leid, diese Melodie ohne Text zu summen. Sie waren sehr begeistert, als ihr Pastor von einer Konferenz in Bournemouth zurückkam, wo ich meine Übersetzung von Habakuk 3 vorgetragen hatte. Hier ist sie nun:

Herr, dein Ruhm er schreitet vor dir,
Seitdem du entblößt dein' Arm.
Überwält'gend deine Taten,
Sie zu hören, macht mich bang!
Aber jetzt, Herr, tu' sie wieder,
Zeig, dass du derselbe bist –
Doch im Zorn gedenk' der Gnade,
Dass ein jeder dankbar ist.

Sieh'! Der Heil'ge kommt hernieder,
Blitze zucken durch das All.
Seine mächt'ge Hand sie schleudert –
Erd' ist voll des Lobpreis' Schall.
Schuld lässt die Nationen zittern,
Furcht vor Pestilenz sie eint.
Selbst die alten Berge beben,
Wenn der Ewige erscheint.

Brennt dein Zorn gegen die Ströme?
Wütest du gegen das Meer?
Fährst du mit den Flammenwagen?
Feur'ge Rosse zieh'n einher.
Hügel beben, Täler voll Fluten,
Sonne und Mond steh'n furchtsam still,
Pfeile schwirren, Lanzen blitzen,
Wenn Gott Macht erzeigen will.

Schreitest durch die Erd' als Rächer,
Drischst die Völker bis zum End'.

Nur damit dein Volk errettet,
Jeder deinen Christus kennt.
Du zerschmetterst böse Führer,
Stellst sie bloß und triffst ihr Haupt.
Grausam, hämisch ihre Krieger,
Wind entführt sie ohne Laut.

Wenn ich nun das End' betrachte,
Alles wäge, alles denk'.
Wallt mein Herz, mein ganzer Körper,
Zittern Knochen im Gelenk.
Meine Beine wanken und beben
Doch mit Langmut warte ich.
Wenn der Feind mein Land erobert,
Weiß ich, er bestehet nicht.

Feigenbaum verliert die Früchte,
Weinstock keine Reben bringt.
Ölbaum ohne Frucht sich schämet,
Erntelied im Land verklingt.
Keine Lämmer auf den Weiden,
Keine Rinder mehr im Stall.
Doch des Herrn will ich mich freuen
Seine Pracht ist überall.

Und so warte ich auf Morgen,
Meine Kraft erneuert sich.
Meine Fragen, meine Sorgen
Durch den Heiland klären sich.
Ja, es hüpft mein Herz, meine Schritte
Wie ein Hirsch über die Höh'n.
Meine Worte mögen klingen,
Mit Seitenspiel mein Lied ertön'.

Dem Leser seien die Audioserien empfohlen, die das Buch Habakuk behandeln. Sie sind erhältlich bei:

Anchor Recordings, 72 The Street,
Kennington, Ashford, Kent
TN24 9HS, England.
Telefon und Fax: 01233 620958

www.ingramcontent.com/pod-product-compliance
Lightning Source LLC
Chambersburg PA
CBHW070346120526
44590CB00014B/1053